大学生安全教育案例教程

主　编　张　飞　张莉华　张　健

U0837739

電子工業出版社
Publishing House of Electronics Industry
北京 · BEIJING

内 容 简 介

本书共分为九章，内容涉及高校大学生安全教育的方方面面，主要包括国家安全、文化安全、人身与财产安全、网络安全、心理健康安全、消防安全、公共卫生安全、校园安全等。本书体例新颖，内容科学合理，具有较强的针对性和实用性。每节以典型案例导入，以安全常识为主，结合法律法规，围绕大学生在学习生活中的安全知识点展开，深入浅出地将安全知识和相关法律法规传授给学习者。本书集科学性、实用性和针对性于一体。

本书适合作为普通高等院校和高职高专院校开展大学生安全知识教育的教材，同时对安全管理工作者及应急安全相关工作人员也有很好的指导作用。

未经许可，不得以任何方式复制或抄袭本书之部分或全部内容。

版权所有，侵权必究。

图书在版编目（CIP）数据

大学生安全教育案例教程 / 张飞，张莉华，张健主编. —北京：电子工业出版社，2023.7

ISBN 978-7-121-45692-3

Ⅰ. ①大… Ⅱ. ①张… ②张… ③张… Ⅲ. ①大学生－安全教育－案例－高等学校－教材 Ⅳ. ①G641

中国国家版本馆 CIP 数据核字(2023)第 101527 号

责任编辑：祁玉芹
印　　刷：中国电影出版社印刷厂
装　　订：中国电影出版社印刷厂
出版发行：电子工业出版社
　　　　　北京市海淀区万寿路 173 信箱　邮编：100036
开　　本：787×1092　1/16　印张：14　字数：340 千字
版　　次：2023 年 7 月第 1 版
印　　次：2024 年 8 月第 2 次印刷
定　　价：43.00 元

凡所购买电子工业出版社图书有缺损问题，请向购买书店调换。若书店售缺，请与本社发行部联系，联系及邮购电话：（010）88254888，88258888。

质量投诉请发邮件至 zlts@phei.com.cn，盗版侵权举报请发邮件至 dbqq@phei.com.cn。

本书咨询联系方式：qiyuqin@phei.com.cn。

《大学生安全教育案例教程》

编写委员会

主　编：张　飞　　张莉华　　张　健

副主编：鄢川江　　杨　静　　刘　珂

编　委：（按姓氏笔画顺序）

王淑静　　刘　珂　　刘会超　　杨　静　　张　飞

张　冰　　张　健　　张拥军　　张莉华　　张瑞甫

陈　萍　　赵东进　　陶云霞　　葛　桥　　鄢川江

前　言

紧绷安全琴弦，奏响生命乐章。

安全是人类生存和发展的基础，也是社会存在和发展的前提。随着社会的发展和人类的进步，安全问题不仅没有减少，反而呈现出日益增长的趋势。高等院校作为培养和造就高素质社会主义建设人才的摇篮，除了受自然因素和人为因素的影响，还受社会多元化、复杂化、信息化的影响，如今出现了越来越多的安全隐患，严重影响了大学校园的治安环境和稳定秩序。

学校的安全稳定事关社会的安全与稳定。中共中央、国务院高度重视学校安全工作，多次对教育系统安全稳定工作作出指示批示，对防范化解学校安全风险提出明确要求。2010年5月，中共中央、国务院印发《国家中长期教育改革和发展规划纲要（2010—2020年）》，要求要“重视安全教育、生命教育”。2020年6月18日，全国学校安全工作电视电话会议在北京召开，时任教育部党组书记、部长陈宝生在会议中指出：要强化安全意识，积极开展各类专题教育，广泛开展应急疏散演练，密切家校合作，让安全教育真正入脑入心。

为全面落实党中央、国务院关于学校安全工作的各项决策部署，依照教育部颁发的《普通高等学校学生管理规定》《普通高等学校学生安全教育及管理暂行规定》《大中小学国家安全教育指导纲要》《普通高等学校健康教育指导纲要》等法规纲要要求，许多高等院校依托校内相关教学科研机构，纷纷开设了安全教育公共基础课。将安全教育纳入教学内容，开展科学规范的安全教育培训是最有效的安全基础工作。为此，我们总结多年来开展大学生安全教育培训的经验，编写《大学生安全教育案例教程》教材，使得高校在大学生安全教育方面有法可依、有章可循。

本书是一本集知识性、实用性和针对性于一体的大学生安全知识教育教材，针对高校大学生安全工作中存在的一些突出问题作了系统、全面的阐述，内容包括国家安全、文化安全、人身与财产安全、网络安全、心理健康安全、消防安全、公共卫生安全、校园安全等内容，涉及大学生日常学习、生活的各个方面。本书的案例丰富、材料翔实，设有“案例分析”“思考讨论”“法律法规”“拓展学习”等丰富的辅助栏目，力求增强趣味性、可读性，做到通俗易懂，满足大学生课后深入学习的需求。本书既可作为大学生增强安全意识、提高自我保护能力的基本教材，又可作为广大高校教师以及从事大学生安全教育工作人员的工具书。

本书在编写过程中，吸收和借鉴了许多专家的研究成果，参考和引用了部分媒体的相关报道，在此向相关作者一并表示感谢。由于编者水平和能力有限，书中难免存在错漏或不当之处，敬请广大读者批评指正，以便进一步完善和提高。

编者

2023年3月

目　录

第一章　大学生安全教育概述

安全是人类生存与发展过程中最基本的需求之一，它不仅关乎个体生命和财产的安危，也关乎家庭的美满幸福，更关乎社会的和谐稳定与国家的长治久安。大学阶段是人生发展的重要时期，是世界观、人生观、价值观发展与完善的关键时期，因此加强大学生安全教育具有重大的理论和现实意义。

第一节　大学生安全教育的现状与安全教育的必要性

一、大学生安全教育现状

大学生安全教育直接关系到大学生的财产生命安全，关系到高校的稳定。目前，绝大多数高校都开展了安全教育，但大学生由于缺乏社会经验和防范能力，安全意识薄弱、自我保护意识不足，面临的不安全因素也给大学生安全教育带来了挑战。目前，我国高校的安全教育存在以下问题。

1. 有些高校的大学生安全教育机构设置不规范，责任不明确。安全教育是大学教育的重要组成部分，要组织好、落实好，就必须要有健全的机构、较稳定的教师队伍，并且要有相应的人员来承担教学任务和教学责任。不同高校的大学生安全教育机构设置各异，有的由保卫部门承担，有的由校医院承担，有的由大学生心理健康教育中心承担，还有的由几家单位共同承担大学生的安全教育工作。这就造成了大学生安全教育责任不明确，落实不到位、质量不高等问题。

2. 有些高校重视安全管理工作，忽视大学生的安全教育工作。随着社会的进步和发展，“以人为本，重视生命，重视安全”的理念深入人心，高校的安全管理工作越来越好，却忽视了学生的安全教育工作，影响了学生安全教育的质量。增强大学生的安全防范意识，以及安全相关的处理能力才是大学生安全教育的根本，是防止出现安全事故的关键。

3. 有些高校安全教育的系统性不强，实效性不高。开展大学生安全教育不仅是为了传授安全知识、培养安全技能，更是培养大学生的情感、态度和价值观的教育过程。它是理论与实践相结合的综合教育。然而，目前我国高校的安全教育大多只注重理论知识的灌输，而忽视了理论指导下的实践。在安全教育中，有些安全教育内容不够系统，教育形式单一，仅通过安全教育讲座、图片展览、报告会或者消防演习等形式来开展，没有和实践结合起来，安全教育停留在理论和形式上，因此大学生安全教育的效果还不够理想。

二、大学生安全意识的现状

（一）大学生缺乏必要的安全防范意识

大学生的年龄一般在20岁左右，对于社会的认知尚不全面，缺少应对负面事件或紧急情况的能力，当独立面对社会时，一旦发生安全问题，处置不当，会造成各种安全隐患。大学生缺乏必要的安全防范意识主要体现在以下三个方面。

1. 安全防范意识薄弱

据有关统计显示，近年来，高校发生最多的就是盗窃案，失窃的地点主要发生在学生宿舍，而在失窃物品中，较多的是笔记本电脑或手机等贵重物品。这说明部分大学生缺少独立生活的经验，防盗意识较差，经常在宿舍无人或休息时不锁门关窗，对贵重财物疏于管理，随意乱丢乱放，使盗贼有可乘之机。

【案例1】

2017年12月，某高校音乐舞蹈专业学生何某将新买的手机放在宿舍的床上，到公共卫生间洗漱，未关门，几分钟后回宿舍发现手机丢失。

2. 自我保护意识不强

思想单纯，轻信陌生人，自我保护意识不强。大学生由于缺乏社会经验，思想比较单纯，自我保护意识薄弱，有时会轻易相信陌生人，对社会上的人和事辨识能力不强，对可能遇到的危险认知不足，容易导致人身和财产遭受侵害。

【案例2】

某高校大三学生王某是学校志愿者协会的会长，2017年12月接到了来自“大学生创业先锋营”的通知，一项既能帮扶残疾人家庭又能获得社会实践证书的活动，于是便组织了该校150多名学生报名参加。活动开始后，学生们才发现受骗了，原来他们去做的是家政服务，并不是所谓的帮扶残疾人家庭，而是服务家政公司的普通客户，客户支付给家政公司每小时35元劳务费，而家政公司支付给学生每小时9元的工钱，实际上，家政公司是把学生当成了廉价劳动力。

3. 安全守法意识淡薄

有些大学生的安全守法意识不强，不愿意认真遵守相关的安全规定，往往会因小失大，造成严重的后果。

【案例3】

某市的10名高校学生到附近标有“禁止游泳”的水域玩耍，其中7人下水玩耍时发生溺水事故，经海事部门和公安部门的全力救援，2人获救，其余5人不幸溺亡。

（二）网络时代给大学生安全意识带来的挑战

对于思想活跃的当代大学生而言，网络是他们了解社会、接受知识、开展人际交往的重要工具。同时，网络也成了国内外一些反动势力进行文化渗透、影响大学生思想和观念的重要渠道。由于大学生正处于青春期，他们的认识能力有待提高，世界观、价值观尚在形成之中，分辨是非的能力较差，容易沉溺于“网络世界”，受到不良信息的诱惑、侵害。同时，由于网络的超时空性和隐蔽性特点，有的大学生经常会因现实世界的失意，在网络世界中重新塑造自我，按照自己的方式和个性，用不当的方法去满足自身的需求和欲望。

（三）大学生的心理健康问题愈来愈突出

调查显示，由于学业重、就业难和情感问题，加上生活节奏快，社会压力大以及家庭环境和个人经历等诸多因素的影响，产生心理障碍和心理疾病的大学生逐渐增多；同时，大学生因年轻单纯好奇，易受不健康文化的诱惑，甚至是“黄、赌、毒”的危害。因心理问题引发的校园安全事件逐年增多。这就要求高校在开展安全教育时，应将心理安全教育放在重要位置，对有心理障碍的学生要建立专门的档案，除了定期进行必要的心理辅导，还要在平时的生活和学习中对这些学生多加关心，帮助其解决心理问题。同时，对所有学生都要进行必要的心理安全教育，如开设心理安全教育课、举办心理健康知识讲座等，帮助其妥善处理学习、生活和工作中遇到的矛盾和问题。

三、大学生安全教育的必要性

大学阶段是人生发展的重要时期，是世界观、人生观、价值观形成与完善的关键时期，加强大学生安全教育是增强大学生安全意识和自我防范能力的需要，具有重大的理论和现实意义。

（一）加强大学生安全教育是维护国家安全和利益的需要

从国家面临的安全环境来看，当前我国面临的国际环境复杂多变，安全形势日趋复杂。主要表现为境外敌对势力和间谍情报机构为达到阻碍或延缓中国发展的目的，他们一方面利用各种渠道，以公开或秘密的方式，传播西方的政治和经济模式、价值观念及生活方式，培养和平演变的“土壤”。另一方面采取金钱收买、物质利诱、出国担保等手段，或打着学术交流、参观访问、洽谈业务等幌子，刺探、套取、收买国家和单位的秘密。

面对复杂严峻的安全形势，迫切需要对大学生进行安全教育，使他们了解安全方面的知识，全面贯彻落实总体国家安全观，这既是必要的，也是可行的。

（二）加强大学生安全教育是平安校园建设的需要

高校安全稳定是创建平安校园的一个重要前提和基础，而安全教育又是高校安全稳定工作的一项重要内容。良好的育人环境对学生的成才起着积极的促进作用，高校不但要有育人的目标，更要创造达到育人目标所需要的环境。大学生安全教育关系到学校的发展和稳定，同时还关系到大学生的切身利益和健康成长。大学生安全教育可以培养大学生的社会责任感，明确大学生的权利和义务，使其自觉遵纪守法、主动配合学校做好工作，从而有助于良好、稳定、和谐的育人环境的形成。

（三）大学生安全教育是满足学生安全的需要

高校的主体是学生，一切从学生的学习、健康、成长和安全等需要出发，营造一个安全、安静的校园环境，是高校保卫工作的出发点和归宿。大学生是一个特殊的社会群体，由于他们的年龄、人生阅历、生活环境、文化背景等因素，有些学生的安全防范意识差、法制观念淡薄、心理素质差，对可能发生的安全问题缺乏必要的重视和警惕。因此，加强对大学生安全知识和法律法规的教育，既是学生安全的需要，也是时代和现实的需要。

（四）大学生安全教育是提高大学生综合素质的需要

大学阶段是大学生的世界观、人生观和价值观形成的关键时期，全面提高大学生的综合素质、培养大学生高尚的道德情操、健全大学生的人格，是高校抓好学生管理与思想教育的重要任务。大学生安全教育强调增强学生的法制观念，提高安全防范意识，其实就是大学生自我教育、自我管理和自我服务的教育，与现代素质教育的核心是一致的。而且，许多大学生从小受到家庭的宠爱，个别学生形成了较强的自我意识与较弱的社会协调能力、较强的参与意识与较弱的承受挫折能力、较强的尝试求新意识与较弱的自我保护能力的反差。加强对大学生的安全教育，提高他们适应环境、发现和解决问题的能力，已成为大学生素质教育的重要内容。

第二节　大学生安全教育的内容

根据教育部《大中小学国家安全教育指导纲要》文件要求，为贯彻落实总体国家安全观，系统、规范、科学地开展安全教育。大学阶段，重点围绕理解中华民族命运与国家关系，践行总体国家安全观。系统掌握总体国家安全观的内涵和精神实质，理解中国特色国家安全体系，树立国家安全底线思维，将国家安全意识转化为自觉行动，强化责任担当。

当前，大学生安全教育已经成为各高校人才培养过程中必不可少的内容。大学生安全教育的内容主要是指与大学生的生活、学习密切相关的安全方面的内容，包括安全责任教育、安全知识教育、安全技能教育。

一、大学生安全责任教育

大学生安全责任教育的目的是，增强大学生的安全责任意识，使大学生具有责任感，在履行自己职责的同时为社会尽一份社会责任。大学生安全责任教育，要明确的是大学生作为教育主体应当承担的与安全相关的责任。

一是构建安全意识。通过认识安全的重要性，使学生充分认识安全的意义，并从政治、法律、学习和生活等多角度进行安全意识的构建，帮助学生树立正确的安全观念，培养其社会责任感，并使其树立起自我保护的意识。

二是培养安全技能。介绍安全方面的知识，指导学生行为安全，使其养成安全行为习惯。教授一些安全技术和遇到突发情况时的处理方法，使学生加强自我防范意识，增强自制力，建立良好的安全思维导向。

三是重视安全教育实践。组织师生参与安全教育活动和社会实践，使学生充分认识到安全教育的重要性，能够从实践中获得更多的知识和个人体验，从而实现安全教育的系统性目标。

四是强化安全教育管理。建立安全教育评价管理体系，科学衡量学生对安全教育的认同程度，建立安全教育的考核机制，定期开展安全教育课程，落实安全教育工作。

二、大学生安全知识教育

大学生安全知识教育，是指高校管理者和教育者以党和国家的有关政策与法律法规为依据，以全面提高大学生的综合素质为目标，以大学生在校期间以及步入社会面临的安全问题为主要内容。大学生安全知识主要包括以下四类。

第一类是意识形态领域的知识，主要包括政治安全和文化安全，目的在于使大学生建立正确的意识形态，这是大学教育中一项方向性、根本性、全局性的基本任务。

第二类是法律法规中的知识，主要包括交通安全、网络安全、遵守校纪校规和维护自身权益方面，目的在于使大学生知法守法，用法律法规来维护自身的权益。

第三类是日常安全常识，主要包括消防安全、财产安全、人身安全、社交安全、公共安全等，目的是使大学生熟悉安全常识，增强安全意识，避免人身伤害、财物损失。

第四类是心理健康的基本常识，即心理健康知识，目的在于增强大学生调节心理、情绪的能力，使其具有正确的人生观和健康的心态。

三、大学生安全技能教育

安全技能与安全知识在内容方面有部分交叉重叠的地方，但两者并不相同。安全知识是基础，是应知的内容；安全技能是更高的要求，是应会的内容。应知的知识转化为应会的技能，是安全教育追求的效果和目标之一。

安全技能包含两个方面的含义：一是与专业岗位上要求的操作技能相关的安全技能，在实习、实验和生产实训中避免因违章操作而造成安全事故。大学生实习、实训的时间相对较长，实习、实训任务相对较重，这方面的安全技能要求尤为突出。二是在自然灾害、公共卫生和社会突发安全事件等面前的应对能力。它主要包括在交通安全、自然灾害安全、人身安全、公共安全中的避险与逃生能力，在消防安全中的灭火与自救能力，面对应急情景状态下的心理承受和应急反应能力。这些避险、自救、逃生、应急反应能力需要通过学习才能获得，更需要通过实践锻炼才能不断提高。大学生安全技能教育的目的在于提高大学生自我保护能力，增强保护自己和他人不被伤害的潜意识。

第三节　大学生安全教育的目标

大学生安全教育具有明确的目标指向，其目标在于使大学生在安全意识、安全知识和安全技能三个层面全面进步和达标。

一、安全意识层面目标

通过安全教育，使大学生牢固树立“安全重于泰山”“安全无小事”的安全观念，形成“安全第一”的安全意识，培养树立积极正确的社会安全责任感，把安全问题与个人发展、国家需要、社会发展相结合，为构筑平安中国、平安社会、平安校园做出积极的努力。

二、安全知识层面目标

通过安全教育，大学生应当了解和具备安全的基本知识，学习和掌握与安全问题息息相关的法律法规和校纪校规，学习和掌握安全问题所包含的基本内容与诱发因素，学习和掌握必要的安全信息、相关的安全问题分类知识及安全保障的基本知识。

三、安全技能层面目标

通过安全教育，大学生应当了解和掌握安全防范技能、安全信息搜索与安全管理技能；了解和掌握以安全为前提的自我保护技能、沟通技能、问题解决技能；了解和掌握必要的急救技能；养成在日常生活和突发安全事故、安全灾害中正确应对的行为习惯，预防和减少安全事故和安全灾害造成的危险与伤害，从而保障健康快乐地成长。

思考讨论

1. 回顾自己的经历，有什么安全方面的经验和教训？
2. 总结自身有哪些良好的安全习惯和不良的安全习惯，如何扬长避短？
3. 大学生应该以什么样的态度对待安全教育课？

第二章　总体国家安全观

坚持总体国家安全观，必须要坚持国家利益至上，以人民安全为宗旨，以政治安全为根本，统筹外部安全和内部安全、国土安全和国民安全、传统安全和非传统安全、自身安全和共同安全，完善国家安全制度体系，加强国家安全能力建设。坚持总体国家安全观，必须健全国家安全体系，加强国家安全法治保障，提高防范和抵御安全风险能力。

国家安全是指国家政权、主权、统一和领土完整、人民福祉、经济社会可持续发展和国家其他重大利益相对处于没有危险和不受内外威胁的状态，以及保障持续安全状态的能力。国家安全是安邦定国的重要基石，是国家的基本利益，是关系到国家存亡的大事，是全国各族人民的根本利益所在，是国家和民族的命运所在。

维护国家安全是一项系统工程，是全国各族人民根本利益所在。作为国家建设的未来的栋梁之材，大学生的安全意识关系到国家的稳定和社会主义建设。本章从总体国家安全观、维护国家安全的基本内容、危害国家安全的后果及法律责任等几个方面进行讲解，培养大学生树立维护国家安全的意识，使其自觉担负起维护国家安全的责任，履行维护国家安全的义务和权利。

学习目标

通过本章内容的学习，使大学生了解总体国家安全观形成的背景，树立国家利益至上的观念，增强自觉维护国家安全的意识，具备维护国家安全的能力；系统掌握总体国家安全观的内涵和精神实质，理解中国特色国家安全体系，树立国家安全底线思维，将国家安全意识转化为自觉行动，强化责任担当。

学习内容

本章内容主要涵盖我国新时代国家安全的形势与特点、总体国家安全观的基本内涵、维护国家安全的基本内容和责任、维护国家安全的重点领域和重要意义，以及危害国家安全的后果及法律责任等，具体包括以下七点。

1．总体国家安全观的基本内涵。

2．维护国家安全的基本职责。

3．树立国家安全意识，维护国家安全的义务和责任。

4．国家安全的法律法规。

5．保守国家秘密。

6．危害国家安全的行为。

7．危害国家安全的主要后果和法律责任。

重点与难点

1．总体国家安全观的基本内涵。
2．维护国家安全的基本职责和意义。
3．维护国家安全的义务和权利。
4．保守国家秘密的重要意义。
5．危害国家安全的行为。

第一节　总体国家安全观概述

案例内容

评论不能随便写!

某高校学生齐某通过网络与境外势力勾结，配合出版和传播大量的政治性非法出版物，利用现代网络媒体进行广泛传播，并利用电子邮件、论坛、用户群、网络聊天室等网络传播途径，抨击我国社会政治政策，歪曲和攻击我国人权状况，诋毁我国形象。

【简析】

齐某与境外势力不法分子勾结，传播政治性非法出版物，抨击我国社会政治政策，诋毁我国形象，其行为严重危害了我国国家安全。当前，境内外煽动策划的威胁政治安全活动仍较活跃，国外一些敌对势力把高校学生作为他们重点发展的目标。作为新时代大学生，应该时刻以国家利益、民族团结、祖国统一为重，拒绝参与危害国家安全利益的任何活动，坚决维护国家的安全和稳定。

【法律法规】

《中华人民共和国国家安全法》（下简称《国家安全法》）第十五条规定，国家坚持中国共产党的领导，维护中国特色社会主义制度，发展社会主义民主政治，健全社会主义法治，强化权力运行制约和监督机制，保障人民当家作主的各项权利。国家防范、制止和依法惩治任何叛国、分裂国家、煽动叛乱、颠覆或者煽动颠覆人民民主专政政权的行为；防范、制止和依法惩治窃取、泄露国家秘密等危害国家安全的行为；防范、制止和依法惩治境外势力的渗透、破坏、颠覆、分裂活动。

《中华人民共和国刑法》（下简称《刑法》）第一百零三条规定，组织、策划、实施分裂国家、破坏国家统一的，对首要分子或者罪行重大的，处无期徒刑或者十年以上有期徒刑；对积极参加的，处三年以上十年以下有期徒刑；对其他参加的，处三年以下有期徒刑、拘役、管制或者剥夺政治权利。煽动分裂国家、破坏国家统一的，处五年以下有期徒刑、拘役、管制或者剥夺政治权利；首要分子或者罪行重大的，处五年以上有期徒刑。

《刑法》第一百零四条规定，组织、策划、实施武装叛乱或者武装暴乱的，对首要分子或者罪行重大的，处无期徒刑或者十年以上有期徒刑；对积极参加的，处三年以上十年以下有期徒刑；对其他参加的，处三年以下有期徒刑、拘役、管制或者剥夺政治权利。策动、胁迫、勾引、收买国家机关工作人员、武装部队人员、人民警察、民兵进行武装叛乱或者武装暴乱的，依照前款的规定从重处罚。

《刑法》第一百零五条规定，组织、策划、实施颠覆国家政权、推翻社会主义制度的，对首要分子或者罪行重大的，处无期徒刑或者十年以上有期徒刑；对积极参加的，处三年以上十年以下有期徒刑；对其他参加的，处三年以下有期徒刑、拘役、管制或者剥夺政治权利。以造谣、诽谤或者其他方式煽动颠覆国家政权、推翻社会主义制度的，处五年以下有期徒刑、拘役、管制或者剥夺政治权利；首要分子或者罪行重大的，处五年以上有期徒刑。

一、总体国家安全观的基本内涵

（一）总体国家安全观的核心要义

总体国家安全观是一个内容丰富、开放包容、不断发展的思想体系，其内涵是既重视外部安全，又重视内部安全，对内求发展、求变革、求稳定、建设平安中国，对外求和平、求合作、求共赢、建设和谐世界；既重视国土安全，又重视国民安全，坚持以民为本、以人为本，坚持国家安全一切为了人民、一切依靠人民，真正夯实国家安全的群众基础；既重视传统安全，又重视非传统安全，构建集政治安全、国土安全、军事安全、经济安全、文化安全、社会安全、科技安全、信息安全、生态安全、资源安全、核安全等于一体的国家安全体系；既重视发展问题，又重视安全问题，发展是安全的基础，安全是发展的条件，富国才能强兵，强兵才能卫国；既重视自身安全，又重视共同安全，打造命运共同体，推动各方朝着互利互惠、共同安全的目标相向而行。

总体国家安全观，将国家安全的基本内涵和外延归结为五大要素和五对关系。五大要素反映了国家安全的内在逻辑关系，是对国家安全理论和实践的重大创新，是新形势下维护和塑造中国特色国家安全的行动指南，具有重大的理论意义、时代意义、实践意义。正确理解和把握总体国家安全观，应重点把握好“五大要素”和“五对关系”。

1. 五大要素

（1）以人民安全为宗旨，就是要坚持以民为本、以人为本，坚持国家安全一切为了人民、一切依靠人民，真正夯实国家安全的群众基础。

（2）以政治安全为根本，就是要坚持党的领导和中国特色社会主义制度不动摇，把制度安全、政权安全放在首要位置，为国家安全提供根本政治保证。

（3）以经济安全为基础，就是要确保国家经济发展不受影响，促进经济持续稳定健康发展，提高国家经济实力，为国家安全提供坚实的物质基础。

（4）以军事、文化、社会安全为保障，就是要注意此领域面临的大量新情况、新问题，遵循不同领域的特点规律，建立完善、强基固本、化险为夷的各项对策措施，为维护国家安全提供硬实力和软实力保障。

（5）以促进国际安全为依托，就是要始终不渝地走和平发展道路，在注重维护本国安全利益的同时，注重维护共同安全，推动建设持久和平、共同繁荣的和谐世界。

坚持总体国家安全观，体现在治理实践上，就是要推进国家安全总体治理，走出一条中国特色国家安全道路，创建当代中国国家安全治理系统格局。

2. 五对关系

（1）既重视外部安全，又重视内部安全，强调外部安全与内部安全彼此联系，相互影响。

（2）既重视国土安全，又重视国民安全，强调国土安全与国民安全相互依存，有机统一。

（3）既重视传统安全，又重视非传统安全，强调传统安全威胁与非传统安全威胁相互交织、相互影响，并在一定条件下可能相互转化。

（4）既重视发展问题，又重视安全问题，强调发展和安全是一体之两面，只以其中一项为目标，两个目标均不可能实现。

（5）既重视自身安全，又重视共同安全，强调全球化和相互依赖条件下必须在世界安全格局中统筹本国与别国安全。

五对关系准确反映了辩证、全面、系统的国家安全理念，既是贯彻落实总体国家安全观必须遵循的重要原则，又体现了总体国家安全观的丰富内涵。应对国家安全新形势、新任务必须统筹处理好上述五对关系。

（二）总体国家安全观的形成过程

2014年4月15日，习近平总书记在主持召开中央国家安全委员会第一次会议时指出："当前我国国家安全内涵和外延比历史上任何时候都要丰富,时空领域比历史上任何时候都要宽广，内外因素比历史上任何时候都要复杂，必须坚持总体国家安全观"。2015年7月1日，第十二届全国人大常委会第十五次会议通过了《中华人民共和国国家安全法》，规定每年4月15日为全民国家安全教育日。2017年10月18日，习近平总书记在中国共产党第十九次全国代表大会上的报告中指出：国家安全是安邦定国的重要基石，维护国家安全是全国各族人民根本利益所在。要完善国家安全战略和国家安全政策，坚决维护国家政治安全，统筹推进各项安全工作。健全国家安全体系，加强国家安全法治保障，提高防范和抵御安全风险能力。加强国家安全教育，增强全党全国人民国家安全意识，推动全社会形成维护国家安全的强大合力。党的十九大报告将坚持总体国家安全观列入新时代坚持和发展中国特色社会主义的基本方略。党的二十大报告指出："推进国家安全体系和能力现代化，坚决维护国家安全和社会稳定。"党的十八大以来，以习近平同志为核心的党中央把国家安全作为头等大事，着眼中华民族伟大复兴战略全局和世界百年未有之大变局，对国家安全作出战略擘画、全面部署。

总体国家安全观的提出，充分体现了我们党对国家安全基本规律的把握，是对国家安全理论的重大创新，是新形势下指导国家安全实践的强大思想武器。更是马克思主义时代化、中国化在国家安全领域的最新成果，也充分显示了中国共产党对国家安全基本规律的精准把握，为指导新时代国家安全实践、为中华民族伟大复兴保驾护航提供了强大的思想武器，是对国家安全理论的重大创新和升华。

二、贯彻总体国家安全观的重大意义

国安才能国治，治国必先治安。保证国家安全，是完善和发展中国特色社会主义制度，推进国家治理体系和治理能力现代化的有机组成部分。新时代新形势不仅呼唤新的改革观、发展观，还需要新的安全观。习近平总书记在中央国家安全委员会第一次会议上提出“要坚持总体国家安全观，走出一条中国特色国家安全道路”。在当前世界不稳定、不确定因素日益增多，国际格局复杂多变的关键期，坚持以总体国家安全观为引领，对于我国妥善应对新问题、新挑战，努力开创国际合作新局面具有重要指导意义和重大现实意义。

第一，总体国家安全观是应对重大挑战的现实需要。国家安全环境深刻变化带来一系列新的重大安全挑战。比如，生态环境保护任重道远。针对这种日益复杂的国家安全斗争形势，当前中国国家安全的内涵与外延比历史上任何时候都要更加丰富，时空领域比历史上任何时候都要更加宽广，内外因素比历史上任何时候都要更加复杂，为此必须坚持总体国家安全观。总体国家安全观具有高度的时代性、迫切性和任务艰巨性。善于统筹运用多种安全手段实现国家安全总目标，这是总体国家安全观有效应对重大安全挑战的关键。

第二，总体国家安全观是抵御重大风险的现实需要。全面建成小康社会、迈向社会主义现代化强国的征程上，我国发展面临的各类风险会不断积累甚至集中显露，必须把防范、化解风险摆在突出位置。从社会领域来看，精准脱贫是中央明确的三大攻坚战之一，这既是全面建成小康社会的要求，同时也包含了深刻的人民安全、社会安全考量。这从一个侧面说明，总体国家安全观要求我们始终把国家安全置于中国特色社会主义事业全局中来把握，充分调动各方面积极性，形成国家安全合力，防范化解重大风险。

第三，总体国家安全观是克服重大阻力的现实需要。在迈向民族复兴的道路上，我国遇到了来自国内外的一系列重大阻力。比如，意识形态领域等。从克服国际层面重大阻力来看，我国应当做到不论国际风云形势如何变幻，要始终保持高度战略定力、战略自信与战略耐心。当下的总体国家安全观突出强调坚持以全球思维谋篇布局。最具代表性的就是中欧班列的开通，极大地带动了广大中西部地区的经济发展，有效地促进了民族边疆地区的安全稳定。总体国家安全观就是我国克服各类重大阻力的信心源泉。

第四，总体国家安全观是解决重大矛盾的现实需要。中国在迈向社会主义现代化强国的进程中遇到一系列重大矛盾。具体表现为我国大量的资本、人力和技术走向海外，如何保护中国海外利益问题十分突出。再比如，如何妥善处理维护国家领土主权与复杂周边安全环境的矛盾等。

总体国家安全观既重视运用发展成果夯实国家安全的实力基础，又重视塑造有利于经济社会发展的安全环境，在夯实与塑造的过程中有效解决国家安全的重大矛盾。

总体国家安全观产生于新时代和“四个伟大”的时代背景，坚持统筹发展和安全的重大原则，坚持人民安全、政治安全、国家利益至上的有机统一，有效地为新时代中国国家安全保驾护航。

三、坚持总体国家安全观

总体国家安全观是我们党历史上第一个被确立为国家安全工作指导思想的重大战略思想，是习近平新时代中国特色社会主义思想的重要组成部分，是新时代国家安全工作的根本遵循和行动指南。

第一，坚持总体国家安全观，必须坚持党对国家安全工作的领导。把维护国家安全的战略主动权牢牢掌握在自己手里，把确保政治安全作为首要任务。同时，准确把握新时代我国国家安全形势变化的新特点、新趋势，以人民安全为宗旨，以政治安全为根本，以经济安全为基础，以军事、科技、文化、社会安全为保障，以促进国际安全为依托，走出一条中国特色国家安全道路，使国家安全体系更加健全，国家安全法治保障更加有力，防范和抵御安全风险的能力进一步加强。

第二，坚持总体国家安全观，必须从总体上着眼和着力。总体国家安全观关键在“总体”，突出的是“大安全”理念，把“大安全”的理念融入政治、军事、国土、经济、文化、社会、科技、网络、生态、资源、核、金融、生物、太空、深海、极地、人工智能、海外利益等多领域，并随着社会发展不断拓展，统筹推进政治安全、国土安全、经济安全、社会安全、网络安全、科技安全等重点领域国家安全工作。

第三，坚持总体国家安全观，必须坚持系统思维。总体国家安全观强调的是系统思维和方法，坚持总体国家安全观，必须以系统思维分析形势、研判风险、明晰战略，突出系统性、整体性、全面性、综合性、全局性、多向性，防范和化解影响我国现代化进程的各种风险，为建设社会主义现代化国家提供坚强保障。坚持中国特色国家安全道路，构建大安全格局，把安全发展贯穿国家发展的各领域和全过程，动员全党全社会共同努力，汇聚起维护国家安全的强大力量，夯实国家安全的社会基础，为推进中国特色社会主义伟大事业，实现中华民族伟大复兴提供坚强保障。

【警示案例】

侮辱国旗案

吴某在公共场合将悬挂在商户门口的一面中华人民共和国国旗扯下扔在地上，并以脚踩踏的方式侮辱国旗，之后吴某侮辱国旗的视频在网络上传播，引发网民的关注和不满，相关的评论及浏览量达上万人次。公安机关经过快侦快办，全面及时查明犯罪嫌疑人吴某侮辱国旗的犯罪事实，依法收集、固定了其犯罪证据，依法将此案移送至人民检察院审查起诉。

【法律法规】

根据《中华人民共和国国旗法》第十九条规定，在公共场合故意以焚烧、毁损、涂划、玷污、践踏等方式侮辱中华人民共和国国旗的，依法追究刑事责任；情节较轻的，由公安机关处以十五日以下拘留。

根据《刑法》第二百九十九条规定，在公共场合故意以焚烧、毁损、涂划、玷污、践踏等方式侮辱中华人民共和国国旗、国徽的，处三年以下有期徒刑、拘役、管制或者剥夺政治权利。被告人吴某因犯侮辱国旗罪，被判处有期徒刑10个月。

思考讨论

1. 总体国家安全观的基本内涵是什么？
2. 什么是以人民安全为宗旨？
3. 大学生如何树立国家安全意识？

第二节　维护国家安全

案例内容

东西不能随便卖？

曹某在互联网上开设网店，出售卫星数据接收卡、无线摄像笔等数十种专用间谍器材，又沿街兜售实时视频无线监控器、GPS跟踪定位器、钥匙扣密拍器等专用间谍器材，被国家安全机关缉捕归案，以涉嫌“非法生产、销售专用间谍器材罪”提起公诉。

【简析】

公诉机关就指控事实，提交了物证、书证、证人证言、被告人的供述和辩解、鉴定意见、勘验笔录等证据证实。公诉机关据此认为被告人的行为已构成“非法生产、销售专用间谍器材罪”，应依法追究刑事责任，并诉请当地人民检察院依法判处。

【法律法规】

《中华人民共和国反间谍法》（下称《反间谍法》）第二十五条规定，任何个人和组织都不得非法持有、使用间谍活动特殊需要的专用间谍器材。专用间谍器材由国务院国家安全主管部门依照国家有关规定确认。

《反间谍法》第三十二条规定，对非法持有属于国家秘密的文件、资料和其他物品的，以及非法持有、使用专用间谍器材的，国家安全机关可以依法对其人身、物品、住处和其他有关的地方进行搜查；对其非法持有的属于国家秘密的文件、资料和其他物品，以及非法持有、使用的专用间谍器材予以没收。非法持有属于国家秘密的文件、资料和其他物品，构成犯罪的，依法追究刑事责任；尚不构成犯罪的，由国家安全机关予以警告或者处十五日以下行政拘留。

《刑法》第二百八十三条规定，非法生产、销售专用间谍器材或者窃听、窃照专用器材的，处三年以下有期徒刑、拘役或者管制，并处或者单处罚金；情节严重的，处三年以上七年以下有期徒刑，并处罚金。

一、国家安全概述

（一）国家安全的定义

国家安全是指国家政权、主权、统一和领土完整、人民福祉、经济社会可持续发展和国家其他重大利益相对处于没有危险和不受内外威胁的状态，以及保障持续安全状态的能力。

在总体国家安全观理论体系下，国家安全就是一个国家所有国民、所有领域、所有方面、所有层级安全的总和。

当代国家安全包括十六个方面的基本内容：政治安全、国土安全、军事安全、经济安全、文化安全、社会安全、科技安全、网络安全、生态安全、资源安全、核安全、海外利益安全、生物安全、太空安全、极地安全、深海安全。

（二）国家安全包括的主要内容

当今世界大国的国家安全既涵盖了传统安全，也包括了各种非传统安全，进入新时代，我国面临复杂多变的安全和发展环境，各种可以预见和难以预见的风险因素明显增多，所以，既有内部安全，也有外部安全，还涵盖了全球安全。

1. 传统安全

传统安全主要是指军事、政治、外交等方面的安全，一般是指与国家间军事行为有关的冲突。按照威胁程度的大小，可以划分为军备竞赛、军事威慑和战争三类。二十世纪七八十年代以来，人们便把军事威胁称为传统安全威胁。传统安全是对国家安全的一般对象及具体问题的综合性、全面性的反映和认识。政治安全包括政权安全、制度安全等方面，是国家安全的根本，对于保障人民安全，维护国家利益，不断提高全体国民的获得感、幸福感、安全感，实现国家长治久安，具有根本性、全局性的重大意义。国土安全包括领土以及自然资源基础设施安全等方面，核心是指领土完整、国家统一，边疆边境、领空、海洋权益等不受侵犯或免于威胁的状态，是国家生存和发展的基本条件。军事安全包括军事力量、军事战略和领导体制等方面，是国家安全的重要保障和保底手段。

2. 非传统安全

非传统安全是相对传统安全威胁因素而言的，又称“新的安全威胁”，指的是人类社会过去没有遇到或很少见过的安全威胁，主要指除军事、政治和外交冲突以外的其他对主权国家及人类整体生存与发展构成威胁的因素。非传统安全问题具体主要包括经济安全、文化安全、社会安全、网络安全、科技安全、信息安全、生态环境安全、资源安全、金融安全、核安全、海外利益、恐怖主义、武器扩散、疾病蔓延、跨国犯罪、走私贩毒、非法移民、海盗、洗钱等新型领域安全。

（三）国家安全的法律法规

我国现行有效的国家安全法律法规主要包括以下三个内容。

（1）《国家安全法》。为了维护国家安全，保卫人民民主专政的政权和中国特色社会主义制度，保护人民的根本利益，保障改革开放和社会主义现代化建设的顺利进行，实现中华民族伟大复兴，根据宪法，制定了《国家安全法》。

（2）《反间谍法》。2014年11月1日，十二届全国人大常委会第十一次会议审议通过。

（3）《国家安全法实施细则》（下简称《实施细则》）是根据《国家安全法》制定的。它于1994年6月4日发布并施行。《实施细则》全文包括总则、国家安全机关在国家安全工作中的职权、公民和组织维护国家安全的义务和权利、法律责任、附则共五章二十八条。

任何个人和组织违反以上法律法规，不履行维护国家安全义务或者从事危害国家安全活动的，依法追究法律责任。

（四）维护国家安全的义务和权利

1. 义务

《国家安全法》第七十七条规定，公民和组织应当履行下列维护国家安全的义务。

（1）遵守宪法、法律法规关于国家安全的有关规定。

（2）及时报告危害国家安全活动的线索。

（3）如实提供所知悉的涉及危害国家安全活动的证据。

（4）为国家安全工作提供便利条件或者其他协助。

（5）向国家安全机关、公安机关和有关军事机关提供必要的支持和协助。

（6）保守所知悉的国家秘密。

（7）法律、行政法规规定的其他义务。

任何个人和组织不得有危害国家安全的行为，不得向危害国家安全的个人或者组织提供任何资助或者协助。

2. 权利

《国家安全法》第八十条至八十二条规定，公民和组织应当享有下列维护国家安全的权利。

（1）公民和组织支持、协助国家安全工作的行为受法律保护。因支持、协助国家安全工作，本人或者其近亲属的人身安全面临危险的，可以向公安机关、国家安全机关请求予以保护。公安机关、国家安全机关应当会同有关部门依法采取保护措施。

（2）公民和组织因支持、协助国家安全工作导致财产损失的，按照国家有关规定给予补偿；造成人身伤害或者死亡的，按照国家有关规定给予抚恤优待。

（3）公民和组织对国家安全工作有向国家机关提出批评建议的权利，对国家机关及其工作人员在国家安全工作中的违法失职行为有提出申诉、控告和检举的权利。

3. 保护与奖励

《国家安全法》规定，对协助国家安全机关工作或者依法检举、控告的公民和组织，任何人不得压制和打击报复。《国家安全法》第十二条规定，国家对在维护国家安全工作中作出突出贡献的个人和组织给予表彰和奖励。

《实施细则》第十七条规定，公民和组织支持、协助国家安全工作，有权要求国家安全机关、公安机关采取有效措施，防范、制止侵犯其合法权益的行为。在上述权利性保护的基础上，《国家安全法》第五条和《实施细则》第十八条规定，国家对支持、协助国家安全工作的组织和个人给予保护，对维护国家安全有重大贡献的给予奖励。下列情况属于《国家安全法》第五条所称的“重大贡献”。

（1）为国家安全机关提供重要线索，发现、破获严重危害国家安全的犯罪案件的。

（2）为国家安全机关提供重要情况，防范、制止严重危害国家安全的行为发生的。

（3）密切配合国家安全机关执行国家安全工作任务，表现突出的。

（4）为维护国家安全，与危害国家安全的犯罪分子进行斗争，表现突出的。

（5）在教育、动员、组织本单位的人员防范、制止危害国家安全行为的工作中，成绩显著的。

二、维护国家安全的重点领域和重大意义

全面贯彻落实总体国家安全观，着力推进新时代国家安全事业全面发展，维护重点领域国家安全是主阵地、主战场。当前和今后一个时期，要着重抓好政治安全、国土安全、经济安全、社会安全、网络安全、外部安全等重点领域的国家安全工作。

（一）维护国家安全的重点领域

国家安全的重点领域包括政治安全、国土安全、军事安全、经济安全、文化安全、社会安全、科技安全、网络安全、生态安全、资源安全、核安全、海外利益安全，以及太空、深海、极地、生物等新型领域安全。

维护国家安全的行为有哪些？

1. 政治安全

政治安全包括政权安全、制度安全、意识形态安全等方面，是国家安全的根本，核心是政权安全和制度安全，维护政治安全必须坚持党的领导，要把维护国家政治安全特别是政权安全、制度安全放在第一位。这对于保障人民安全、维护国家利益，不断提高全体国民的获得感、幸福感、安全感，实现国家长治久安，具有根本性、全局性的重大意义。

2. 国土安全

国土安全涵盖领土安全、自然资源安全、基础设施安全等要素，是国家生存和发展的基本条件，核心是指领土完整、国家统一，边疆边境、领空、海洋权益等不受侵犯或免于威胁的状态。国家利益至上是国家安全的准则。维护国家安全，主要是维护国家利益尤其是核心利益，确保国家领土和主权完整，维护国土安全必须加强国防和外交能力建设。

3. 军事安全

军事安全包括军事力量安全、军事战略安全和领导体制安全等方面，是国家安全的重要保障和保底手段。面临世界军事变革深入发展带来的挑战和潜在战争风险。维护军事安全必须贯彻落实习近平强军思想，全面推进国防和军队现代化建设。

4. 经济安全

经济安全包括经济制度安全、经济秩序安全、经济主权安全、经济发展安全等方面，是国家安全与发展的基础。当前，我国正面临国际经济金融动荡和国内经济可持续发展的挑战。维护经济安全必须坚持和完善中国特色社会主义经济发展道路。

5. 文化安全

文化安全包括文化主权安全、文化价值观安全、文化资源安全等方面，是确保一个民族、一个国家独立和尊严的重要精神支撑。面临外部意识形态渗透、消极文化侵蚀、文化自信和向心力缺失等。维护文化安全必须强化中华优秀传统文化、社会主义先进文化教育。

6. 社会安全

社会安全包括社会治安安全、社会舆情安全、公共卫生安全等方面，是社会和谐稳定的基础。面临重大疫情、群体性事件、暴力恐怖活动、新型违法犯罪等威胁，维护社会安全必须健全法制，完善体制机制，提升应对重大新发突发传染病等社会公共安全事件的能力。

7. 科技安全

科技安全包括科技自身安全和科技支撑保障相关领域安全，涵盖科技人才、设施设备、科技活动、科技成果、成果应用等多个方面，是支撑国家安全的重要力量和技术基础。面临重点领域核心技术受制于人、原始创新能力不足等问题，维护科技安全必须重视人才培养、突破关键技术。

8. 网络安全

网络安全包括网络基础设施安全、网络运行安全、网络服务安全、信息安全等方面，是保障和促进信息社会健康发展的基础。面临网络基础设施安全隐患和网络犯罪等威胁，维护网络安全必须践行“没有网络安全就没有国家安全，没有信息化就没有现代化”的理念，强化依法治网、技术创新、国际合作等，树立网络空间主权意识。

9. 生态安全

生态安全包括水安全、土地安全、大气安全、生物物种安全等方面，是人类生存发展的基本条件。面临生态破坏、环境污染等威胁，维护生态安全必须践行“绿水青山就是金山银山”的理念，加强综合治理，筑牢国家生态安全屏障。

10. 资源安全

资源安全包括可再生资源安全、不可再生资源安全等方面，是国家战略命脉和国家发展依托。我国正面临供需矛盾大、对外依存度高、开发利用水平低等问题。维护资源安全必须坚持推进绿色发展、利用好两个市场和两种资源。

11. 核安全

核安全包括核材料安全、核设施安全、核技术安全、核扩散安全等方面，事关人类前途命运。面临核事故风险、涉核恐怖活动、核扩散威胁和核对抗挑战等，维护核安全必须强化政治投入、国家责任、国际合作、核安全文化建设，全面提升核技术能力。

12. 海外利益安全

海外利益安全包括海外中国公民、机构、企业的安全和正当权益，海外战略性利益安全等方面。我国正面临冲突与政局动荡、国际恐怖主义、重大自然灾害、重大新发突发传染病疫情等威胁。维护海外利益安全是高水平对外开放的必然要求，必须提升海外安全保障能力，加强国际合作。

13. 生物安全

2020年2月，习近平总书记强调："要从保护人民健康、保障国家安全、维护国家长治久安的高度，把生物安全纳入国家安全体系，系统规划国家生物安全风险防控和治理体系建设，全面提高国家生物安全治理能力。"

14. 太空安全

太空安全以太空技术发展为前提条件，以太空装备为物质基础，随着国家利益的不断拓展而产生和发展。其内容主要包括以下四点。

（1）太空资产不受破坏。在轨卫星、空间站、空间探测器等系统不能被干扰和软、硬攻击，更不能被摧毁。

（2）进出太空能力不受破坏。火箭等空间运输系统进出太空、返回式卫星或载人飞船在返回地球过程中不受干扰甚至截击；地面发射场、发射设施、指控中心等航天基础设施不受打击和破坏。

（3）利用太空不受干扰。国家行为的太空应用活动不受外来因素的干扰和影响，星际、星地间信息链路不受干扰和破坏，地面应用系统不受攻击。

（4）防止敌方利用太空进行侵扰。防止敌方利用太空进行妨碍国家安全活动，既包括防范敌方运用太空武器进行天对地干扰、天对地攻击，也包括防范敌方利用太空系统对重要目标进行监视、侦察和侦听等活动。

15. 极地安全

极地安全是指维护国家和平探索和利用极地，增强安全进出、科学考察、开发利用的能力。加强国际合作，维护我国在外层空间、国际海底区域和极地的活动、资产和其他利益的安全。

16. 深海安全

深海安全是指和平探索和利用国际海底区域，增强安全进出、科学考察、开发利用的能力，加强国际合作，维护我国在外层空间、国际海底区域和极地的活动、资产和其他利益的安全。

（二）维护国家安全的重大意义

国家安全是安邦定国的重要基石，是公民爱国主义精神的具体表现，是每个公民义不容辞的职责。维护国家安全是全国各族人民根本利益所在，是实现国家富强、民族振兴的重要保证，要完善国家安全战略和国家安全政策，坚决维护国家政治安全，统筹推进各项安全工作。健全国家安全体系，加强国家安全法治保障，提高防范和抵御安全风险的能力。

（1）国家角度：国家安全是国家生存与发展的重要保障。国家安全有保障，经济社会才能不断发展，祖国才能更加繁荣富强。

（2）人民角度：国家安全是人民幸福安康的前提。只有国家安定，我们才能拥有良好的学习环境和生产、生活环境，生命安全、财产安全才能得到保障，才能获得安全感，进而创造更加美好的生活和未来。

（三）大学生应积极维护国家安全

大学生作为中国特色社会主义事业的接班人和建设者，要心系国家安全，成为国家安全和利益的自觉维护者，要始终视国家利益为最高、最根本的利益，将维护国家安全列为首要任务。因此，维护国家安全，不仅是大学生应履行的义务，更是当代大学生的责任担当。

（1）有益于保障我国国家安全。随着全球化趋势的发展，国家文化、科技、信息、生态等安全问题更加重要。对大学生进行国家安全意识培育能够使其认识到国家安全的重要性，增强忧患和责任意识，勇于阻止破坏国家安全的行为，自发保护我国国家和社会的安全。

（2）有益于提升大学生对国家和民族的认同感，主动维护国家安全。对大学生进行国家安全意识培育，使学生建立“国家兴亡，匹夫有责”的意识，引领学生保持国家和民族尊严，增强民族自豪感，把爱国之心转变成报国之行，时刻关注国家的安全和发展。

（3）有益于大学生的全面发展。维护国家安全是大学生报效祖国、弘扬爱国主义精神的重要体现。国家的快速发展，需要大学生具备良好的综合素质，并建立正确的世界观、人生观、价值观。培育学生国家安全意识有益于培养他们的政治素养和家国情怀，有益于学生的全面发展。

（四）大学生如何维护国家安全

（1）忠于祖国，忠于人民，站稳立场，坚持原则，要始终树立国家利益高于一切的观念，不做任何危害国家安全的事情，不散布不满言论或攻击党和社会主义制度的言论。

（2）熟悉国家安全的法律、法规。了解什么是合法，什么是违法，可以做什么，不能做什么。特别应当熟悉《宪法》《国家安全法》《保密法》《刑法》《刑事诉讼法》《科学技术保密规定》等，对遇到的法律界限不清的问题要做到勤问、肯学、慎行。

（3）提高警惕，明辨是非，时刻保持头脑清醒，不上当受骗，不被坏人利用。在发现敌人的破坏活动时，要积极向有关部门提供线索，同时进行坚决的斗争，维护国家的安定团结。

（4）积极配合国家安全机关工作。按照《国家安全法》的要求，认真履行职责。当国家安全机关需要大学生配合工作时，在工作人员表明身份和来意后，大学生应尽力提供便利条件和协助，如实提供情况和证据，做到不推、不拒，更不能以暴力、威胁等方式阻碍执行公务，切实履行保守国家秘密的职责。

三、保守国家秘密

（一）什么是国家秘密

国家秘密是指关系国家的安全和利益，依照法定程序确定，在一定时间内只限一定范围的人员知悉的事项。

保守国家秘密是指保存、守护关系国家的安全和利益，依照法定程序确定，在一定时间内只限一定范围的人员知悉的事项，为保守国家秘密，维护国家的安全和利益，保障改革开放和社会主义建设事业的顺利进行，1988年9月5日第七届全国人民代表大会常务委员会第三次会议通过了《中华人民共和国保守国家秘密法》（简称《保密法》）。

一切国家机关、武装力量、政党、社会团体、企业事业单位和公民都有保守国家秘密的义务。任何危害国家秘密安全的行为，都必须受到法律追究。

（二）国家秘密的范围和密级

国家秘密的范围涉及国家安全和利益的事项，泄露后可能损害国家在政治、经济、国防、外交等领域的安全和利益。

1. 国家秘密的范围

涉及国家安全和利益的事项被确定为国家秘密。

（1）国家事务重大决策中的秘密事项。

（2）国防建设和武装力量活动中的秘密事项。

（3）外交和外事活动中的秘密事项以及对外承担保密义务的秘密事项。

（4）国民经济和社会发展中的秘密事项。

（5）科学技术中的秘密事项。

（6）维护国家安全活动和追查刑事犯罪中的秘密事项。

（7）经国家保密行政管理部门确定的其他秘密事项。

2. 国家秘密的密级

国家秘密的密级分为绝密、机密、秘密三级。

绝密级国家秘密是最重要的国家秘密，泄露会使国家安全和利益遭受特别严重的损害；机密级国家秘密是重要的国家秘密，泄露会使国家安全和利益遭受严重的损害；秘密级国家秘密是一般的国家秘密，泄露会使国家安全和利益遭受损害。

国家秘密的范围及其密级是由国家保密行政管理部门分别会同外交、公安、国家安全和其他中央有关机关规定的。

（三）保守国家秘密的重要意义

国家秘密关系国家安全和利益，保守党和国家秘密是每个公民应尽的义务。公民应当切实增强保密意识，以自觉行动筑牢维护党和国家秘密安全的牢固防线。我们应该增强保密意识、提高防范技能，从而更好地履行维护国家安全的责任与义务。

1. 保密工作是维护国家安全和利益的一项重要工作

保密工作的重要性是由国家秘密的重要性决定的。国家秘密直接关系国家安全和利益，国家秘密是国家安全和利益的信息表现形式，是国家的重要战略资源，也是国家财产的一种特殊形态。国家秘密一旦泄露，必将直接危害国家的政治安全、经济安全、科技安全和文化安全，直接危害广大人民群众的利益。因而，只有加强对国家秘密的保护，才能切实维护好国家安全和利益。

2. 保密工作是体现和保障国家能力的一项重要工作

保守国家秘密是一种国家行为，也是一种国家责任。在信息时代，信息成为国家的重要资源，信息主权成为国家主权的重要内容，信息安全成为国家安全的前提条件，信息能力成为国家能力的重要体现和保障。从保密工作涉及的领域和手段看，保守国家秘密的能力，直接体现国家的安全保障能力和在军事斗争中的制胜能力，也直接体现国家的综合竞争能力和对信息社会的管理能力。

3. 保密工作对当代大学生同样重要

无论是在革命战争年代，还是在和平建设时期，保密工作都发挥着极其重要的作用，尤其是在新的历史时期，保密工作是中国特色社会主义事业顺利发展的保障。新形势下的保密工作具有新形势和新特点，大学生也必须积极参与和贯彻执行，这就要求我们提高政治意识、安全意识、责任意识，出色完成安全教育的各项任务，并努力落实到当前及今后的学习与就业实践之中。

（四）保守国家秘密的法律法规

随着社会主义现代化建设的蓬勃发展，以及改革开放的顺利进行，保密工作越来越受到重视。全体公民，尤其是作为祖国未来建设者和接班人的大学生更应懂得与掌握相关的保密法律法规知识。

1.《中华人民共和国宪法》(简称《宪法》)

宪法是保守国家秘密的最高法律依据，是中华人民共和国的根本大法，规定拥有最高法律效力，是治国安邦的总章程，是保持国家统一、民族团结、经济发展、社会进步和长治久安的法律基础，是中国共产党执政兴国、团结带领全国各族人民建设中国特色社会主义的法律保证。宪法是其他法律的立法基础，其他法律是宪法的具体化；任何法律不得同宪法相抵触，否则无效；宪法是治国安邦的总章程；宪法是最高行为准则；宪法是国家的根本法。

2.《中华人民共和国保守国家秘密法》(简称《保密法》)

《保密法》由中华人民共和国第十一届全国人民代表大会常务委员会第十四次会议于2010年4月29日修订通过，是为了保守国家秘密，维护国家安全和利益，保障改革开放和社会主义建设事业的顺利进行而制定的法规。

3.《中华人民共和国保守国家秘密法实施办法》(简称《实施办法》)

《实施办法》于1990年4月由国家保密局发布。《实施办法》分为总则，确定密级、变更密级和解密，保密制度，奖惩，附则，共五章四十一条。2014年1月国务院发布《中华人民共和国保守国家秘密法实施条例》。

4.《中华人民共和国国家安全法》(简称《国家安全法》)

《国家安全法》是为了维护国家安全，保卫人民民主专政的政权和中国特色社会主义制度，保护人民的根本利益，保障改革开放和社会主义现代化建设的顺利进行，实现中华民族伟大复兴，根据《宪法》制定而成的。2015年7月1日，第十二届全国人民代表大会常务委员会第十五次会议通过新修订的《国家安全法》，对政治安全、国土安全、军事安全、文化安全、科技安全等11个领域的国家安全任务进行了明确表述，共七章八十四条，自2015年7月1日起施行。

5.《中华人民共和国刑法》(简称《刑法》)

《刑法》是为了惩罚犯罪、保护人民，根据《宪法》，结合我国同犯罪作斗争的具体经验及实际情况，制定而成的法律。根据需要，《刑法》进行了多次修订，最近一次修订是在2021年。

（五）违犯国家秘密法的行为

《保密法》第五章第四十八条规定，违反本法规定，有下列行为之一的，依法给予处分；构成犯罪的，依法追究刑事责任。

（1）非法获取、持有国家秘密载体的。

（2）买卖、转送或者私自销毁国家秘密载体的。

（3）通过普通邮政、快递等无保密措施的渠道传递国家秘密载体的。

（4）邮寄、托运国家秘密载体出境，或者未经有关主管部门批准，携带、传递国家秘密载体出境的。

（5）非法复制、记录、存储国家秘密的。

（6）在私人交往和通信中涉及国家秘密的。

（7）在互联网及其他公共信息网络或者未采取保密措施的有线和无线通信中传递国家

秘密的。

（8）将涉密计算机、涉密存储设备接入互联网及其他公共信息网络的。

（9）在未采取防护措施的情况下，在涉密信息系统与互联网及其他公共信息网络之间进行信息交换的。

（10）使用非涉密计算机、非涉密存储设备存储、处理国家秘密信息的。

（11）擅自卸载、修改涉密信息系统的安全技术程序、管理程序的。

（12）将未经安全技术处理的退出使用的涉密计算机、涉密存储设备赠送、出售、丢弃或者改作其他用途的。

有前款行为尚不构成犯罪，且不适用处分的人员，由保密行政管理部门督促其所在机关、单位予以处理。

（六）大学生如何保守国家秘密

作为大学生，有责任也有义务去守护国家的重要秘密，树立保密意识，养成良好的保密习惯，不传播国家秘密信息，不去故意泄露国家秘密，认真做到以下四个方面。

（1）学习《保密法》，接受保密知识教育，强化保密意识。正确认识保密对国家安全的重要性，严格遵守保密制度。既要对外开放，扩大对外交流与合作，又要确保国家机密不被泄露。

（2）提高防范意识、抵制各种诱惑。在对外交往中，凡是涉及国家机密或行业、企业秘密的内容，要么回避，要么按照有关要求作答，不随便涉及内部科技成果、科学技术和经济中各种未公开的数据资料，不做任何损害国家安全与利益的事。增强抵抗诱惑的能力，不因私欲或贪心而损害国家利益。

（3）在与境外人员交往时不携带秘密文件、数据、资料。对方索取某些国家秘密时，如科技成果、科学数据或我国保密的内部秘密等，要根据情况，依法依规回答或直接拒绝。

（4）未经相关部门批准，不带境外人员参观或进入非开放区。不准境外人员利用学术交流、讲课的机会进行系统的社会调查。

拓展学习

【警示案例】

个人微信泄密案件

近年来，微信等网络社交媒体泄密案件呈高发态势，严重危害国家秘密和安全。由于微信复制、转发信息便捷，一旦泄密，信息传播速度快、扩散范围广，极易造成恶劣影响和严重危害。

涉密人员刘某在参加单位集中学习期间，向同事邹某透露了正在阅读的一份涉密文件，邹某向刘某询问文件内容。刘某虽意识到文件涉密，但心存侥幸，用手机拍摄文件内容，通过微信发给了邹某。邹某随即转发给好友并发到微信群，导致该文件迅速大范围传播扩散，造成严重泄密。案发后，刘某受到留党察看一年、撤职处分，调离涉密岗位；邹某受到撤职处分。

相关部门提示，使用微信时，不得随意在朋友圈发布与岗位、工作相关信息，不用微信谈论工作，严禁传递涉密敏感信息。微信群组管理，坚持“非必要不建立”原则，严控工作群数量，落实审批建群、规范群名、建档备查等工作。坚持“谁建群谁负责、谁管理谁负责”原则，明确群内保密要求、验证成员身份、提醒监督群内信息发布情况。坚持全程管控原则，定期检查微信工作群管理情况，及时解散僵尸群、临时群、专项工作群。

【法律法规】

微信泄密行为的本质是，在互联网及其他公共信息网络或者未采取保密措施的有线和无线通信中传递国家秘密，其行为违反了《保密法》第二十六条和《工作秘密管理暂行办法》第十八条的规定。

《保密法》第二十六条规定，禁止非法复制、记录、存储国家秘密。禁止在互联网及其他公共信息网络或者未采取保密措施的有线和无线通信中传递国家秘密。禁止在私人交往和通信中涉及国家秘密。

【阅读知识】

国家安全的地位

一个国家和社会的各种利益中，国家的安全和利益是最根本、最重要的。国家安全的根本性还体现在对危害国家安全行为惩罚的严厉性上。大多数国家都将危害国家安全的犯罪列为本国司法机关打击的重点。而在政治上，国家安全作为上层建筑中最重要的组成部分，对其他上层建筑部分起着决定性作用，是其他上层建筑存在的前提和基础。邓小平同志曾经说过：“国家的主权、国家的安全要始终放在第一位。”对这一点我们比过去更清楚了。国家安全还有着社会性的一面。因为国家除具有政治职能外，还必须实现其社会管理的职能，伴随着社会公共事务分工的发展，国家安全也必然带有社会性和全民参与的特点。

正是由于国家安全对国家生存和发展所具有的以上特殊重要性，世界各国都从公开的和隐蔽的两条战线上来维护和保障其国家安全。而其中的隐蔽战线更是每个国家维护其国家安全的重要领域。即便是在和平时期，国家之间在隐蔽战线上的斗争也没有停止过。这种活动与各国之间正常的政治、外交、经济等交流不同。这条战线上的斗争是由国家安全机关和国家授权的其他相关机关以隐蔽的敌人为对手，以情报与反情报、间谍与反间谍、窃密与反窃密为焦点的特殊斗争。

新时代，我们要牢固树立总体国家安全观，坚持统筹发展和安全，坚持人民安全、政治安全、国家利益至上有机统一，坚持维护和塑造国家安全，坚持科学统筹。以人民安全为宗旨，以政治安全为根本，以经济安全为基础，以军事、科技、文化、社会安全为保障，健全国家安全体系，增强国家安全能力。完善集中统一、高效权威的国家安全领导体制，健全国家安全法律制度体系，维护国家安全。

思考讨论

1. 维护国家安全的重点领域和重要意义有哪些？
2. 为什么说维护国家安全是全社会、全体人民的共同义务？
3. 大学生如何保守国家秘密？

第三节 危害国家安全的行为及法律责任

案例内容

信息不能非法传播!

某高校大一学生李某与一位自称居住在国外的中国人互加好友，对方给李某发的信息中提到“长期在国外生活，最近在做军民融合项目调研，希望你能够提供一些国内的相关信息，报酬相当丰富”。李某同意以一本200元的报酬帮对方拍摄一些中国军事杂志相关的信息。最后对方提出更高的要求，希望李某再拍摄一些关于军事历史、当代海军等内容的杂志，承诺可以一本杂志给出500元的报酬，后来被当地国家安全局侦查员发现后及时制止。

【简析】

本案例，从间谍活动来讲，这实际上已经完成了一次勾连、策反，包括情报传递等环节。如果这个事件任由它发展下去，很快，李某就会逐步按照对方的这种指令继续向我们的军事、党政领域刺探军事秘密，并将这些秘密提供给对方，后果将非常严重。李某的这种非法为国外相关人员提供我国军事杂志信息的行为，已经构成了危害国家安全的行为。

【法律法规】

向境外组织非法提供国家情报罪会严重危害国家的安全。构成“向境外组织非法提供国家情报罪”的，会判处五年以上十年以下有期徒刑；情节特别严重的，处十年以上有期徒刑或者无期徒刑。向境外组织非法提供国家情报罪，是指为境外的机构、组织、人员非法提供国家秘密或情报的行为。《刑法》第一百一十一条规定，为境外的机构、组织、人员窃取、刺探、收买、非法提供国家秘密或者情报的，处五年以上十年以下有期徒刑；情节特别严重的，处十年以上有期徒刑或者无期徒刑；情节较轻的，处五年以下有期徒刑、拘役、管制或者剥夺政治权利。

一、危害国家安全的行为

《国家安全法》规定，任何组织和个人进行危害中华人民共和国国家安全的行为都必受到法律追究。本法所称危害国家安全的行为，是指境外机构、组织、个人实施或者指使、资助他人实施的，或者境内组织、个人与境外机构、组织、个人相勾结实施的下列危害中华人民共和国家安全的行为。

1．阴谋颠覆政府、分裂国家、推翻社会主义制度的。阴谋颠覆政府是指阴谋推翻人民政府，篡夺国家领导权的行为。阴谋分裂国家是指阴谋推翻地方人民政府，拒绝中央领导，割据一方，分裂统一的多民族国家的行为。阴谋推翻社会主义制度是指以各种方式改变人民民主专政政权和公有制为主体的社会主义经济基础的行为。

2．参加间谍组织或者接受间谍组织及其代理人的任务的。参加间谍组织是指，行为人通过履行一定的手续加入间谍组织，成为间谍组织成员的行为。接受间谍组织或其代理人任务是指，已参加间谍组织或未参加间谍组织的人，受间谍组织命令、派遣、指使或委托为间谍代理人工作，从事危害我国国家安全的活动。无论行为人是否接受了间谍组织的任务，是否进行了窃取、刺探、收买、非法提供情报或其他破坏活动，只要参加了间谍组织，即构成了间谍犯罪。未参加间谍组织，却接受了间谍组织或其代理人的任务的，也不管其任务实现与否，不影响间谍犯罪的成立。

3．窃取、刺探、收买、非法提供国家秘密的。所谓窃取是指，行为人采用秘密非法手段取得国家秘密的行为。所谓刺探是指，行为人采用秘密手段暗中打听，获取国家秘密的行为。所谓收买是指，行为人采取提供财务或其他物质利益的方法，收买国家工作人员向其提供国家秘密的行为。所谓非法提供是指，国家秘密的持有者，将自己知悉、管理、持有的国家秘密非法出售、交付、告知其他不应知悉该秘密的人的行为。

4．策动、勾引、收买国家工作人员叛变的。所谓策动是指策划、鼓动他人叛变的行为。所谓勾引是指勾结、引诱他人叛变的行为。所谓收买是指以金钱、财务或其他物质利益诱使他人叛变的行为。

5．进行危害国家安全的其他破坏活动的。根据《实施细则》第八条的规定，下列行为属于《国家安全法》所称“危害国家安全的其他破坏活动”。

（1）组织、策划或者实施危害国家安全的恐怖活动的；

（2）捏造、歪曲事实，发表、散布文字或者言论，或者制作、传播音像制品，危害国家安全的；

（3）利用设立社会团体或者企业事业组织，进行危害国家安全活动的；

（4）利用宗教进行危害国家安全活动的；

（5）制造民族纠纷，煽动民族分裂，危害国家安全的；

（6）境外个人违反有关规定，不听劝阻，擅自会见境内有危害国家安全行为或者有危害国家安全行为重大嫌疑的人员的。

二、危害国家安全应承担的法律责任

发现危害国家安全的行为该怎么做?

一切不符合现行法律所要求的、超出现行法律所允许范围以外的危害社会的行为，都要承担相应的法律责任。危害国家安全主要承担刑事法律责任或行政法律责任，其直接后果是下列处罚中的一种或多种：管制、拘役、判刑（有期、无期、死刑或死缓）、罚金、剥夺政治权利、没收财产、行政处分（如警告、开除等）、行政拘留、没收（如非法持有的属于国家秘密的文件等）、限期离境和驱逐出境（对境外人员的行政处罚）。

《刑法》第一百零二条规定，勾结外国，危害中华人民共和国的主权、领土完整和安全的，处无期徒刑或者十年以上有期徒刑。

《刑法》第一百零三条规定，组织、策划、实施分裂国家、破坏国家统一的，对首要分子或者罪行重大的，处无期徒刑或者十年以上有期徒刑；对积极参加的，处三年以上十年以下有期徒刑；对其他参加的，处三年以下有期徒刑、拘役、管制或者剥夺政治权利。煽动分裂国家、破坏国家统一的，处五年以下有期徒刑、拘役、管制或者剥夺政治权利；首要分子或者罪行重大的，处五年以上有期徒刑。

《刑法》第一百零四条规定，组织、策划、实施武装叛乱或者武装暴乱的，对首要分子或者罪行重大的，处无期徒刑或者十年以上有期徒刑；对积极参加的，处三年以上十年以下有期徒刑；对其他参加的，处三年以下有期徒刑、拘役、管制或者剥夺政治权利。策动、胁迫、勾引、收买国家机关工作人员、武装部队人员、人民警察、民兵进行武装叛乱或者武装暴乱的，依照前款的规定从重处罚。

《刑法》第一百一十三条规定，对国家和人民危害特别严重、情节特别恶劣的，可以判处死刑。

此外，《国家安全法》和《刑法》规定，明知他人有间谍犯罪行为，在国家安全机关向其调查有关情况、收集有关证据时，拒绝提供的，或者以暴力、威胁方法阻碍国家安全机关依法执行国家安全工作任务的，或者故意阻碍国家安全机关依法执行国家安全工作任务，未使用暴力、威胁方法，造成严重后果的，或者故意或者过失泄露有关国家安全工作的国家秘密的，都将受到刑期不等的处罚。

根据引起国家安全法律责任的行为性质不同，国家安全法律行为的法律责任分为刑事责任、民事责任和行政责任。任何组织和个人做出危害中华人民共和国国家安全的行为都必须受到法律追究。

拓展学习

【警示案例】

大学生受教唆创办境外反动网站

田某，1999年生，某高校新闻系学生。田某长期收听境外反华媒体广播节目，经常浏览境外大量有害政治信息，逐渐形成反动思想。2016年1月，田某开通境外社交媒体账号，开始同境外反华敌对势力人员进行互动，接受所谓“民主宪政”的理论影响，反动思想逐渐顽固。

进入大学后，田某经境外反华媒体记者引荐，成为某西方媒体北京分社实习记者，并接受多个境外反华敌对媒体邀请担任驻京记者。在此期间，田某大量接收活动经费，参与炒作多起热点敏感事件，累计向境外提供反宣素材3000余份，刊发署名文章500余篇。

在境外势力蛊惑教唆下，田某于2018年创办了一个境外反动网站，大肆传播各类反宣信息和政治谣言，对我国进行恶意攻击。2019年4月，田某受境外反华媒体邀请秘密赴西方某国，同境外20余个敌对组织接触，同时接受该国10余名官员直接问询并接受该组织的具体指令，秘密搜集提供污蔑抹黑我国的所谓“证据”。

田某与境外反华组织接触开展的一系列渗透活动，严重危害我国政治安全。国家安全机关通过严密侦查，2019年6月，田某被依法抓捕归案。

2020年8月，国家安全机关侦破田某涉嫌煽动颠覆国家政权案，及时斩断了境外反华敌对势力的犯罪触手。此案深刻揭示了西方反华势力在意识形态领域对学生群体渗透拉拢的情况。

【法律法规】

利用互联网造谣、诽谤或者发表、传播其他有害信息，煽动颠覆国家政权、推翻社会主义制度，构成颠覆国家政权罪。

《刑法》第一百零五条规定，组织、策划、实施颠覆国家政权、推翻社会主义制度的，对首要分子或者罪行重大的，处无期徒刑或者十年以上有期徒刑；对积极参加的，处三年以上十年以下有期徒刑；对其他参加的，处三年以下有期徒刑、拘役、管制或者剥夺政治权利。以造谣、诽谤或者其他方式煽动颠覆国家政权、推翻社会主义制度的，处五年以下有期徒刑、拘役、管制或者剥夺政治权利；首要分子或者罪行重大的，处五年以上有期徒刑。

【警示案例】

信息不能非法传播！

李某曾就读于某重点大学，原本是一个品学兼优的大学生，在校期间一直从事兼职工作，为便于寻找兼职工作，李某加入多个校内QQ兼职群。2016年末，兼职群内一个名为J某的人发布了一条兼职招聘信息，称有一朋友从事船舶海运方面的研究，需要该领域相关的学术资料，可以提供丰厚薪酬。随后，李某主动应聘，与J某成为好友，并在高额报酬的诱惑下，接下了这份“兼职”工作。李某此时还未意识到J某等人都是中国台湾地区的间谍，自己已经被发展成为J某的“情报员”。为赚取报酬，李某在J某的指使下，通过到学校图书馆借阅图书等方式，将搜集到的相关资料使用手机拍照后发给J某。J某还要求李某想方设法搜集内部、涉密的期刊，学术研究类的成果资料及引荐部队和造船等方面的人员。为达到长期搜集情报的目的，J某主动引导李某毕业后到发展潜力较大的军工企业应聘，并承诺其毕业后若进入军工企业，双方可以进行更好的合作。当李某与沈阳某大型涉密军工企业签订了就业协议书后，J某表达了长期合作的强烈意愿，并许诺待李某入职后，每月给予其不低于工资的高额报酬。一心期待赚大钱的李某，最终等来的却是国家安全机关对其的审查和处罚。

【阅读知识】

1. 危害国家安全罪

危害国家安全罪是指危害国家主权、领土完整和安全，分裂国家、颠覆人民民主专政的政权和推翻社会主义制度的行为。

危害中华人民共和国国家安全的犯罪行为，是《刑法》中规定的危害性最大的一类犯罪，因此,《刑法》在第一章就对危害国家安全罪进行了规定。

2. 危害国家安全罪的分类

危害国家安全罪有十二种，主要包括背叛国家罪，分裂国家罪，煽动分裂国家罪，武装叛乱、暴乱罪，颠覆国家政权罪，煽动颠覆国家政权罪，资助危害国家安全犯罪活动罪，投敌叛变罪，叛逃罪，间谍罪，为境外窃取、刺探、收买、非法提供国家秘密、情报罪，资敌罪。

3. 危害国家安全罪的相关处罚条例

《刑法》第一百零六条对危害国家安全行为的具体处罚作出如下具体规定，与境外机构、组织、个人相勾结，实施本章（《刑法》第一章：危害国家安全罪）第一百零三条、第一百零四条、第一百零五条规定之罪的，依照各条的规定从重处罚。

第一百零三条、第一百零四条、第一百零五条之罪是指分裂国家罪、煽动分裂国家罪、武装叛乱罪、武装暴乱罪、策动武装叛乱罪、颠覆国家政权罪、煽动颠覆国家政权罪。

对直接责任人员，处五年以下有期徒刑、拘役、管制或者剥夺政治权利；情节严重的，处五年以上有期徒刑。

思考讨论

1．危害国家安全的行为有哪些？

2．危害国家安全需要承担哪些责任？

3．维护国家安全的法治原则有哪些要求？

第三章　文化安全

文化是一个民族的命脉，是人们的精神家园，文化对于一个民族的凝聚力、创造力的形成和一个国家综合实力的提升具有不可替代的作用。大学校园是文化传承的重要载体，是许多新思想、新文化产生和发展的沃土，是各种不同性质文化交融激荡的前沿阵地，也是文化创新的主要原动力，大学校园在推动文化建设过程中担负着重要的使命。大学生的文化安全教育，需要广大教育工作者的高度重视。

文化安全是当今全球化时代一个国家和民族生存和发展的战略组成部分，与国家整个安全体系息息相关，它是国家经济安全、政治安全、军事安全的基础，更是确保国家安全体系健康运行的重要保障。伴随着国际社会信息化和全球化的飞速发展，以及我国改革开放事业的不断深入和扩大，我国对外合作交流的水平与程度不断提高，因而我国的文化安全问题开始崭露头角，并受到各界广泛关注，成为影响我国建设成富强、民主、文明、和谐、美丽的社会主义强国的重大战略问题。因此，加强大学生文化安全教育就成为文化建设的基础工程。

学习目标

通过本章内容的学习，使大学生能够深入理解文化是一个国家和民族的灵魂，是一个国家和民族生存与发展的重要力量。培养大学生的文化自觉和文化自信，使其树立维护国家文化安全的战略意识、明确维护国家文化安全的时代使命。

学习内容

本章内容主要涵盖大学生文化安全概述、杜绝“黄赌毒”构建和谐校园等，具体包括以下内容。

1．大学生文化安全的内容。

2．大学生文化安全意识的现状。

3．提高大学生文化安全意识的途径。

4．大学生预防“黄赌毒”的措施。

重点与难点

1．西方不良文化的渗透。

2．“黄赌毒”的特征及危害。

第一节 文化安全概述

案例内容

从“毒教材”事件看国家文化安全

“人教版”初中英语教材，内容居然有违事实地宣扬西方文化、美化西方人；小学一年级到六年级的语文课本，在用“正面形象选西方人、负面形象用中国人”的方式，美化、鼓吹西方文化而贬损中华文化。在“毒教材”的封面和插画中，一是对中国人进行丑化，塑造病态人物形象；进行西方的审美“殖民化教育”；二是开展文化渗透，意在“培养精神美国人”；三是倒挂中国国旗，侮辱国旗；四是存在儿童色情暗示等不当内容。

【简析】

“欲灭其国，必先去其史；欲灭其族，必先去其文。”毒教材对我国的文化安全造成了威胁，我们的教育失去了教人上进、教化人心的积极作用。教材是大事，事关下一代的身心健康，事关未来接班人的培养，我国的文化安全遭遇到了挑战，我们必须警惕文化陷阱，敢于向危害我国国家文化安全的行为“亮剑”。既要回头看历史，坚定文化自信，又要往前看未来，保持民族警觉。

一、文化安全含义

文化是民族的血脉，是人民的精神家园。文化安全是指一国文化相对处于没有危险和不受内外威胁的状态，以及保障持续安全状态的能力，确保主流意识形态、传统文化安全（包括语言、文字、风俗习俗等）及民族文化等主要文化要素避免受到内部及外部敌对力量的攻击、破坏和侵蚀。文化安全是整个国家安全体系的一个非常重要的方面，它关乎国家稳固、民族团结、精神传承，是国家安全的重要保障，是反映国家安全状况的重要标志。维护国家文化安全就要注重维护本国各民族之间的团结，提高各民族之间的文化认同。通过对文化安全的重视和维护，确保文化安全充分完整，确保人民群众对主流文化意识形态具有高度的认同感，在政治和经济的协调发展上起着举足轻重的作用。

二、大学生文化安全教育

（一）大学生文化安全

大学生文化安全是指大学生群体的主流价值体系，以及以此为基础形成的大学生思想观念、社会生存方式、语言符号系统、知识结构体系、政治宗教信仰等主要文化要素免于校园内外的有害文化侵蚀、破坏和颠覆，使大学生的价值观念和文化心理与自身发展、社会进步协调一致的文化系统。该系统在大学生群体中具有较高的群体文化认可度，有助于大学生身心的健康成长，使之成长为社会主义合格建设者和可靠接班人。

（二）大学生文化安全教育主要内容

大学生文化安全教育工作要有组织、有目的、有计划地开展，为筑牢大学生的文化安全根基，做好大学生防范化解外来文化风险的教育实践，增强大学生对中国特色社会主义文化的认同，提高大学生维护文化安全的意识、能力和责任，充分发挥大学生维护国家文化安全的积极性、主动性和创造性。

1. 抵制外来文化侵蚀教育

在全球化、信息化的影响下，文化资源全球流动已成为一种常态化趋势，文化多元发展已成为一种全球化图景。在学习国外的先进文化之时，国外落后、腐朽或反动的文化也同时进入我国，特别是西方一些希望改变我国的政治制度、价值观念和文化传统的势力，尤其是大力传播西方的反动文化，其产生的负面影响对大学生难以避免。少数大学生面对外来文化缺乏理性分析，对外来不良文化的认知大多停留在表面，容易被表面新鲜的外来文化吸引。例如，当有形的外来文化产品（图书、绘画、电影等）或无形的外来文化产品（留学、旅游、演出等）流入校园时，当外来不良文化出现在互联网中时，一些意志薄弱的大学生在外来不良文化入侵的面前被征服。因此，新时代大学生文化安全教育应以道德规范和民族精神为内容，以促使大学生更好抵御外来不良文化侵蚀，守护好我们的文化阵地。

一方面，要从规范大学生的个人行为入手进行道德规范教育，契合文化安全教育的个人志向，引导大学生在复杂多变的社会文化生活中作出理性的判断与评价，在外来文化面前保持清醒头脑，在丰富多彩的社会活动中规范自身道德行为，在原有道德水准的基础上不断提升品德修养，在顺应社会发展和时代要求中健康成长。就社会层面而言，道德规范是社会文明程度的体现，有利于维系和谐稳定的社会秩序。另一方面，要从促进大学生道德规范与社会文明程度相融合的角度出发开展道德规范教育，顺应文化安全教育的社会指向，促进大学生在有序的社会生活中规范自身行为，理性参与活动，远离外来腐朽文化。

以民族精神为主要内容，抵制外来不良文化入侵，有利于促进大学生在面对外来不良文化侵蚀时保护好本民族文化。在大学生文化安全教育中，把优秀的民族精神作为教育的重要内容，发挥民族精神的统摄作用，融入大学生的学习与生活，走近他们的心灵世界，更加获得大学生的充分肯定，引导大学生在民族精神的感召下，自觉接受、主动认同、积极保护本民族文化，坚决摒弃外来腐朽文化，争做我国文化安全的捍卫者。

2. 增强中国特色社会主义文化认同教育

中华优秀传统文化、革命文化和社会主义先进文化为我们提供了丰富的精神食粮。因此，我们应将这三种文化作为新时代大学生文化安全教育的内容。其基础内容是中华优秀传统文化，重要内容是革命文化，关键内容是社会主义先进文化。三种文化之间存在着必然联系，它们相辅相成，缺一不可。将中华优秀传统文化、革命文化和社会主义先进文化作为新时代大学生文化安全教育的精髓内容，有利于增强大学生对中国特色社会主义文化的深刻认同，提高大学生维护国家文化安全的底气、骨气和志气，促进中国特色社会主义文化繁荣发展。

第一，以中华优秀传统文化为基础内容，增强中国特色社会主义文化认同教育，提高大学生维护国家文化安全的底气。中华优秀传统文化是中华民族文化的突出优势，是我们在世界文化激荡中站稳脚跟的根基。它产生并发展于中华大地上，独具特色，源远流长，影响深远。中华优秀传统文化在我国这片热土上历久弥新，有着跨越时空的生命力和感染力，蕴含着历史和民族沉淀已久的精神食粮，对于教育大学生具有重要的现实意义。青年大学生作为新时代最具活力和生命力的新生力量,应该在中华优秀传统文化之中汲取精华。中华优秀传统文化蕴藏着永恒的魅力，其蕴含的精神文化，值得新时代大学生学习和践行。

第二，以革命文化为重要内容，增强中国特色社会主义文化认同教育，提高大学生维护国家文化安全的骨气。革命文化作为中华文化的重要组成部分，是中国共产党领导各族人民团结奋斗，在革命实践中孕育而成的极具时代特征和民族特色的文化结晶，凝聚着中华民族浴血奋战的精神风貌，记载着中国共产党和人民艰苦奋斗的历程，彰显着中国风格、中国特色和中国精神。它继承与发扬了中华优秀传统文化，代表着马克思主义中国化的重要理论成果，不但指引了中国革命事业的胜利，也影响着代代中华儿女的思想品格和价值追求。如今大学生生活在幸福美好的新时代，我国正朝着富强、民主、文明、和谐、美丽的社会主义现代化强国迈出坚实的步伐。新时代的大学生更应时刻铭记中国共产党领导我们广大人民艰苦奋斗、走出困境、走进美好生活的历史事实，更要承担继承和弘扬革命文化的责任和义务。革命文化是高校思想政治教育中必不可少的宝贵资源，在高校思想政治教育中具有培养大学生理想信念和道德品质、丰富大学生文化自信、增强大学生对中国道路认同感的重要价值。学习革命文化，有利于坚定大学生维护国家文化安全的信念，深化大学生对中国特色社会主义文化的认同。

第三，以社会主义文化为关键内容，增强中国特色社会主义文化认同教育，提高大学生维护国家文化安全的志气。社会主义先进文化是马克思主义中国化的重要产物，不仅继承和发展了中华优秀传统文化、革命文化，而且紧跟时代步伐，符合现代科学精神，满足国家发展、社会进步、人民文明的迫切需要。社会主义先进文化是我国全体人民的智慧结晶，是促进人类与时俱进的强大推动力。学习社会主义先进文化，不仅能够增强大学生对中国特色社会主义文化认同，促进大学生积极主动地继承与发展我国社会主义先进文化，为提高我国文化软实力贡献一份力量，而且也有利于坚定其理想信念，自觉抵御外来不良文化的侵蚀，坚定地维护国家文化安全。将社会主义先进文化的内容融入大学生文化安全教育之中，一方面，让大学生增强对社会主义先进文化的自信，坚定维护国家文化安全，筑牢大学生维护国家文化安全的精神之基。另一方面，也有助于大学生敢于突破，志存高远，满怀“长风破浪会有时，直挂云帆济沧海”的壮志豪情，勇于将中华优秀文化推向世界、发扬光大，以昂扬志气开创世界文化安全新局面和新时代。

三、大学生文化安全教育的意义及途径

（一）大学生文化安全教育的意义

大学生文化安全教育在维护国家文化安全中有着重要作用，加强大学生文化安全教育是维护国家文化安全的重要基础工作，也是国家文化安全体系建立的重要保障。对大学生加强文化安全教育不仅有利于大学生自身的成长成才，坚持马克思主义指导地位，更有利于促进中国特色社会主义文化的繁荣发展。

1. 有利于大学生成长成才

新时代大学生在全球化时代出生、成长，肯德基、麦当劳、必胜客等外国快餐饮食成为他们喜爱的食物，日韩文化、欧美文化等潜移默化地影响着大学生的文化理念和思维方式。他们的价值观体系尚未完全成熟，缺乏辩证看待事物、分析事物的能力，自我保护意识和自控能力尚不稳定，存在多变的一面。而当今世界文化传播良莠不齐，给大学生的成长带来了不安全因素，如果我们不利用我国的先进文化去正面地引导他们，不良文化就会趁机而入，让大学生陷入迷茫，比如西方国家的文化霸权主义、国外反华势力的反华言论以及西方拜金主义、历史虚无主义等这些都会在某种程度上影响大学生的身心健康和价值判断。因此，新时代加强大学生文化安全教育，就是在他们的成长的拔节育穗期搭建起一堵文化保护墙，让大学生接受正能量的、积极向上的、正面的、民族的文化教育，摒弃腐朽的、负面的外来文化。从而帮助大学生培养高尚道德情操和优秀品质，促进其成长成才。

2. 有利于维护高校意识形态安全

高校文化安全是国家文化安全在校园内的延展，也是大学文化建设的重要内容。大学生是接受文化安全教育和传承优秀文化的重要主体，开展大学生文化安全教育具有重要意义。在全球化的时代，西方文化对我国大学生的文化影响与冲击主要在以下几个方面：一是意识形态方面，西方资本主义国家利用文化传播的手段宣扬他们的核心价值观，向我国"推销"西方的"民主""自由""人权"等观念。二是学术交流研究方面，西方国家抓住我国青年学生在西方留学或进行学术交流的机会来灌输西方的文化价值观。三是大众文化方面，从穿衣打扮到外国美食，从好莱坞电影到流行音乐，从欧美风到英伦风，再到日韩风，外来文化影响着大学生生活的方方面面。因此，新时代加强大学生文化安全教育，帮助大学生清醒认识到外来文化侵蚀带来的负面影响，增强大学生对中华文化的认同及保护国家文化安全的责任和意识，可有效抵御西方文化对我国大学生的冲击。

3. 有利于坚持马克思主义在意识形态领域的指导地位

"党的百年奋斗展示了马克思主义的强大生命力。"历史证明，马克思主义理论是科学的、先进的，它指明了时代发展的方向。正如习近平总书记强调的"马克思主义是我们立党立国的根本指导思想，是我们党的灵魂和旗帜。"在全球化的浪潮中，维护国家统一和民族独立愈发重要，尤其是在文化交流、融合更为频繁的时代，坚持马克思主义在我国意识

形态领域的指导地位尤为关键。在新时代大学生文化安全教育过程中，我们坚持将马克思主义作为指导思想，推动马克思主义基本原理同中国具体实际、中华传统文化相结合，确保大学生文化安全教育沿着正确的方向进行，牢牢把握马克思主义在新时代大学生文化安全教育中的主动权和话语权，提升他们对中国特色社会主义文化的认可度，培养他们高度的文化自信和文化自觉。这不仅有利于提升大学生维护国家文化安全的意识、责任和能力，促使大学生能真正将马克思主义理论运用到维护文化安全的实践中去，更有利于坚持马克思主义在我国意识形态领域的指导地位。

4. 有利于促进中国特色社会主义文化繁荣发展

当前，以社会主义核心价值观为引领的中国特色社会主义文化是我国在社会转型期凝聚和激励全体社会成员的重要力量。思想政治教育在社会主义核心价值观引领新时代文化发展的过程中起到了重要作用。我们能够通过思想政治教育向大学生传播社会主义核心价值观，并利用社会主义先进文化和主流意识形态引导大学生思想认知的发展。文化安全教育作为一项育人的实践活动，它是大学生感悟马克思主义理论魅力的有效方法，也是大学生提高自身思想认知水平的有效途径。文化安全教育既纠正大学生思想认知发展过程中价值取向偏差，提高大学生运用社会主义核心价值观分析社会多样化文化思潮的能力，又增强大学生维护国家文化安全的责任意识，激起他们传播中华文化的热情。因此，新时代加强大学生文化安全教育，有利于促进中华文化发展，有利于推动中国特色社会主义文化的发展。

（二）大学生文化安全教育的途径

从大学生文化安全教育的现状调查中可以看出，当前大学生文化安全教育仍存在着一些问题和挑战，这就要求我们应及时采取正确的方法和措施加以引导、教育和解决，从教育内容、主体、载体、环境方面入手，促使新时代文化安全教育得以顺利开展。

1. 丰富大学生文化安全教育的内容

新时代大学生文化安全教育的内容要有说服力和感染力，要在学习社会主义核心价值观和文化安全的理论与要求上下功夫，以树立起大学生保护我国文化安全的责任和意识，提高大学生维护我国文化安全的能力。

（1）推进社会主义核心价值观教育。

社会主义核心价值观是我国社会主义发展的精神动力，它规范人们的思想观念、道德品质、行为举止、礼仪文明等，给人们带来约束的同时，也可促进人们的成长成才。在某种意义上，维护国家文化安全就是在维护我国的意识形态、中国特色社会主义文化、社会主义核心价值观安全。因此，推进社会主义核心价值观教育可以有效维护我国的文化安全。

新时代的大学生最具发展潜力，他们能够把握时代发展的脉搏，引领社会风气。将社会主义核心价值观纳入大学生文化安全教育意义重大。新时代大学生文化安全教育要将社会主义核心价值观贯穿于教育过程的始终，并坚持协同育人的教育方法和理念。首先，要坚持思政课教师和辅导员之间的协同配合。思政课教师主要负责教授思想政治理论相关知识，辅导员则主要承担大学生日常学习和生活相关工作。发挥思政课教师和辅导员两大教育主体在社会主义核心价值观融入大学生文化安全教育过程中的优势互补作用，促进大学生文化安全理论教学与抵御外来文化侵蚀实践教育相结合，满足教师文化安全知识传授与学生防范外来文化风险实际需求相契合。其次，要加强社会主义核心价值观与中华优秀传统文化、时代元素等方面教育内容的协同整合。在大学生文化安全教育中，要以中华优秀传统文化作为教育的宝贵资源，结合当前文化安全的形势和问题，贯穿社会主义核心价值观的内容，串联进行文化安全教育，推进大学生文化安全教育需求与学生成长需求的协同发展，切实提高大学生对中华文化的认同感、自豪感，达到“内化于心、外化于行”的理想教学效果。

（2）深入学习习近平总书记关于文化安全的重要论述。

改革开放给我国带来的影响中不仅有经济的快速发展，而且国际间的文化交流、融合与冲突也随之而来。习近平总书记关于文化安全的重要论述是新时代我国抵御外来文化侵蚀、维护我国文化安全的重要武器。习近平总书记强调：“能否做好意识形态工作，事关党的前途和命运，事关国家长治久安，事关民族凝聚力和向心力。”因此，我们要加大文化安全工作力度，将习近平总书记关于文化安全的重要论述具体运用到我国的文化建设之中，切实维护我国文化安全，坚决打赢这场“没有硝烟的战争”。

新时代的大学生是中国特色社会主义进入新时代的见证者，是我国未来的建设者和接班人，维护国家文化安全责无旁贷。高校应积极推进大学生学习习近平总书记关于文化安全的重要论述，具体来看，应从以下三方面入手。一是开设学习习近平总书记关于文化安全重要论述的专题讲座，让学生更加深入、系统的了解其内容，体会其理论体系的博大精深，增强大学生维护国家文化安全的责任感。二是利用网络学习平台宣传习近平新时代中国特色社会主义思想，并定期在网络平台开展学习竞赛活动，提高大学生学习的积极性和兴趣，在参与活动中进一步强化大学生维护国家文化安全的意识。三是举办相关的社会或校园文化实践活动，在高校内营造浓厚的文化学习氛围，在具体实践中提高大学生应对文化安全问题的能力。这有利于促使大学生在大是大非的重要问题面前坚持正确的立场，有效抵制外来不良文化侵蚀，在重要关头做出正确的选择。

（3）加强新时代大学生中华民族文化认同教育。

民族文化是中华民族宝贵的精神财富，是中华文化中的瑰宝。加强大学生民族文化认同教育，有利于增强大学生民族文化自信、促进民族文化发展；有利于更好抵御西方不良文化。但在当前文化多元化的背景下，大学生的民族文化认同教育遇到了一些难题，主要表现为缺乏本民族文化自信、本民族文化认知不足、本民族文化价值观念认同感不强。因此，加强大学生民族文化认同教育不仅是高校思想政治教育需要重点关注的问题，更是一个维护国家文化安全的问题。

大学生自我意识强烈，仅靠单纯的知识灌输难以改变其已有的文化观念，需要采取合理、有效的教育策略，增强其对民族文化的认同。首先，在教学目标上，要将坚定大学生民族文化自信作为关键目标，让学生在学习专业知识的同时，潜移默化地了解民族文化精华，由认知到认可，由认可到自信。其次，在教学内容上，要增加民族文化的相关知识的传授，包括民族语言文字、传统节日文化、民族风俗习惯等，这有助于让大学生真正了解民族文化，增强他们对民族文化的认知。最后，在教学方式上，教师可灵活开展实地文化考察和民族文化体验实践活动，让学生在活动中增强对本民族文化的认同感。

2. 培养文化安全教育主体的能力

新时代大学生文化安全教育主体要有生命力和号召力。不仅要使得主体的自身价值在教育过程中得到充分发挥，还要增强教育的实效性、完整性。

（1）建立一支文化安全意识强的教师队伍。

大学生文化安全意识的强弱与高校教师的引导和教育直接相关。教师自身的理论基础是否扎实，理想信仰是否坚定，文化底蕴是否深厚，都对大学生文化安全教育能否有效进行起着至关重要的作用。新时代大学生文化安全教育离不开高素质教师队伍的建设，特别是高校辅导员和思政课教师的文化安全意识将直接影响大学生文化安全意识和责任的培养、维护文化安全能力的提高。高校辅导员是平日里与大学生接触最多的教师群体，他们的日常教学和管理工作都在潜移默化地影响着大学生。所以要不断加强高校辅导员的自身政治素质的培养，使之成为党的方针、政策的传播者，引导学生树立正确的政治导向和文化安全观念。高校思政课教师是马克思主义理论的宣传者，是教育大学生用马克思主义理论武装头脑并将理论应用于实践的引领者。他们的言传身教不仅可以增强大学生对中华文化的认同，更能帮助大学生在复杂的环境中提高辨别是非的能力，提升学生文化安全的综合能力。

与此同时，我们要加强高校教师的师德师风建设，他们的道德情操、思想意识等会直接影响大学生的身心健康发展。调查发现，目前高校还存在少数教育腐败，以及个别教师职业道德缺失的现象，这些不良现象的存在会带来文化风险，直接影响高校文化安全建设，甚至出现违法、乱纪的现象，给大学教育和文化安全造成不良影响。因此，我们应加强高校教师师德师风建设，通过设置教师考评机制，促使教师的道德素质和业务水平均达标。教师对学生的影响会长期伴随学生。因此，高校教师要用积极向上的正能量和良好的师德师风去感化、引导大学生，发挥高校教师的引领作用，提高大学生的品德修养，提升大学生维护文化安全的意识，促使大学生无论是在校园学习中，还是在毕业离校后的工作中都积极争做文化安全的维护者，使之受益终身。

（2）提高大学生自我文化安全教育的自觉性。

大学生作为教育主体的重要部分，他们中的有些人当前自我文化安全意识缺失，这会阻碍文化安全教育的开展。因此，我们要提高大学生自我文化安全教育的自觉性、积极性和主动性，培养其自我教育的能力，促进大学生文化安全教育发挥出更大成效。

提高大学生的自我文化安全教育的自觉性要从以下三方面入手。首先，大学生要强化自身的主体意识，在接受文化安全教育过程中，要自觉、积极、主动地学习中华文化，加深对中华文化的理解和认知，自觉扛起新时代传承与创新中华文化的大旗。其次，大学生要提升自身的文化素养，要积极学习有关于文化安全的理论知识，只有将理论知识熟记在心，才能融会贯通，进而内化于心、外化为行，自觉抵御外来不良文化的侵蚀，真正达到新时代文化安全教育的目的。最后，大学生要提高自身文化实践的能力，要积极参加文化实践活动，通过亲身实践，感悟中国特色社会主义文化的独特魅力，领悟中华文化的丰富内涵，用行动证明其对中华文化的热爱。因此，提高大学生自我文化安全教育的觉悟对于新时代大学生文化安全教育是至关重要的，要充分发挥新时代大学生的主观能动性，促使教育发展水平达标。

3. 拓宽大学生文化安全教育的载体

新时代大学生文化安全教育的载体要有吸引力和传播力，在课上、课下、线上、线下等方面多样发展，以确保新时代大学生文化安全教育的连续性、完整性。

（1）教好思想政治理论课。

思想政治理论课是文化安全教育的主渠道。我们要将文化安全相关内容纳入高校思想政治理论课教学中，创新教育内容和教育方法，打造富有吸引力和传播力的思想政治理论课堂。

首先，在教育内容上，教师要明确“讲什么”。高校思想政治理论课教学既要基于教材又要高于教材，教学内容不仅要涵盖每个专题的重点和难点问题，还要将文化安全内容贯穿其中。教师可以通过讲故事、举例子的方式，采用直观、易懂的形式，使大学生知晓并维护文化安全，指导学生逐步学会用实际行动来抵御外来不良文化侵蚀、践行本民族优秀文化价值观。并且要将大学生维护国家文化安全意识、责任和能力的提升作为课程的教学目标之一，使文化安全教育的内容融入教学全过程，并把大学生文化安全意识的提升作为教学评价的重要指标。

其次，在教育方法上，教师要明确“怎么讲”。高校思政课教师要敢于、乐于、善于进行文化安全教育，以大学生喜闻乐见的方式、话语讲好文化安全知识，寓教于乐，不断提升课堂的活力和感染力，与学生产生共鸣。教师还可以运用网络资源，搭建网络教学平台，上传教学资源，运用线上、线下混合的教学方法开展教学。如此教学，可以提高大学生学习文化安全知识的热情，增强大学生维护国家文化安全的积极性，有助于新时代大学生文化安全教育更具实效性的开展。

（2）巩固实践教学活动重要阵地。

实践教学活动是大学生文化安全教育的重要形式。实现实践教学活动与大学生文化安全教育的融合，关键在于引导大学生在实践教学活动中提升中华文化自豪感和外来文化警惕性，并将行动付诸于日常生活中，促进思政小课堂与社会大课堂相结合。

首先，要重视高校校园基础设施建设，营造出良好的文化氛围。一是可以组织形式多样的校园文化安全主题活动，例如，举办文化安全主题晚会、专题讲座和开展大学生讲文化安全知识课竞赛、文化安全征文竞赛等活动，使大学生在参与活动的过程中得到思想情感的升华。此外，还要抓住开学典礼、升旗仪式、主题报告等的关键时间点或时机，对大学生进行教育引导，设置有教育意义和感染力的情境，教育大学生理性对待外来文化，并激发大学生对维护国家文化安全的热情，以强大的正能量培养大学生。二是要做好校园内的其他文化宣传设施的建设。校园网、校园内的显示屏、宣传栏等基础设施也是文化安全教育的有效载体，将文化安全知识在校园内宣传开来，时刻提醒大学生要维护国家文化安全，做有责任心有担当的新时代青年。

其次，要鼓励大学生积极参与社会教学实践活动，大学生可在现场论坛、问卷调查、社会调研等教学实践活动中提升综合素质、拓宽知识面，不仅可以促进大学生对国家文化安全的重要性有更全面的认知，而且还可以提高大学生维护国家文化安全的责任、意识和能力，切实增强新时代大学生文化安全教育的育人功效。

（3）利用网络媒体新平台。

当前，大学生思想活跃、个性鲜明，他们是在网络平台中最活跃的人群之一。在此背景下，网络媒体也成为开展大学生文化安全教育的新平台。在网络平台开展大学生文化安全教育，要始终坚持“内容为主、形式为辅”的原则。

首先，要坚持内容为主。新媒体时代，虽然网络生活丰富多彩，但对网络安全和文化安全必须给予足够的重视，提高中华文化认同感和对外来文化警惕性，因此，在网络平台对大学生进行文化安全教育时，要将抵制外来不良文化侵蚀、增强中华文化认同的相关理论知识和最新理论成果与大学生实际生活紧密相连，努力打造出高质量的网络平台。

其次，要坚持形式为辅，创新文化安全网络宣传教育方式。内容与形式相辅相成，抛开形式、简单生硬的或说教式的教学是呆板的、没有生命力的。新时代大学生文化安全教育需要利用网络平台，创新文化安全主题教育形式，把文化安全宣传教育贯穿到每一位学生的学习和生活中去，进而提高文化安全教育的实效性。同时，针对大学生对文化安全知识兴趣不高的现象，我们要主动走进大学生的世界，寻找符合大学生的审美情趣和心理特征的教育方式，在微信、QQ、抖音、微博等大学生比较喜欢的社交平台上设立文化安全宣传栏目，通过微电影等方式呈现与文化安全有关内容，使文化安全教育变得更加通俗易懂且紧跟时代潮流。

（4）完善高校文化安全预警与防范机制。

大学校园是大学生学习、生活和成长的重要场所，高校文化安全状况与大学生健康成长、高校自身发展、社会和谐稳定密切相关。因此，为防患于未然，保障校园文化安全建设能够行稳致远，高校有必要综合统筹规划，完善相应的文化安全预警与防范机制。

一是要完善组织管理机制。学校领导应高度重视、大力支持校园文化安全建设，成立安全领导小组，并将文化安全作为其重要工作内容，至少有一名学校主要领导担任小组组长，要有专人负责制定校园文化安全预警与防范规划。此外，校园文化安全工作不是一项临时性工作，应把校园文化安全工作长抓不懈，在日常工作中，领导小组要加强对校园文化信息的收集，掌控、了解师生思想状况、校园文化动态，及时发现问题、管控问题、处理问题。二是要加强安保队伍的建设。要加强对安保队伍的培训，把安保队伍建设成为一支政治素质过硬、业务能力熟练的队伍。使其在理性抵制外来不良文化入侵校园、校园日常文化管理、处理校内文化安全纠纷工作中切实起到积极作用。

4. 创造和谐健康的校园文化安全教育环境

大学生文化安全教育的环境要有规范性和安全性。高校、社会、家庭齐抓共管，共同为新时代大学生文化安全教育提供环境保障。

（1）创建健康、积极向上的高校文化环境。

高校是大学生进入社会前重要的学习阶段，是大学生生活和学习的环境，学校有责任创建出一个健康、积极向上的文化环境，把大学生塑造成一个有能力、有责任担当的人才。校园文化环境能够悄无声息地影响到学生的思想，良好的校园文化环境更有利于大学生的成长。所以，创建良好的校园文化环境可以帮助大学生快速成长，增强大学生维护国家文化安全的责任、意识和能力。

在高校创建健康、积极向上的文化环境，一是要充分发挥思想政治理论课的主渠道作用。思想政治理论课是大学生接受文化安全教育的重要渠道，要将大学生文化安全意识的提升作为课程的教学目标之一，教学全过程都要贯穿文化安全教育，教学内容要科学合理地增加理性对待外来文化、认同中华文化等文化安全相关知识，将大学生维护国家文化安全意识、责任和能力的提升作为教学评价的重要指标。二是要丰富校内文化活动，利用丰富多彩的校内文化活动，充实大学生对于文化本身及文化安全的认识，坚定中华文化自信，并鼓励大学生将其理论知识应用到具体实践中。三是要在高校教师和大学生之间建立融洽的师生关系。良好的师生关系与和谐的育人氛围有利于激发大学生的求知欲望，也有利于教师文化安全教育的开展，促使大学生在与教师进行知识或情感交流中增强对优秀文化的认同感，提高自身维护国家文化安全的责任意识。

（2）营造规范、和谐的社会文化氛围。

大学生文化安全教育受社会环境的影响较大。社会是大学生生存和发展的空间，对于大学生文化安全教育有着极其重要的影响。因此，我们要营造规范、和谐的社会文化氛围，促进大学生文化安全教育。

改革开放使我国告别了以往的封闭时代，迎来了各种文化交织在一起的复杂局面，再加之互联网的兴起，刷新了人们接收、了解信息的方式，使得人们的思想观念、思维方式都发生了深刻改变。同时，国家的文化安全也面临着多种威胁和挑战，因此，我们要营造规范、和谐的社会文化氛围。首先，要重视大众传媒的作用，用大学生喜闻乐见的方式进行文化安全教育，要讲好中国故事，传播中华文化，弘扬主旋律，增强大学生对中华文化的认同。其次，要加大社区和公共文化场所的文化宣传力度。一方面，要做好警惕外来不良文化侵蚀的宣传教育，理性对待外来文化，潜移默化地影响大学生的思想观念。另一方面，定期组织开展社区文化活动和公益性文化活动，并鼓励大学生积极参与，使得大学生在参与体验中加深对中华文化的认同。最后，政府及相关部门要花大力气加强对网络媒体的监管力度，做好舆论监督，及时、有效地消除网络上污浊或混乱信息，采用多种举措净化和清朗网络环境，打造干净纯洁的网络平台，防止外来不良文化的侵蚀，确保正能量在社会环境中的传播。

（3）建立文化安全意识浓厚的家庭文化氛围。

建立良好的家庭文化氛围，要从以下两方面入手。首先，要塑造良好的家风。实际上，家风是一个家庭文化的真实反映，反映出一个家庭对优秀传统文化的传承情况，对家庭成员尤其是子女的影响是深远的。良好的家风能够教育孩子知感恩、懂回报，感染孩子具有正能量和崇高的家国情怀，教会孩子如何肩负起自己的责任担当等。这既是对我们中华民族传统美德的发扬，也是提升大学生维护国家文化安全的意识、责任和能力的重要基础。其次，要发挥父母的榜样与示范作用，在家庭生活中，父母要乐于学习中华文化，理性对待外来文化，提高自身对文化安全的理解和认知，同时，也使孩子在耳濡目染中领略到中华文化的博大精深，激发子女学习中华文化的兴趣以及保护中华文化的热情，积极引导子女树立正确的文化安全观。此外，家长要以实际行动做好表率，做好孩子维护文化安全的老师。

思考讨论

1. 简述维护文化安全的重要性。
2. 目前存在哪些文化不安全因素？
3. 如何加强中华文化安全？

第二节 杜绝“黄赌毒”构建和谐校园

案例内容

滴水穿石，蚁穴毁堤

某大学二年级的朱某，入校后放松了对自己的要求，一度感到从未有过的迷惘。18岁的他正处于青春期，对女性产生了好奇。为了打发时和满足私欲，性格内向的他开始浏览国外不良网站，偷看色情小说和影像，观看黄色录像。朱某的灵魂，在不知不觉之中开始扭曲。朱某为了达到满足欲望的目的，以谈恋爱为名，用陪伴跳舞、指导溜冰、教人游泳为手段，在溜冰场、公园、游泳池等公共场所搭识、结交女青年，共猥亵奸污了13名女青年。2009年夏季的一天，他把本校女生华某骗至其租用的民房中。开始还是正常聊天，然而朱某按捺不住自己的别有用心，趁华某不备放起了黄色录像。华某见此情景，欲借故离开。然而一切为时已晚，华某“救命”的呼救声惊动了周围邻居，最后朱某被众人举报并送至公安机关。

【简析】

优秀的文化可以提高人的思想和品德，促使人们奋发向上，低级、庸俗的文化会腐蚀个人的心灵，阻碍个人的进步。近年来，社会上“黄赌毒”等丑恶现象存在，文化事业受到消极因素的影响，危害大学生身心健康的东西屡禁不止，使大学生的认知产生偏差，朱某意志薄弱，缺乏道德标准，法律意识淡漠，灵魂扭曲，胆大妄为，最后走上了违法犯罪之路。

【法律法规】

《刑法》第三百六十四条【传播淫秽物品罪；组织播放淫秽音像制品罪】传播淫秽的

书刊、影片、音像、图片或者其他淫秽物品，情节严重的，处二年以下有期徒刑、拘役或者管制。组织播放淫秽的电影、录像等音像制品的，处三年以下有期徒刑、拘役或者管制，并处罚金；情节严重的，处三年以上十年以下有期徒刑，并处罚金。制作、复制淫秽的电影、录像等音像制品组织播放的，依照第二款的规定从重处罚。向不满十八周岁的未成年人传播淫秽物品的，从重处罚。

《刑法》第二百三十七条【强制猥亵、侮辱罪、猥亵儿童罪】以暴力、胁迫或者其他方法强制猥亵他人或者侮辱妇女的，处五年以下有期徒刑或者拘役。聚众或者在公共场所当众犯前款罪的，或者有其他恶劣情节的，处五年以上有期徒刑。猥亵儿童的，处五年以下有期徒刑；有下列情形之一的，处五年以上有期徒刑。

（1）猥亵儿童多人或者多次的；

（2）聚众猥亵儿童的，或者在公共场所当众猥亵儿童，情节恶劣的；

（3）造成儿童伤害或者其他严重后果的；

（4）猥亵手段恶劣或者有其他恶劣情节的。

一、“黄赌毒”的特征及危害

（一）“黄赌毒”的特征

“黄赌毒”是缩略语，意为“涉黄”“涉赌”“涉毒”三个方面。“涉黄”指本人从事卖淫嫖娼活动，或介绍、逼迫、收容他人从事卖淫活动，或观看、贩卖、传播淫秽色情的图片、电影、电视剧、光碟、书籍、杂志，或公开宣扬淫秽思想等行为。“涉赌”则是以营利为目的，聚众赌博、开设赌场，或者以赌博为业、为他人赌博提供场所、工具的行为。而“涉毒”则包括“吸毒”“制毒”“贩卖毒品”等一系列行为。虽然“黄赌毒”的内涵各不相同，但作为一种社会病和亚文化，它们又具有许多共同的特征。

（1）历史性。“黄赌毒”有着悠久的历史渊源。娼妓被称为世界上古老的现象之一。中国古代夏、商时代便出现了女乐、倡优（艺妓），后变为现在的色妓。赌博则肇始于原始社会末期，从游戏的蜕化中产生，后从娱乐的边缘滑向异途。而被后人判定为毒品的大麻、含有可卡因的古柯叶，至少在3000年前就有人类吸食。

（2）世界性。综观全球，“黄赌毒”如瘟疫般泛滥成灾，已成为世界性的公害。仅就毒品而言，据联合国统计，已遍布五大洲的200个国家或地区，曾经或正在吸毒者达2～3亿人，吸毒成瘾者超过5000万人。

（3）成瘾性。人染上“黄赌毒”后，会形成某种的心理依赖和身体依赖。而这种双重依赖，会支配人的行为，让人不断尝试和重复该行为，感受该行为给人带来的短暂虚假快感，企图通过这种行为暂时摆脱现实的烦恼。一旦快感消失后，会让人们思念欲望满足时的愉快，进而重复地涉黄、吸毒或赌博，在泥潭中越陷越深。成瘾性是“黄赌毒”难以铲除的主要根源之一。

（4）暴利性。人类对“黄赌毒”强烈的成瘾性营造了一个庞大的需求市场，这极大地刺激了相应的供应市场的兴起。目前，全球毒品年交易额达6000亿美元，已成为仅次于军火贸易的世界第二大贸易。

（5）危害性。“黄赌毒”的危害不胜枚举。如艾滋病的流行、操纵垄断“黄赌毒”产业的黑社会势力的壮大及其向政界和司法界的渗透、大量的暴力犯罪、成瘾者的人性沦丧等。据估计，全世界每年因吸食毒品过量导致死亡的人数约为10万人。难怪有人哀叹：人类可能不会毁于战争，但极有可能毁于毒品！

（二）“黄赌毒”的危害

1. 损害健康，传播疾病

大学生染指“黄赌毒”等问题，会严重损害大学生的身体健康。如赌博时，往往在夜间开赌，环境嘈杂，打乱了人的生物钟，加重了身体机能的负荷；赌博期间，人的精神处于高度亢奋状态，容易诱发心脏病和高血压等突发性疾病。长期吸食毒品，会对人的免疫系统、神经系统、呼吸系统和消化系统等造成不同程度的损害，心、肝、肾功能均有明显损伤；吸毒者实际的器官年龄与其生理年龄要相差很多，表现为长期的睡眠障碍，激素水平、重要脏器功能下降。更有甚者，吸毒过量，会直接导致吸毒者意外死亡。

“黄赌毒”还是多种疾病的传播途径。据2003年公布的相关调查结果显示，吸毒为我国艾滋病感染者感染的主要途径，占61.6%；其次为性传播和母婴感染。吸毒感染艾滋病，主要原因在于共用吸毒针具，造成交叉感染。吸毒还能引起或传播病毒性肝炎、结核病、心内膜炎、细菌性肺炎等疾病。而不良性行为更是淋病、梅毒、艾滋病等20多种性传播疾病的重要诱因。“黄赌毒”毫无疑问是人们身心健康的杀手。

2. 荒废学业、道德沦丧

大学生的世界观、人生观、价值观尚未成熟，对“黄赌毒”等丑恶现象的抵抗力还不够强，一旦沾染“黄赌毒”，非常难以戒断、脱身。“黄赌毒”现象会让大学生注意力分散，精力不集中，对学习的兴趣下降。随着上瘾的程度加深，大学生头脑中盘桓的往往是如何获取钱财进行下一次的嫖娼、吸毒和赌博活动，随之而来，这类学生学习兴趣丧失，学习意志消沉，导致多门科目不及格，往往会被勒令退学，白白浪费了学校和家庭十几年的辛勤培养和教育。

大学生一旦涉黄、涉赌、涉毒，道德品质也岌岌可危。有的大学生为了肉体享受，频繁出入色情场所；有的女大学生贪慕虚荣，追求物质享受，不惜甘当“小姐”“二奶”。有的大学生为了筹集毒资、赌资，欺骗亲友，坑蒙拐骗，甚至抢劫杀人，违法犯罪。据报道，某地一家俱乐部借招聘商务助理之名，组织和鼓励在校大学生从事卖淫活动，共有70余名大学生坠入可耻的“黄色地带”。这些大学生被“黄赌毒”毒害，置自己的人格、尊严、廉耻、良知甚至生命于不顾，让人极其痛心。

3. 违法犯罪，害人害己

成瘾思邪，是“黄赌毒”者的共同特点。卖淫嫖娼、吸毒贩毒、聚众赌博等行为需耗费大量的资金，而大学生的经济来源有限，一旦陷入“黄赌毒”的陷阱，不仅闹得家破人亡，而且为解决毒资易走上盗窃、抢劫、诈骗、贩毒等犯罪道路，既贻害社会，又自毁前程，丧失了人的本性，成了危害社会的因素。目前，“黄赌毒”已成为全球性的社会公害。

二、“黄赌毒”的诱因

（一）社会上的阴暗角落

从一定意义上讲，“黄赌毒”存在与否，不是以社会制度的性质为根据，而是以社会是否提供或存在着与之相宜的生存条件为依托的。一旦条件具备，社会对“黄赌毒”的管制稍有放松时，它们就会重新滋生繁殖，滋生蔓延。

（二）道德观念的裂变

有些人的生活目标趋向实际和自我，追求私利成了他们的生活目标和最大的人生乐趣。有的人为了追求金钱和私欲，不惜出卖灵魂和肉体，不以其为耻，反而“笑贫不笑娼”。有的人虽然“口袋鼓了”，但“脑袋空了”，由于缺乏正确的世界观、人生观和价值观的指导，造成精神上的迷失、颓废和沉沦，追求腐朽的、醉生梦死的生活，沉迷于“黄赌毒”不能自拔。

（三）暴利思想的驱使

犯罪也有成本问题，犯罪成本越低，吸引力越大。正如马克思关于资本作用的一段精彩论述一样：“100%的利润，就会使人不顾一切法律；有300%就会使人不惜犯罪，甚至甘冒上绞刑架的危险。”以毒品犯罪为例，贩卖毒品所带来的巨额利润使一些人如飞蛾扑火般前赴后继。色情活动也一样，低技能、高收入，使色情活动吸引一批相当数量的从业者。赌博者更是抱有“无本起利、一本万利”的想法，希望通过赌博活动不劳而获，快速发财。

（四）防控措施的弱化

任何违法犯罪行为的存在，都需要一定的空间，“黄赌毒”活动具有流动性大、隐蔽性强的特点，公共娱乐、服务性场所正为其提供了较合适的空间。与“黄赌毒”违法犯罪的严峻形势相比较，我们的认识和所采取的措施还有很大的差距。一是认识上存在误区。对查禁“黄赌毒”旗帜不鲜明，态度不坚决，措施不得力。有的地方和部门甚至搞“地方保护主义”和“部门保护主义”，对查禁工作采取阳奉阴违的消极抵制态度。二是管理不到位。对公共场所存在多头管理、职责不清的问题，相关管理部门之间协调与配合不够，出现管理上的“真空”地带。有的以专项斗争、集中行动取代日常管理工作，管理缺乏连续性和持续性。三是打击力度不够。目前立法尚不完备，许多问题法律界定不明，在一定程度上削弱了执法力度。“黄赌毒”现象发现难、取证难的问题，客观上增加了查禁的难度。执法活动中的以法代法和其他不正之风，也削弱了打击力度。从指导思想上看，查禁“黄赌毒”工作重视程度不够，强调专门机关、专门工作较多，强调群众工作不足，综合治理的许多措施没有落实，这也影响到与“黄赌毒”作斗争的成效。

三、大学生如何预防“黄赌毒”

目前“黄赌毒”已经成为我国校园文化建设中的一个需要重视的问题。要遏制和消灭此类丑恶现象，我们必须在思想上高度重视，联合校内各个部门，运用教育的、法律的、行政的、经济的多种措施，多管齐下，标本兼治，构建和谐美好的校园文化氛围，为大学生提供一个良好的学习生活环境。具体而言，需要从以下方面采取措施。

（一）开展大学生思想道德教育

首先，要加深对“黄赌毒”现象本质的认识。大学生必须认识到“黄赌毒”现象本质上是旧社会腐朽思想的残余，它在高校蔓延，会严重影响大学生学习，腐蚀大学生心灵，甚至会给大学生带来牢狱之灾和生命危险，给大学生和整个社会带来的危害和损失是无法估量的。因此，学校要不遗余力地开展大学生思想道德教育，提高大学生抵御“黄赌毒”诱惑的能力。其次，要加强人生观的教育，帮助大学生正确理解人生的目的和意义，明确人生的价值是对社会的责任和贡献，自觉抵制腐朽思想的侵蚀，从思想上为扫除社会丑恶现象奠定基础。

（二）开展多形式多渠道宣传教育

要充分利用校园舆论工具，开展校园“黄赌毒”防范和治理工作。举办专题的讲座或开设选修课，向大学生开展正确的“性教育”“禁赌教育”“毒品知识教育”，破除大学生头脑中关于“性”“毒品”和“赌博”的神秘感，使他们能够正确面对和处理正常的生理需求和心理压力，遇到问题时不会向“黄赌毒”寻求解决之道；利用校报、校刊、校广播、橱窗以及新媒体等渠道，通过真实案例，宣传“黄赌毒”对大学生身心的巨大危害，帮助大学生真正了解“黄赌毒”的本质，深刻认识和警惕“黄赌毒”的巨大危害；举办以“抵制‘黄赌毒’，构建和谐校园”为主题的宣传画、文学作品、动漫作品的征集和竞赛，使禁黄、禁赌、禁毒思想入脑入心。

（三）以法为戒，远离“黄赌毒”

法律为社会成员的活动规定了严格的界限和范围，并规定了超出范围和界限的惩罚措施，从而维护正常的工作、生活和社会秩序。参与“黄赌毒”活动的大学生，相当一部分法制观念淡薄，对从事“黄赌毒”活动的违法性认识不清。辅导员必须有针对性地加强法制宣传和教育，提高大学生的法律意识，让大学生充分了解参与“黄赌毒”活动就是违法犯罪，必将受到法律的严惩，从而减少大学生沾染“黄赌毒”的现象。

（四）联合整治校园及周边环境

抵制“黄赌毒”，需要学校各个部门通力配合，也需要整个社会的综合治理，推进该项工作社会化。“黄赌毒”是一个十分复杂的社会问题，仅靠某个部门一己之力打击或治理是远远不够的，必须发动群众，群策群力，把职能部门的专门工作和社会方方面面的共同努力结合起来。宣传部门要调动媒体力量，选择典型案件予以曝光，充分发挥舆论监督和宣传的作用。高校保卫部门要加大校园治安环境的治理，坚决查处“黄赌毒”案件，对涉案人员严肃处理，毫不留情。纪检、监察部门要严肃处分参与、纵容、庇护“黄赌毒”活动的党政干部，严防教师和领导干部的违法违纪行为发生。

只有全社会共同努力，联合整治高校校园周边环境和校园文化环境，才能有效减少“黄赌毒”问题对大学生的危害，让大学生健康成长。

四、拒绝“黄赌毒”，创平安校园

在我国，“黄赌毒”是法律严令禁止的活动，是公安机关重点打击的对象。

拒绝“黄赌毒”，作为大学生，应该主动学习有关法律法规，不断增强法制观念和拒绝“黄赌毒”的意识，进一步增强明辨是非、抵制诱惑的能力。要树立正确的世界观、人生观和价值观，构筑抵御“黄赌毒”侵害的牢固思想防线。从自身做起，做到不参与、不纵容、不包庇。大力宣传“黄赌毒”的危害性，劝诫身边的家人、亲戚、朋友、同学等自觉抵制和远离“黄赌毒”，用自己的实际行动影响和带动身边人做守法公民，积极参加健康有益的文体活动，培养高尚的生活情趣，共同营造良好的校风、班风和学风，坚决抵制与社会公德和中华民族传统优秀美德相背离的不良信息，自觉抵制网络低俗之气，提高同“黄赌毒”丑恶现象作斗争的能力，同时要主动配合公安机关打击“黄赌毒”违法犯罪行为，积极举报和提供违法犯罪线索，让“黄赌毒”成为“过街老鼠”，切实维护学校安全稳定，促进和保障大学生健康成长。

思考讨论

1. 谈谈自己应该如何远离“黄赌毒”？
2. 为什么说“黄赌毒”是万恶之源？

第四章　人身安全与财产安全

人身安全包括人的生命、健康、行动自由、住宅、人格、名誉等安全。财产安全指人所拥有的金钱、物资、房屋、土地等物质财富受到法律保护的权利的总称。《中华人民共和国民法典》第一千一百六十七条规定，侵权行为危及他人人身安全、财产安全的，被侵权人有权请求侵权人承担停止侵害、排除妨碍、消除危险等侵权责任。

在当今快速发展和开放的社会中，大学生的生活空间大大扩展，大学生不仅要在校园内学习、生活，而且还要走出校园参加各种社会活动，接触的领域越来越大。因此，各种危及大学生人身或财产安全的因素也随之增多，面临的危险也越来越多，稍有不慎就可能造成不幸，或给个人带来危害，或给家庭造成痛苦，或给社会造成负担。

高校中的学生人身伤害案件时有发生，分析其主要原因在于学校及周边治安环境复杂，学生的自我防范意识差。因此，大学生应该学习预防与应对人身安全侵害和财产安全维护的方法与措施，确保自身的人身与财产安全。

学习目标

通过本章学习，使同学们了解大学生人身伤害、校园诈骗的主要特征，了解大学生人身伤害与财产侵害案件的类型，以及人身伤害、非法传销、电信诈骗等案件的主要特点和手段，在分析人身伤害案件与侵财案件产生的原因及其带来的危害中得到启示，从而提高大学生人身与财产安全意识。引导大学生增强个人安全意识，避免造成经济损失或人身伤害。

学习内容

本章内容主要涵盖了人身安全与财产安全，具体包括以下内容。

1．避免矛盾纠纷。

2．防范校园欺凌。

3．防范校园人身侵害。

4．防范校园诈骗。

5．防范盗窃。

6．远离传销。

重点与难点

1．防范校园欺凌。

2．防范校园诈骗。

3．防范传销。

第一节 人身安全

案例内容

某高校大学生赵某，男，22岁，由于家庭条件较差，在校4年学习期间靠国家助学贷款完成学业，因此该生急于寻找理想的工作。被高中同学以介绍高薪工作为名拉入传销组织，骗至东莞一传销窝点被限制人身自由后洗脑，被传销组织灌输一夜暴富的思想后，开始深陷其中不可自拔。

【简析】

大学生涉世未深，思想单纯，容易轻信他人，缺乏社会经验和自我保护意识，对传销组织的欺骗性、隐秘性和危害性认识不够；传销组织利用大学生的这种特点，使其成为传销组织诱骗并继续去迷惑、欺骗他人的绝佳对象。

【法律法规】

《禁止传销条例》第二章第七条规定，下列行为，属于传销行为：

（一）组织者或者经营者通过发展人员，要求被发展人员发展其他人员加入，对发展的人员以其直接或者间接滚动发展的人员数量为依据计算和给付报酬（包括物质奖励和其他经济利益，下同），牟取非法利益的；

（二）组织者或者经营者通过发展人员，要求被发展人员缴纳费用或者以认购商品等方式变相缴纳费用，取得加入或者发展其他人员加入的资格，牟取非法利益的；

（三）组织者或者经营者通过发展人员，要求被发展人员发展其他人员加入，形成上下线关系，并以下线的销售业绩为依据计算和给付上线报酬，牟取非法利益的。

《禁止传销条例》第十条规定，在传销中以介绍工作、从事经营活动等名义欺骗他人离开居所地非法聚集并限制其人身自由的，由公安机关会同工商行政管理部门依法查处。

根据第四章第二十四条规定，法律责任是指有本条例第七条规定的行为，组织策划传销的，由工商行政管理部门没收非法财物，没收违法所得，处50万元以上200万元以下的罚款；构成犯罪的，依法追究刑事责任。

有本条例第七条规定的行为，介绍、诱骗、胁迫他人参加传销的，由工商行政管理部门责令停止违法行为，没收非法财物，没收违法所得，处10万元以上50万元以下的罚款；构成犯罪的，依法追究刑事责任。

有本条例第七条规定的行为，参加传销的，由工商行政管理部门责令停止违法行为，可以处2000元以下的罚款。

第二十六条规定，为本条例第七条规定的传销行为提供经营场所、培训场所、货源、保管、仓储等条件的，由工商行政管理部门责令停止违法行为，没收违法所得，处 5 万元以上50万元以下的罚款。

为本条例第七条规定的传销行为提供互联网信息服务的，由工商行政管理部门责令停止违法行为，并通知有关部门依照《互联网信息服务管理办法》予以处罚。

第二十八条规定，有本条例第十条规定的行为或者拒绝、阻碍工商行政管理部门的执法人员依法查处传销行为，构成违反治安管理行为的，由公安机关依照治安管理的法律、行政法规规定处罚；构成犯罪的，依法追究刑事责任。

《刑法》第二百二十四条规定，组织、领导以推销商品、提供服务等经营活动为名，要求参加者以缴纳费用或者购买商品、服务等方式获得加入资格，并按照一定顺序组成层级，直接或者间接以发展人员的数量作为计酬或者返利依据，引诱、胁迫参加者继续发展他人参加，骗取财物，扰乱经济社会秩序的传销活动的，处五年以下有期徒刑或者拘役，并处罚金；情节严重的，处五年以上有期徒刑，并处罚金。

一、避免矛盾纠纷

【案例】

药某，陕西省某地人，西安某大学大三的学生。2010年10月20日深夜，药某驾车撞人后又将伤者刺了八刀致其死亡，之后驾车逃逸。2010年10月23日，被告人药某在其父母陪同下投案自首。2011年1月11日，西安市检察院以故意杀人罪对药某提起了公诉。同年4月22日在西安市中级人民法院一审宣判，药某犯故意杀人罪，被判处死刑，剥夺政治权利终身，并处赔偿被害人家属经济损失。5月20日，陕西省高级人民法院对药某案二审维持一审死刑判决。

【简析】

1. 缺乏对生命最基本的敬畏

在分析药某的杀人动机和犯罪的心理活动时，公安长安分局一名警察说，药某供述称，怕自己车号信息被受害者记住而遇到麻烦，还说“当时慌乱，没有考虑到后果……怕撞到农村的人，特别难缠。”因为怕“难缠”就去灭口，至于对方性命，在他眼里只是“麻烦”而已。这就要求我们除了学习自己的专业知识，必须懂得“敬畏生命”。

2. 缺乏应对处理突发事件的能力

药某在大学里拿奖学金，钢琴也弹得好，但这些仅能说明他具备优秀的学习能力，但他处理应急事件、突发事件的能力却并不成熟。所以大学生在学习的同时也要学会生活，学会处理复杂的事情，这恐怕比大学文凭更重要。

3. 大学生需要加强自我完善

大学生应该多读些心理学、社会学、法律方面的书籍，注重人格完善和情商能力的培养，学会科学处理人际关系，以及冷静、稳妥地处理问题，不断完善自我。

【法律法规】

《刑法》第二百三十二条规定，故意杀人的，处死刑、无期徒刑或者十年以上有期徒刑；情节较轻的，处三年以上十年以下有期徒刑。

《刑法》第二百三十四条规定，故意伤害他人身体的，处三年以下有期徒刑、拘役或者管制。犯前款罪，致人重伤的，处三年以上十年以下有期徒刑；致人死亡或者以特别残忍手段致人重伤造成严重残疾的，处十年以上有期徒刑、无期徒刑或者死刑。本法另有规定的，依照规定。

高校校园中学生人身伤害事件时有发生，主要原因之一在于，学生之间的矛盾纠纷没有及时化解，学生的自控和防范意识较差，导致恶性事件的发生，大学生应当学会防范和处理矛盾纠纷，增强自律意识，保护人身安全。

（一）纠纷产生的原因

（1）不拘小节容易引发纠纷。

（2）开玩笑过分或刻意地挖苦别人容易引发纠纷。

（3）猜疑容易引发纠纷。

（4）骂人或不尊重别人容易引发纠纷。

（5）妒忌他人，语言或行为不当，容易引发纠纷。

（6）不谦虚，狂妄自大，目中无人，容易引发纠纷。

（二）纠纷的化解

1. 冷静克制，切莫莽撞

无论发生什么争执，都要保持冷静，不可情绪激动。对于生活中的纠纷要宽容大度，一笑了之，纠纷随之化解。

2. 诚实谦虚

在发生纠纷的时候，要有诚实、谦虚的精神，能认真听取他人的意见，进行认真的自我批评，宽容他人的过失，处理好相互间的争执。

3. 注意理性沟通

大学生中的纠纷多数由口角引起，而口角的发生很多是恶语伤人引起的。化解纠纷要做到理性沟通，一是要说话和气，心平气和地与人说话，以理服人，不强词夺理，不恶语伤人。二是说话要文明，不说粗话、脏话和挑衅的语言。三是说话要谦虚，尊重对方，不说大话，不盛气凌人。

二、防范校园欺凌

（一）校园欺凌的定义

校园欺凌是指一个学生长期重复地被一个或多个学生欺负或骚扰，或是学生被锁定为欺负对象而成为受凌虐学生，导致其身心受到严重伤害的情形。它的特征包括具有欺侮行为、具有故意伤害的意图、造成生理或心理的伤害、双方势力（地位）不对等。

（二）校园欺凌的危害

1. 危害学生的身心健康和生命安全

被欺凌学生受到暴力欺负，极易产生挫折情境，丧失安全感，情绪反应常表现为人际关系紧张，缺乏自尊和自信；经常处于被欺凌的恐慌中，伴随紧张、烦恼、易怒、沮丧、焦虑等情绪反应。行为表现为学习效率低，成绩下降，厌学甚至弃学；沉默寡言、孤僻古怪；因无法承受压力而发生自伤、自残或自杀行为。

2. 造成不良社会影响

校园暴力行为具有一定的针对性，不仅破坏教学秩序，干扰他人学习生活，危害师生安全，而且使学生和家长对学校产生不信任感，造成不良的社会影响。

3. 对施暴者本人也会造成很大伤害

校园欺凌使施暴者本人道德感缺失，诚信度下降，或者因违法乱纪受到治安处罚或法律惩处，对其本人、家庭成员的心理造成巨大的阴影和压力，使正常的学习、生活秩序得不到保证，身心健康畸形发展。

（三）校园欺凌的处理

（1）先搜集证据，录音或者视频（如果是视频最好），这非常重要！要保证证据始终掌握在自己手中，这是你保护自己的筹码。

（2）如果对方是舍友，可向辅导员申请调换宿舍，避免在宿舍里受到欺负。如果远离之后仍旧没用，这时候证据就有用了，警告对方自己有证据在手，随时可以报警追究对方法律责任。这种情况下人都会有所忌惮，到这步能解决最好，至少不会给自己后续的校园生活带来太多的影响，也避免了由于自己软弱而受到人身伤害。

（3）不要因为胆小或害怕不敢告诉别人，而是应立即把这些证据发给自己的辅导员或教师，交由学校、警方、家长来解决。

三、预防性侵害

【案例1】

某高校女大学生与男网友线下约见后，被男网友骗至一民宅后遭到蹂躏。在随后的16天里，被男网友胁迫赤身裸体锁在屋中，生活得更像是人间地狱，最后经过警方的侦查，才将其解救出来。

【案例2】

某高校一女生（18岁）在接听了一通电话后离开宿舍，一直未归，电话也无人接听。当晚21点左右，她的同学到学校所在地的派出所报警。次日凌晨，民警在学校附近的某宾馆发现失联女生已遇害。经调查，死者是受到男网友的性侵，并因窒息死亡。

（一）性侵害的形式

1. 暴力式侵害

暴力式侵害主要是指侵害主体采取暴力手段、语言恫吓或利用凶器进行威胁，对学生实施侵害的行为。暴力侵害的主体比较复杂，有社会上的犯罪分子混入校园以性侵为目的，混入学生宿舍或校园内偏僻处伺机作案；也有的是以抢劫、盗窃为目的，见有机可乘或因受害人处置不当而发展为强奸犯罪；还有的是因感情破裂或单相思，走向极端，发展成为暴力性侵。这种方式对被侵害对象造成很大伤害，甚至死亡。

2. 滋扰式侵害

滋扰式侵害主要是指社会人员结伙闯入校园，寻衅滋事，或是某些品行不端正人员在变态心理的驱使下，对学生进行性骚扰。这些人对学生的侵害方式，多使用语言调戏和身体接触等滋扰式动作。如在夜间，偏僻小路等学生孤立无援的情境或处置不当情况下，发展为进一步的侵犯行为。

3. 胁迫式侵害

胁迫式侵害主要是指某些心术不正者，或是利用受害人有求于己的处境，或是抓住受害人的个人隐私、某些错误等把柄进行要挟、胁迫，使其就范。

4. 社交性侵犯

这种犯罪行为的主体多是受害人的相识者。因朋友、同学、老乡、邻居等关系与受害者本有社会交往，却利用机会或创造机会把正常的社交引向侵犯行为。

（二）易受性侵害的时间、场所

（1）夏天，是女学生容易遭受性侵害的季节。夏天天气炎热，学生夜生活时间延长，外出机会增多。夏天校园内绿树成荫，罪犯作案后容易藏身或逃脱。同时，由于夏季气温比较高，学生衣着单薄，裸露部分较多，因而对异性的刺激增多。

（2）夜晚，是学生容易遭受性侵害的时间。由于夜间光线暗，犯罪分子作案时不容易被人发现。因此，在夜间学生应尽量减少外出或多人结伴外出。

（3）公共场所和僻静处所，是学生容易遭受性侵害的地方。公共场所如教室、礼堂、舞池、溜冰场、游泳池、车站、码头、影院等场所人多拥挤时，不法分子趁机骚扰学生；僻静之处如公园僻静处、树林深处、狭道小巷、楼顶晒台、没有路灯的街道或楼边，以及尚未交付使用的新建筑内等。若学生进入这些地方，由于人员稀少，极易遭受侵害。

（三）性侵害的预防和应对措施

1. 预防性侵害

学生在校内校外的各种活动中，要提高警觉性，生活上要注意仪容仪表，言行得体，谨慎结交朋友，社会活动有选择地参加，在学校公寓或校外租房处就寝时，要避免独处，树立安全防范意识，有效保护自己。

2. 遭遇性侵害时的应对措施

遇到性侵害时，首先要保持清醒的头脑，临危不乱；有坚持反抗到底的信心，拖延时间；根据周围的环境寻求适当的机会和方式，选择反抗、求救、逃脱的办法；采取积极的防卫措施，利用身边的器物或日常生活用具进行自我防卫。想方设法尽量把对自己的伤害降到最低。

3. 发生性侵害后的应对措施

学生一旦遭遇性侵害事件，要打消顾虑，及时拨打110向公安机关报案；积极配合调查，为公安机关破案提供线索；及时调整心态，尽快从阴影中走出来，投入到正常的学习、工作、生活中。

拓展学习

【警示案例】

高校女生酒后遭四人迷奸

警方通报破获了一起强奸案件，一名女受害人被人侵犯后没有报警，后来涉事视频在网络流传，于是受害人报警，经过调查将犯罪嫌疑人王某等四人抓获。事件已经过去一年了，本来女子没有报警，而犯罪嫌疑人在作案时，竟然拍摄相关视频，以为事件过去一年了就可以逍遥法外，将视频传播于网络，最终被受害人发现。本案中，如果不是犯罪嫌疑人自己上传的视频，本案想要追究其他几人的刑事责任都有一定困难。毕竟，强奸案件本来就具有一定的隐秘性，侦查起来本来就具有很大的难度。很多强奸案件，就是因为受害人没有及时报警，最终导致犯罪嫌疑人逍遥法外。

【法律法规】

《刑法》第二百三十六条规定，以暴力、胁迫或者其他手段强奸妇女的，处三年以上十年以下有期徒刑。奸淫不满十四周岁的幼女的，以强奸论，从重处罚。强奸妇女、奸淫幼女，有下列情形之一的，处十年以上有期徒刑、无期徒刑或者死刑。

（1）强奸妇女、奸淫幼女情节恶劣的。

（2）强奸妇女、奸淫幼女多人的。

（3）在公共场所当众强奸妇女的。

（4）二人以上轮奸的。

（5）致使被害人重伤、死亡或者造成其他严重后果的。

【阅读知识】

涉及女性酒后被侵犯的案例，并不罕见。根据相关案例统计分析发现，性侵案件熟人作案的比例居高不下，有不完全统计结果显示，甚至超过了七成。按照常识，类似案件一般会出现暴力胁迫，但因为是熟人作案，其暴力胁迫特征并不明显。鉴于此类案件高发，女性应提高自身防范意识，不给不法分子可乘之机。

思考讨论

1. 大学生如何有效处理矛盾纠纷？
2. 当你遇到校园欺凌时你会怎么做？
3. 女生如何加强自我保护？

第二节 财产安全

案例内容

电信诈骗 花样百出

某市开发区某大学在校大学生刘某报警称：其在网上浏览到一则兼职信息并与对方微信联系，对方以在网上代刷信誉赚取佣金为由，通过手机银行转账的方式骗走其1990元。骗子账号：***************，开户行：**银行，户名***。

【简析】

所谓刷单，就是卖家雇用“刷客”扮演顾客，用虚假的购物方式，帮助卖家提高商品销量和信用度，并且填写虚假好评的行为。所谓返现，就是卖家承诺在“刷客”刷单后返还购物款和小额佣金。诈骗分子通过网络发布兼职、刷信誉信息，利用丰厚报酬作诱饵互加好友后，使其成为兼职人员，再让其提供个人银行、支付宝、微信账号，通过缴纳保证金、指定链接先拍下商品、返还酬劳等多种手段，诈骗兼职人员的钱财。

很多大学生受利益驱使，期望通过帮忙“刷单冲业绩”获利，在骗子的蛊惑下，对这样的挣钱方式心存侥幸或抱有幻想。一旦“入职”，骗子就会以“必须刷满几单以上才能结算”“任务出错”“卡单”等各种借口拒绝支付货款和酬劳，并不断鼓励受害人继续刷单，表示只有不断刷单才能拿到之前的货款和酬劳。受害者一步步被诱入刷单陷阱，不少人为了拿回货款和酬劳，便越陷越深。目前，在各类电信网络诈骗案件中，刷单诈骗案件发案数居于首位，特别是大学生等年轻人群体成为此类案件的高发群体。国家《反不正当竞争法》已明确规定，刷单行为是违法行为，大学生应当诚实守信，自觉抵制刷单行为。

大学生的财产安全主要是指，保护大学生在学校期间所带现金、存折、购物卡、学习及生活用品等不受侵犯。大学生的财产安全问题引起了家庭、学校、政府乃至整个社会的关注。大学生因“校园贷”、电信诈骗等形式造成财产损失的事件屡见不鲜，影响了大学生的学习、人身财产安全及合法利益，扰乱了高校正常的管理秩序。作为学生，在日常工作、学习和生活中，提高警惕，掌握一些防盗窃、防抢劫、防诈骗、防传销的方法和技巧，对于确保本人的财物安全至关重要，提高财产安全意识，维护自身合法权益。

一、远离诈骗

（一）校园诈骗的定义

校园诈骗是指以在校大学生为作案目标，以非法占有为目的，用虚构事实或隐瞒真相的方法骗取价值较大的财物的案件。校园诈骗由于一般不使用暴力，而是用哄骗、利诱的手段使大学生上当受骗。校园诈骗侵害了大学生的合法权益，使大学生的身心受到沉重打击，轻者使大学生陷入经济困难，影响其正常的学习和生活，甚至无法顺利完成学业，重者会使大学生轻生或导致治安、刑事案件的发生。因此，校园诈骗的危害性极大。

（二）校园诈骗的常见骗术

随着经济的发展，校园诈骗案件逐年呈上升态势，各类不法分子趁大学生不熟悉情况进行诈骗，各类骗术层出不穷，使大学生深受其害。从某种程度上，校园诈骗已经成为社会治安的突出问题，成为校园的公害。其实骗子的手段往往并不高明，但是为什么有那么多的大学生上当受骗呢？总结一下，最重要的一点就是，大学生缺乏防范知识和防范意识不强。由于对校园诈骗的手段不了解，导致大学生受到犯罪分子的诈骗时，往往是蒙在鼓里，看不清庐山真面目。以下针对校园诈骗案件的常见诈骗手段进行汇总，结合校园真实案例进行分析，以帮助大学生谨慎防范，认清其惯用伎俩，防止上当受骗。

大学生是互联网上的活跃群体，思想较单纯，与社会的复杂环境形成了鲜明的对比，当大学生的认识不足时，容易被一些不法分子利用，导致上当受骗。针对大学生“社会经验少、防范意识低”这一特点，诈骗分子常用的套路可以归纳出一个诈骗模式。

人物＋沟通＋要求→诈骗

人物：一般是陌生人。

沟通：利用各种通信工具联系受骗人。

要求：转账、汇款，跟受骗人谈钱。

人物＋沟通＋要求，最终构成诈骗，骗局层出不穷。大学生要时刻警惕助学金诈骗、警惕“400”“170”“171”开头的来电、警惕网络上假冒的所谓“好友”、警惕积分兑换诈骗，当心虚假的银行短信，要防止自己陷入传销组织，要警惕以找家教等名义实施的招聘骗局，不要乘坐黑车，警惕快递签收诈骗，警惕微信点赞诈骗，手机一定要保持畅通。

目前校园诈骗的主要形式有中介诈骗、网络电信诈骗、校园贷、套路贷、非法传销等。

1. 网络电信诈骗

网络电信诈骗是指，犯罪分子通过电话、网络和短信方式，编造虚假信息，设置骗局，对受害人实施远程、非接触式诈骗，诱使受害人给犯罪分子打款或转账的犯罪行为。以下是网络电信诈骗的几种主要类型。

（1）冒充好友进行诈骗。

诈骗分子利用木马程序盗取对方社交聊天号码、密码，截取对方聊天视频资料，熟悉对方情况后，冒充该账号主人对其好友以患重病、出事故、网银代付货款、借钱等方式实施诈骗。

【案例1】

大学生李某在宿舍上网，登录QQ后发现高中时的同窗好友也在网上，于是就主动跟好友打招呼，开启了视频聊天，李某一看是同学的影像，心理防线松懈下来，但此时对方立刻关闭了视频。同学说：网络信号不好，先把视频摄像头关闭，自己正在外地找工作，身上的钱花光了，让李某先给他汇款2000元。李某想也没想，就用手机银行办理了汇款业务，汇款后李某给好友打了电话，好友说："我没收到什么钱呀"，李某说："你不是让我汇款2000元吗？"这时她才发现被骗了。

【案例2】

大学生刘某在宿舍上网聊天时，收到同学张某发来的微信消息，称其在网上看到一款漂亮的鞋子想买，但网络账户余额不足，需要刘某帮其代付一下，回来立马把钱还给刘某，刘某没有多想就在其提供的页面按照对方提示进行了操作。结果被骗。

【简析】

如果遇到类似情况，可以换种方式联系对方，验证清楚对方的真实身份，确定此事是否真实。需要特别当心的是，一些犯罪分子冒充熟人的网络视频诈骗，通过盗取图像的方式用视频与你聊天，遇上这种情况，最好先与熟人取得联系并核实情况，防止受骗。

（2）网络游戏诈骗。

犯罪分子打着买卖玩家手中的游戏账号和买卖游戏装备的幌子，利用假的交易平台，来骗取玩家手里的账号和钱财。

【案例3】

大学生张某，玩网络游戏已有一年多，一次他突然接到一位玩家的信息，说有高等级的装备和道具出售，其中一套80级的盔甲正是他一直梦寐以求的。为了能快速升级，他最终与这位玩家谈妥以1500元的价格成交，但当他将钱如数汇入对方银行账户后，玩家从此消失，此时他方才醒悟自己被骗。

【简析】

伴随网络游戏产业的快速发展，近年来，针对虚拟网络游戏的诈骗案件不断增多，很多大学生喜欢通过玩网络游戏缓解压力放松心情，犯罪分子也看准了网络游戏这个平台，他们冒充游戏玩家、异性玩家、游戏运营商等，以代练游戏角色、低价销售游戏金币、装备或出售游戏账号等种种理由，吸引大学生玩家进行“注册”“充值”“购买”。这些交易一般是通过银行卡或是QQ、微信、支付宝等第三方支付平台进行的，没有任何担保和协议，犯罪分子在收到转款后会立即消失。

（3）网络交友诈骗。

骗子利用大学生网络交友意愿强烈的特点来实施网络诈骗，以交友的名义与大学生初步建立感情，然后以缺钱等名义让大学生为其汇款，最终失去联系。

【案例4】

某高校女生王某在网上结识了一位自称是某著名俱乐部足球队队长的网友刘某。王某一听对方是足球健将，又参加过足球联赛，仰慕不已，心想：若能结交这样一位著名俱乐部的优秀足球运动员该是件多么令人羡慕的美事！于是，王某邀请刘某如有机会来学校见面，并告诉刘某其联系方式及宿舍地址。不久后，刘某来到王某学校，声称要参加比赛，特地来看望王某。离别时，刘某问王某能否借他2000元，因参加比赛需补给营养，而且外出比赛开销也比较大。王某听罢，二话没说，慷慨解囊。刘某接过钱后表示，他要参加比赛，过后一定还钱。然而，刘某自离开后，再无音讯。

【简析】

网络是虚拟的，网络交友并不能改变网络固有的虚拟本质。因此，网络交友需要慎之又慎，不要沉溺于“网恋”，更不能轻易相约见面，尤其是女学生。大学生涉世未深，虚拟世界结交的朋友不要轻易带到现实生活中。而在现实生活中，被网友诈骗的案件时有发生，甚至发生恶性事件。

（4）网络购物诈骗。

在网络购物中，不法分子以多次汇款、收取定金、以次充好、假链接、假网页等形式，针对大学生进行诈骗。

【案例5】

某高校女生郑某在网上发现一条出售华为手机的信息，与对方取得联系后，在银行向指定账户汇款1200元。随后，对方以未收到汇款为由，催促郑某连续两次汇款。然后，对方提出要汇款总额到5000元以后方能将以前款项退还，郑某再次汇款。最后，对方又以担负保险金、运费等名义要求郑某多次汇款，最终郑某与对方失去了联系，这才发现被骗。

【案例6】

大学生赵某在某网站购买了一台售价2200元的笔记本电脑，事后对电脑不满意，随即在网上联系卖家商讨退货、退款事宜，卖家要求赵某与客服联系，与客服取得联系后，并按客服要求和指令在银行取款机上操作，其中一个环节要求输入卡上最后四位数0712，事后又操作了一遍，输入数字6666，结果造成被骗金额达8000元。

【简析】

大学生网络购物时一定要选择正规的网站购物，不要通过微信、QQ等方式直接转账，因为没有第三方保障时，个人权益将无法得到维护。

（5）网上中奖诈骗。

诈骗分子利用传播软件随意向网络聊天室、游戏室、个人网络空间等以系统的名义发布虚假中奖信息，博取信任，浑水摸鱼，当受害人按照指定的“电话”或“网页”进行咨询查证时，犯罪分子以中奖缴税等各种理由让其一次次汇款，直到失去联系，涉世未深的大学生很容易上当受骗。

【案例7】

大学生王某在宿舍玩游戏时，屏幕上弹出一条中奖信息，提示王某的游戏账号中了二等奖，奖金28000元和一部苹果手机，王某惊喜不已，想都没想，就按网上留下的电话与对方取得了联系。接电话的人再次证实了他的中奖情况，并让他到网页上填写自己的个人资料。对方要求王某在得到奖品之前必须先缴纳10%的个人所得税2800元，王某马上转款给对方，然后5分钟内对方又要求汇款2800元保证金，王某再次转款。王某汇钱后就再也联系不上对方了，这时他才发现自己被骗了。

【简析】

浏览网页时收到一些来历不明的中奖信息，不管内容有多么逼真诱人，千万不能相信，更不要按照提示的咨询电话或网页进行查证，否则将一步步陷入骗局之中。

诈骗分子会通过打电话或发短信说你的银行卡在某某商场刷卡消费几千元需要及时还款或者通知你中奖了，有快递邮件未取，电话或网络欠费，甚至声称你的家人、孩子或同学朋友遇到危险等，如有疑问请咨询指定电话。受害人一步步被诱导或威胁进入圈套。

（6）冒充亲朋好友诈骗。

【案例8】

大学生贾某接到一个陌生电话，问对方是谁，对方说：“你连我都忘记了呀？你仔细想想。”贾某听声音感觉像是其一兄弟张某，就回了句“你是张某吗？”对方马上回答“是呀，你终于想起来了。”随便寒暄了几句，然后切入正题，说自己最近点背，手头有点紧，要借点钱周转一下，贾某认为他们是多年的兄弟没多想就答应帮他，并向其提供的银行卡汇款3000元，结果被骗。

【案例9】

大学生张某接到学校"老师"电话称，让其到学校办公室找对方，张某到学校后，"老师"称临时有事，自己不方便，要求张某从手机银行转账。张某没有多想，便按照"老师"指示，通过网银转账的方式汇给指定账户2000元。转账后，张某感觉不对劲儿，便向学校办公室老师反映，这才发现原来被骗。

【简析】

诈骗分子冒充领导、老师、同学等特殊身份，降低学生们的戒心。在遇到冒充他人身份的情况下，可以换种方式联系对方进行验证，防止被骗。

（7）冒充快递、银行、公检法工作人员诈骗。

【案例10】

某高校女生范某手机收到一条短信，内容是："尊敬的网银客户，你的网银系统需要升级，请登录某网站进行升级以免影响正常使用，给你带来不便，敬请谅解，详情咨询95566。"随后范某点开了短信中的网址，按照网站提示进行所谓的口令"升级"，输入了登录名、密码和动态口令后，却收到了卡内资金被转走的短信提醒，此时，范某猛然醒悟自己已经受骗上当。

【案例11】

大学生冯某接到自称某市公安局工作人员的电话，对方称他的银行卡信息被人盗用，并立即转接某市公安局电话，电话里的"警官"态度严厉，他告诉冯某涉嫌一起犯罪案件，只有将资金转移到安全账户才能证明清白。冯某一边向对方辩解，一边按照要求将钱转移到对方的指定账户。后来冯某发现自己并没有涉嫌犯罪，电话里的警官也是不存在的，这才发现被骗。

【案例12】

某高校实习生李某接到一个自称是快递员的电话，对方说李某的网店由于收了钱没有发货被很多人投诉。李某告诉对方没有开网店，对方建议李某报警，并自动把电话转到公安局，"警官"要走了李某的身份信息进行调查，并要求李某往指定账号上汇款作为担保金，待事情查清楚后将钱退还。于是李某连续两天分两次在ATM机上，向对方提供的账户汇款共15000元，事后发现上当受骗。

【简析】

诈骗分子利用学生对政府机关工作人员的信任度和良好形象，编造其涉嫌犯罪等理由实施诈骗。遇到此种情形，不要急于汇款，要认真核实来电号码，当不能辨别信息真假时，要在第一时间拨打相关查询电话。不要轻易将资金转入陌生人账户，不可向不认识的人报出自己的姓名、身份证号、联系方式等个人信息，以防不法分子进行诈骗。

（8）校园贷诈骗。

“校园贷”实际就是翻版的“高利贷”，通过简单的手续诱骗学生上当。诈骗分子经常通过电话、短信、小卡片等形式，向大学生推销“校园贷”业务，称其可为资金短缺者提供小额短期贷款，月息低，无须担保。一旦大学生信以为真，对方即以“预付利息”“保证金”等名义实施诈骗。

【案例13】

某地近千名大学生因轻信“800元就能买到苹果手机”的宣传，先后和骗子签订了合作协议。协议约定，大学生在分期网站购买至少两部手机，购买成功后交给骗子，再向骗子支付800元手续费，就可以获得其中一部。骗子承诺大学生无须偿还欠款，但实际上骗子将到手的手机进行变现，用于支付部分欠款，制造还款假象，然后在偿还2～3期欠款后卷款逃跑。大学生们在陆续收到催收短信时，才知上当受骗，自己不仅“被借贷”，还“被负债”。这起利用校园贷款平台对大学生实施诈骗的案件，涉及多所高校，涉案金额很高。

【案例14】

某高校大二学生范某因身陷“校园贷”漩涡，多次借贷，利滚利欠债累计13万余元，因承受不了多家校园贷机构的持续言语威胁和屡屡逼债，选择了离家出走并跳河自杀，年仅20岁就离开了人世。

【简析】

诈骗分子利用部分大学生因生活费不充裕、喜欢超前消费或尝试创业需要资金等情况，通过建立假贷款网站平台、办理信用卡网页，并以月息低、无须担保、手续简单等条件诱使大学生步入陷阱。一旦受害学生进行办理，便以手续费、验证还款能力等借口令其汇款。大学生没有经济来源，当债务被垒高到一定程度无力偿还时，诈骗分子便会上门向大学生或家长追讨，最终实现骗取财物的目的。当代大学生要理性消费，杜绝超前消费、过度消费等情况，要建立良好的消费价值观。

2. 其他类型诈骗

（1）推销学习用品诈骗。

每逢新生报到期间，诈骗分子冒充专业人员在宿舍或食堂附近向新生推销低价的文具、书本、报刊等，以次充好、以少充多，甚至以假乱真。

【案例15】

某高校女生宿舍，一名外来女子自称是学校老师，挨个寝室向大学新生们推销廉价笔记本，让其再以高价卖给其他同学，从中赚取利润。先让学生交付定金，谎称笔记本晚点送到。之后外来女子由校外同伙接走，最终骗走学生钱财。

（2）推销伪劣产品及消费卡诈骗。

诈骗分子多以某化妆品公司的优惠促销活动为幌子，推销伪劣化妆品，或推销美容美发卡，收取办理美容卡的费用，当学生前去使用时，公司却人去房空。还有以推销消费卡、订购学习资料为由，混入学生宿舍进行诈骗等。

（3）利用聘请家教、勤工俭学、兼职等招聘诈骗。

当下，不少大学生在课余时间或暑假、寒假期间打工，或者做兼职，在此过程中，常常遭遇许多陷阱。

【案例16】

高校学生张某在网上看到聘请家教信息，在与对方取得联系后，对方提出去一家高档饭店吃饭，边吃边聊家教问题。涉世未深的张某没有多想，中午便去赴约。对方点了一桌酒菜之后，中途借口去洗手间不辞而别，临走还带走了两瓶好酒，留下一直等待的张某和3000多元的账单。

【案例17】

某大学毕业生王某去一家汽车贸易公司应聘，面试通过后，该公司要求王某交500元服装费，然后才能进行培训、上岗。王某交完钱，公司以培训不合格为由，一直未安排王某上岗。国家早就明确禁止用人单位在招聘人员时，收取保证金、押金或培训费、服装费等，对于此类骗局很容易识破并提防。

（4）车票订购、改签、退票诈骗。

面对寒、暑假期间火车票、飞机票“一票难求”的现状，许多大学生倾向于通过网络订购车票。诈骗分子瞅准学生努力学习、忙于考试、准备回家的“思维放松期”，冒充车站客服以列车停运、提供退票、改签服务为由，诱骗购票学生多次进行汇款操作，实施连环诈骗。

（5）各种资格考试、等级考试诈骗。

在网络上，提供各种考试信息、考试资料、预测考题的诈骗网站层出不穷，作案手法有些类似于网络购物的流程。

【案例18】

大学生吴某参加了英语等级考试，在网上查看成绩时发现没有考过，后来添加了一个名为王老师的微信号，对方称可以帮助修改考试成绩，让其汇款1000元，吴某汇款后，对方又以缴纳更新信息费和保险费为由，要求吴某再次汇款2000元，转账后，吴某才发现被骗，悔之晚矣！最终被骗3000元。

【简析】

随着大学生就业形势的日趋严峻，大学生对于自身的要求也在不断提高，参加各种各样的等级、资格考试，以此来提升自己的含金量和就业竞争力。此类案件中，诈骗分子利用大学生急于考试通过的心态，实施诈骗。很明显，篡改正式考试成绩的行为是违法违规的，再以此被骗，这位吴某需要补的课很多呢！

（6）冒充学术网站、知名期刊诈骗。

高校大学生要想顺利毕业，需要发表若干篇论文。目前，一种号称能帮助发表学术论文的虚假网站应运而生，诈骗手法主要有以下两种。

①网站声称把写好的论文推荐给某些核心期刊，优先安排发表。按网站要求，先缴纳50%的论文发表定金，在缴纳定金，把文稿寄过去后，就石沉大海。

②诈骗分子在网上设立与知名杂志同一名称的虚假网站，给大学生发送其文章可以在网站录用的接收函，并给其账户信息，以让大学生向指定的账户汇入版面费为由进行诈骗。

（7）利用情感诈骗。

【案例19】

某高校学生黄某在商场遇到一个自称“老乡”的人，还表示也认识黄某的高中同学，对方非常热情，两人相谈甚欢。随后陪同黄某来到学校，自称是黄某同学的好朋友某某，寝室同学根本想不到此人乃冒牌货，便热情接待，留吃留住，第二天这个骗子瞅准寝室无人，将全宿舍现金及贵重物品洗劫一空。

【简析】

诈骗分子拉关系、套近乎，骗取信任，寻机盗窃。或编造悲惨故事骗取同情，虚构受害人亲属或朋友遭遇意外，需要紧急处理为由，要求对方立即转账，实施诈骗。

（三）校园诈骗预防措施

大学生要提高自己对危险的辨别能力，保护好自己的人身和财产安全。面对骗子的各种骗术，大学生要有自己的预防应对措施。

1. 提升防范意识，学会自我保护

大学生要积极参加学校组织的法制教育和安全教育活动，多知道、多了解、多掌握一些相关的知识、要求和经验。

2. 戒除贪婪，勿信“天上掉馅饼”

大学生不要听信陌生人的花言巧语，贪图优惠和方便，办理业务要到正规的营业厅；切勿贪小便宜，遇到上门推销物品不要轻易购买；不要轻信网上兼职、刷单等；时刻牢记防人之心不可无，保持理性、不轻信，不图虚荣辨真伪。

3. 交友须谨慎，勿泄个人信息

在用网络平台交友时，要学会“听其言，查其意，辨其行”，不能言听计从、受其摆布利用。同时还要注意保护个人信息，不要把自己的个人信息和家庭联系方式轻易示人，不要将自己的手机、身份证、学生证、校园卡、银行卡等重要物品借给他人使用或交给他人保管。不要填写各种来历不明的表格，不要随意扫描陌生的二维码，以防信息泄露，给不法分子实施诈骗等违法活动以可乘之机。此外，在第三方支付平台进行大额转账时，可以设置延迟到账，为追回损失争取时间。

4．提高警惕，勿有漏洞

诈骗分子为了取得大学生的信任，会提供伪造的证件（如学生证、身份证等），所以一定要仔细辨别真伪，防止上当受骗。不要单独与陌生人外出，即使是与同学、朋友、老乡有事外出也一定要向老师、家长或同班、同寝室同学告知去向。参加社会实践、勤工俭学、实习、求职等，去校外地点赴约、面试、就餐时，保持通信畅通，时刻警惕。凡是涉及钱财往来，或要求在规定时间到指定地点的行为，必须三思而后行，至少应该先向家长或辅导员打电话确认后再决定是否行动。

5．及时下载防骗神器“国家反诈中心App”

不论骗术有多高，遇到神器全没招。不论骗术有多行，遇到神器全不灵。反诈神器就是好，守住钱包钱不跑。

国家反诈中心 App

国家反诈中心App，是由公安部推出的一款手机防骗保护软件。当你收到涉嫌诈骗的电话、短信或者下载安装涉诈App时，它就会尽可能地智能识别并及时预警提示。你还可以通过它了解各种防骗知识，了解诈骗伎俩，提高识骗能力。特别提醒：“96110电话一定要接、12381短信一定要看、国家反诈中心App一定要装”，这三样是国家级的反诈装备。

6．预防电信网络诈骗牢记“十个凡是”

（1）凡是网上刷单的就是诈骗。
（2）凡是网上刷信誉的就是诈骗。
（3）凡是网上兼职的就是诈骗。
（4）凡是网上投资的就是诈骗。
（5）凡是冒充公检法要求转账的就是诈骗。

（6）凡是网上交友要求转账就是诈骗。

（7）凡是冒充客服要验证码的就是诈骗。

（8）凡是买游戏装备私下交易的就是诈骗。

（9）凡是“花呗”套现刷额度的就是诈骗。

（10）凡是让你汇款到“安全账户”的就是诈骗。

二、防范盗窃

【案例】

贪图凉快夜不锁门，钱物丢失追悔莫及

某高校一同学夜晚休息贪图凉快未锁宿舍房门，第二天早晨起床时发现，宿舍有多个随身听被盗。还有多个宿舍连续发生因夜间睡觉不锁门，被盗贼趁机窜入行窃的案件，给广大同学造成了很大的经济损失和精神伤害。

【简析】

从这类案件发生的情况来看，很多同学安全防范意识亟待加强。春末夏初，天气回暖，是“钓鱼”案件和流窜宿舍行窃案件的高发期，尤其是部分同学安全防范意识淡薄，出门时门窗不关，更给盗贼分子行窃提供了便利，使其能够轻易得手。因此，除学校重点加强学生宿舍区的巡逻力量和巡逻密度外，同学们也应积极做好自我安全防范工作。

【法律法规】

《刑法》第二百六十四条规定，盗窃公私财物，数额较大的，或者多次盗窃、入户盗窃、携带凶器盗窃、扒窃的，处三年以下有期徒刑、拘役或者管制，并处或者单处罚金。

数额巨大或者有其他严重情节的，处三年以上十年以下有期徒刑，并处罚金；数额特别巨大或者有其他特别严重情节的，处十年以上有期徒刑或者无期徒刑，并处罚金或者没收财产。

（一）盗窃的定义

盗窃，是指一种以非法占有为目的，秘密窃取国家、集体或私人财物的行为。它是一种最常见的，并为人民群众、师生员工深恶痛绝的违法犯罪行为。

以作案分子进行分类，盗窃案可分为外盗、内盗和内外勾结盗窃三种类型。少数大学生对自己要求不严格，人生观和价值观发生扭曲，法律意识淡薄，不顾家庭和自己的经济承受能力，追求时髦，盲目攀比，从而导致没有钱花就去偷去盗，走上了犯罪道路。这是导致高校盗窃案件发生的原因之一。

（二）盗窃案件的特点

（1）时间选择灵活。作案分子在有人的情况下是不会行窃的，作案分子必然选择作案地点无人的空隙实施盗窃。例如，上课期间，同学们都去教室上课了，作案分子便会光顾宿舍；节假日期间，实验室、办公室、财务室、计算机室通常均处于无人状态，作案分子便会乘虚而入。

（2）目标定位准确。高校中盗窃案件比较多，图书馆、实验室、体育场、机房的位置，作案人会掌握得一清二楚；哪个学生有钱或贵重物品常放在什么地方，有没有锁在箱子中或柜子里，钥匙放在何处，作案分子也基本上了解。一旦动手，常常得手。

（3）盗窃技术高超。高校中盗窃案件的作案分子，一般以高学历、高智商的人为多，有的本身就是大学生。作案分子智商较高，盗窃技能高于一般盗窃作案人员。作案分子经常会进行智能型违法犯罪活动。

（4）作案趋向连续。被盗以后，受害学生往往因为不报案或报案滞后，导致案件无法侦破，使作案分子产生侥幸心理，易屡屡作案而形成一定的连续性。

（三）大学校园中常见的盗窃手段

大学校园中常见的盗窃手段主要有溜门盗窃、顺手牵羊盗窃、利用网络及技术盗窃、利用钥匙入室盗窃、利用信用卡（存折）盗窃、“钓鱼”盗窃等。

1. 溜门盗窃

利用这种盗窃手段实施盗窃的案发地大多在学生宿舍，作案分子利用门未锁而溜进室内进行盗窃。在室内有人的情况下，作案分子如果是陌生人，则会以找人或推销商品等借口来掩盖自己的真实目的，作案分子如果是熟人，则会以找同学或“串门”为由，稍作攀谈后离开。

2. 顺手牵羊盗窃

利用这种作案手段实施的盗窃案件多发生在教室、图书馆、食堂等公共场所。作案分子趁人不备而伺机实施盗窃，作案分子除了一些惯偷，还有一些人见财临时起意而实施盗窃，所以往往还带有随机性。

3. 利用网络技术盗窃

使用这种盗窃手段的作案分子主要利用自己对计算机网络知识的了解和熟练的技术，破译他人的网络账户及密码，或偷记他人的网络账户名及密码，之后盗用他人的网络账户进行盗窃。

4. 利用钥匙盗窃

作案分子常常会利用以前作案时盗得的钥匙或事先配好的钥匙开门入室盗窃。

5. 利用信用卡（存折）盗窃

这类盗窃案件的作案分子大多是利用同学、朋友的特殊关系而得到受害人的信用卡（存折）及其密码，伺机进行盗窃。因为存在“关系好”这层假象，所以这类案件还有一定的隐蔽性。

6. “钓鱼”盗窃

所谓“钓鱼”，是指犯罪分子用竹竿把学生晾在窗外或窗户附近的衣物钩走，或把纱窗弄开，钩走学生放在临近窗口桌上、凳上、床上的衣服等物品。天气变暖时，学生寝室的窗户打开，极易发生此类被盗案件。

（四）学生宿舍最容易发生盗窃案件的时间

（1）新学期开学，宿舍人员较杂时，容易发生盗窃。
（2）放假前容易被盗。
（3）假期学生离校后，易发生撬门、扭锁盗窃。
（4）上课宿舍无人时容易被盗。
（5）出宿舍未锁门的时候。
（6）上晚自习时，相邻的几个寝室人都走空，熄了灯，也易被盗。
（7）夏秋季节，开窗睡觉易发生“钓鱼”盗窃或乘虚而入的盗窃。
（8）学校举办各类大型活动时，发生盗窃的可能性也增加。

（五）预防盗窃的四种基本做法

防盗的基本方法有人防、物防和技术防范三种。人防，仍是目前预防和制止盗窃犯罪有效且可靠的方法。物防，是一种应用最为广泛的基础防护措施。技术防范，是可以及时发现入侵、能够替代人员守护且不会疲劳和懈怠，可长时间处于戒备状态的更加隐蔽可靠的一种防范措施。

对于大学生来说，最重要的是加强防范意识，努力保护好自己和同学的财物不受侵害。注意做到以下四点。

（1）最后离开教室或宿舍的同学，要关好窗户锁好门，千万不要怕麻烦。同学们一定要养成随手关窗、随手锁门的习惯，以防盗窃作案分子乘虚而入。

（2）不要留宿外来人员。如果违反学校学生宿舍管理规定，随便留宿不知底细的人，就等于“引狼入室”，后患无穷。

（3）发现形迹可疑的人应提高警惕、多加留意。作案分子到教室或宿舍行窃时，见管理松懈、进出自由、房门大开，便来回走动、窥测张望、伺机行事，待摸清情况、瞅准机会后就撬门扭锁或明目张胆入室盗窃。遇到这种可疑人员，同学们应主动上前询问试探，必要时可交值班人员处理。如果发现来人携有可能是作案工具或赃物等证据时，立即报告值班人员和校保卫部门。

（4）注意保管好自己的钥匙，包括教室、宿舍、箱包、抽屉等各种钥匙，不能随便借给他人或乱丢乱放，以防“不速之客”复制或伺机行窃。

（六）四种易盗物品的防盗措施

1. 现金

最好的保管现金办法是，将其存入银行。尤其是数额较大时，更应及时存入银行并加密码保护。密码应选择容易记忆且又不易解密的数字，千万不要选用自己的出生日期作为密码。这是因为，一旦存折丢失很容易被熟悉的人冒领。特别要注意的是，存折、信用卡等不要与自己的身份证、学生证等证件放在一起，更不应将密码写在纸上，与存折一起存放，以防被作案分子一起盗走后冒领。在银行存取款时，核对密码要轻声、快捷，切忌旁若无人、大声喊叫。发现存折丢失后，应立即到银行挂失。

2. 各类有价证卡

各类有价证卡最好的保管方法，就是放在自己贴身的衣袋内，袋口应配有纽扣或拉链。密码一定要注意保密，不要告诉他人。如果参加体育锻炼等项活动必须脱衣服时，应将各类有价证卡锁在自己的箱（柜）子里，并保管好钥匙。

3. 自行车

自行车要安装防盗车锁，养成随停随锁的习惯。骑车去公共场所，最好花钱将车停在存车处。如停放时间较长，最好加固防盗设施。自行车一旦丢失，应立即到校保卫部门或当地派出所报案，并提供有效证件、证明及其他有关情况，以便及时查找。

4. 贵重物品

如手提电脑、手机、贵重饰品等，较长时间不用的应该带回家中或托给可靠的人代为保管。暂不使用时，最好锁在抽屉或箱（柜）子里，以防被顺手牵羊、溜门入室者盗走。寝室的门锁最好是能防撬的，易于翻越的窗户要加防盗网，门锁钥匙不要随便乱放或丢失。在价值较高的贵重物品、衣服上，最好有意地做一些特殊记号，即使被偷走将来找回的可能性也会大一些。

（七）发现财产被盗后的处理方法

（1）发现寝室的门、抽屉、柜子以及行李箱的锁被撬或被翻动，应立即向学校保卫部门报告，并告知班级的辅导员。

（2）保护好现场。如果案件发生在寝室内，可在寝室门前看守，暂时阻止其他同学进入，不能翻动室内的其他物品。

（3）如果发现存折或银行卡被盗，应尽快到银行办理挂失手续，并立即向保卫部门报告。

（4）如果在公交车或校外其他场所发现财物被盗，应立即拨打110报警。

（5）积极向负责案件侦查的公安人员提供情况，反映线索，协助破案。

（八）如何在公共场所防盗

（1）严格遵守图书馆的规章制度。图书馆都制定有内部规定或专门的防盗制度（如财物保管制度等），遵守图书馆的规章制度，有利于保持图书馆的有序、整洁，对于预防盗窃也有着重要的作用。

（2）衣服不能随意搭在椅子上，特别是装有现金或贵重物品时，应该更加注意，以防盗贼顺手牵羊。

（3）在公共阅览室里，切不可将贵重物品、现金随意放在桌上和椅子上，要做到现金、贵重物品不离身。

（4）需暂时离开时，应将现金、贵重物品带走或交给同伴代管，且离开的时间不宜过长。

（5）不可用书本、衣服等物品占位。这种行为是缺乏公德的，同时也是非常危险的。因这种行为而发生的盗窃案在图书馆被盗的案件中占了很大比重。

（6）尽可能不携带过多现金、贵重物品。这样做可以避免和减少损失。

（7）有保管处的，可将物品交由保管处保管。

三、远离传销

（一）传销的定义

传销是指组织者或者经营者有组织、有计划地发展人员，并通过被发展人员直接或者间接发展新人员的数量或者销售业绩为依据计算和给付报酬，或者要求被发展人员以缴纳一定费用为条件取得加入资格等方式牟取非法利益，扰乱经济秩序，影响社会稳定的行为。

（二）传销的特点

1. 组织严密、隐蔽性强

传销一般采取把人员骗到异地参与其组织，组织形式严密，一般实行上下线人员单独联系，而组织者异地遥控指挥，以“找工作”“合伙做生意”“外出旅游”“网友会面”等作为借口，诱骗亲戚、朋友、同乡、同事、同学到异地参与传销。

2. 编造暴富神话进行洗脑

传销组织利用一套貌似科学合理的“奖金分配制度”的歪理邪说，鼓吹迅速暴富，鼓动人员加入。通过免费试用、免费品尝、免费旅游等方式进行洗脑，传销的商品只是道具，目的是发展人员、骗取钱财，因此，被传销的商品价格与价值严重背离，很多是难以衡量价格的化妆品、营养品、保健器材、服装、净水器、饮品等“三无”商品。对加入传销组织的人员以集中授课、交流、谈心等方式不间断地灌输暴富思想，使参与者深信不疑。

3. 虚拟性、迷惑性很强

大学生作为互联网的活跃群体，传销组织多以“电子商务”“资本运作”等掩人耳目的形式出现，往往冠以新兴时髦词汇，欺骗性更强。在网络上创建各类网站，如点击广告、在线学习、消费积分、在家创业、电子商务、网络资本运作、私募基金、股权投资等，甚至打着政府支持的旗号，更有欺骗性。此外，传销组织还打着职业介绍、招聘兼职、网络营销等幌子，通过发传单、找中介或在招聘求职类网站发布信息，向在校大学生发送手机短信、微信、电子邮件等方式进行诱惑欺骗，以获取求职心切又缺少经验的大学生的信任，从而使大学生落入传销陷阱。

（三）大学生误入传销组织的原因

（1）大学生自身防范意识薄弱，容易轻信陌生人上当受骗。

（2）对同学、朋友的介绍过于信任，想不到熟人还会骗自己。

（3）择业时放松了必要的警惕，轻信以用人单位出现的传销组织。

（4）存在不劳而获的思想，被高额回报引诱，甘愿从事非法活动，深信传销能给自己带来高利润回报。

（四）传销的防范

（1）提高思想认识。树立正确的价值观和就业观，大学生要加强科学理论知识的学习，消除急功近利、投机暴富的心态，立足个人实际，诚信做人，自觉抵御传销的诱惑。

（2）增强法律意识。大学生要认真学习《反传销法》《禁止传销条例》等有关法律法规和国家的方针政策，增强对传销本质、形式和欺骗性、危害性、违法性的认识，努力提高识别能力，增强防范意识，防止因不学法、不懂法而误入传销陷阱。

（3）正确认识自我。大学生要对自己有全面客观的了解，平时要掌握识别传销的特点，树立勤劳致富、传销违法、拒绝传销的防范意识，不要相信天上掉馅饼、一夜暴富的神话，保持平常的心态。

（4）科学冷静应对。传销公司一般是熟人找熟人，大学生不要看到是熟人或朋友、同学便感情用事，要时刻提高警惕，冷静分析，科学应对，做到："一辨"，要善于分辨传销形式，识破其真实面目；"二防"，了解传销组织惯用骗术，防止上当受骗；"三举报"，发现传销要积极举报，使传销远离自己的家人和朋友。

（五）误入传销的应对方法

（1）保持头脑清醒。注意传销窝点周边的环境和标志物，比如路名、店名，以便有机会报警时准确说出自己所在位置。

（2）避免正面冲突。为避免受到伤害，可假装已被洗脑，假借配合对方日常工作，达到放松对方警惕的目的，以便寻求生机。

（3）伺机求救。在晚上睡觉或者趁看管人员不注意的时候，写求救的纸条投掷到窗外请求救援。或借机发信息给亲人或者好友等。信息内容切不可直白，比如，9595，即救我救我。

拓展学习

【警示案例】

秦皇岛市成功侦破“10 · 23”特大组织领导传销案

近日，秦皇岛市公安机关打击传销犯罪“清秋行动”再获战果，成功侦破了“10 •23”特大组织领导传销案件，抓获传销人员95人，刑事拘留43人，教育遣返52人，现场扣押涉案资金46万余元，依法冻结资金3100万余元。

2017年10月23日，秦皇岛市公安局刑侦支队通过工作获取线索后，迅速成立专案组，对“中国梦3001特战团”传销组织进行立案侦查，通过摸排梳理，调查核实，很快掌握了传销组织的核心成员、层级结构、运行模式等关键信息。民警发现这个传销组织活动隐蔽，长期人员保持在120～140人，组织内部人员分工明确。专案组在准确锁定其核心成员身份、涉案银行账户、活动规律后，研究制定了严谨、周密的抓捕方案，于2017年11月3日凌晨5点，统一开展收网行动。

经查，这个传销组织以“中国梦”“3001”秘密工程为诱导，利用微信平台散布虚假信息，谎称工程是国家扶持项目，可实现快速致富。其主要操作模式为先缴纳会费成为会员，然后按通知来进行培训，老会员凭发展的新会员的数量晋升返利，发展人员越多，返利越高。民警提示市民，所有的传销组织目的就是敛财，为了敛财传销组织巧设名目，向下线人员收取各类费用。但不管其如何乔装打扮，其组织形式始终脱离不了“金字塔”式的结构模式，“以发展人头为基本销售形式、从多级下线购买份额中抽取不同比例利润的获利方式”不会改变。对此，要清醒地认识到传销活动对个人、对家庭、对社会和国家的危害，从而自觉抵制传销，远离传销，增强对传销的防范能力。

思考讨论

1. 讨论生活中经历的或者听说的诈骗事件，辨别该事件属于哪种诈骗形式，怎样避免自己或他人遭遇该类诈骗事件。

2. 如何预防盗窃？

3. 如何识别传销？

第五章 网 络 安 全

习近平总书记指出："没有网络安全就没有国家安全，就没有经济社会稳定运行，广大人民群众利益也难以得到保障。"

在万物互联时代，越来越多的智能设备接入网络，网络世界与物理世界的边界变得越来越模糊。移动互联网、物联网、车联网、工业互联网等网络技术蓬勃发展，将真实世界与网络世界逐渐拉近。在此背景下，网络安全已不仅仅是网络本身的安全，更关系到国家安全、社会安全及广大人民群众的人身安全和财产安全等。

学习目标

通过本章内容的学习，使大学生能够了解网络安全的重要性，理解网络安全的含义；了解网络攻击的常用手段和方法，了解常用网络安全技术，增强网络安全防护意识，高效、健康地使用网络，远离网络犯罪。

学习内容

本章内容主要涵盖网络安全的定义与重要性、网络安全现状、网络安全方面的法律法规、网络安全防护以及网络安全意识等内容，具体包括以下三点。

1．网络安全概述。

2．网络安全潜在威胁与保护技术。

3．健康使用网络，远离网络犯罪。

重点与难点

1．网络安全定义与重要性。

2．网络安全威胁与防护。

3．网络安全意识的培养。

第一节 网络安全概述

案例内容

个人信息不能随便泄露！

暑期留校的某学院学生李某，用一软件搜索校园网上允许匿名登录FTP主机，结果在某一主机上发现了未经公开的全部新生名单，出于好奇李某将此名单下载，并在未经仔细思考的情况下，将此名单公布到了网上，事后约半小时，李某意识到了名单的保密问题，同时也意识到了自己的行为已侵犯了他人的隐私，于是立即撤回发布的信息，想阻止名单的流传，但此时已有十多人下载了名单，并有人将部分名单发布到了公共空间，造成了学校招生录取工作信息的泄露，同时也侵犯了他人的隐私权。

【简析】

李某的行为违反了学校有关学生上网行为的管理规定。他的行为对学校招生工作的开展造成了不良影响，鉴于其能及时意识到自己的错误，在老师的教育和帮助下能够认真反省并作出了深刻检讨。经研究，根据有关管理规定，学校给予李某通报批评的处分。

【点评】

大学生应加强校规校纪的学习，严格遵守学校各项规章制度，更要强化法律意识，避免犯下错误，此案例提示同学们，在网络上发布消息时，应注意内容获取的合法性及发布信息是否需要授权，应确认其内容是否属于机密，是否侵犯他人的隐私权。

【法律法规】

《中华人民共和国网络安全法》（简称《网络安全法》）第四十四条规定，任何个人和组织不得窃取或者以其他非法方式获取个人信息，不得非法出售或者非法向他人提供个人信息。

《网络安全法》第四十五条规定，依法负有网络安全监督管理职责的部门及其工作人员，必须对在履行职责中知悉的个人信息、隐私和商业秘密严格保密，不得泄露、出售或者非法向他人提供。

一、网络安全的定义

网络安全狭义上是指网络本身的安全，是指网络系统的硬件、软件及其系统中的数据受到保护，不因为偶然的或者恶意的原因而遭到破坏、更改、泄露，系统能够连续、可靠、正常运行，网络服务不中断。主要是通过网络技术、网络监管监控等措施的合理运用，使网络运行区域内的网络环境安全性得以保证，并且确保该区域内用户信息的完整性，杜绝重要信息被破坏、泄露、篡改等情况发生。有效地防止计算机系统在受到不同程度的损坏时，能够保证数据的安全。

广义的网络安全包括网络实体安全、软件安全、数据安全、安全管理、数据保密性、数据完整性、可用性、可审查性等方面，也称作网络空间安全。这意味着网络安全不单单只是网络的物理安全，虽然其作为整个网络运行的前提，但现在的网络更大程度上侧重于网络信息的保护和处理。

作为大学生，网络与我们息息相关，我们几乎每天都在接触网络，使用网络，要不断加强对网络安全的学习，以便更好地使用网络。

二、网络安全现状

信息时代，互联网已成为社会的重要组成部分。网络在为人们生活提供便利的同时，也存在一些安全问题。下面来了解一下网络安全的现状及面临的挑战。

（一）软件安全现状

随着计算机网络功能的强大，各种类型的软件不断增多，部分软件在设计阶段便存在安全漏洞，对计算机网络安全构成威胁。通过对近年来的计算机网络安全事件调查结果可知，软件漏洞是引发网络安全事件的主要原因之一。

（二）硬件安全现状

硬件设备是保障计算机网络安全运行的物质基础，当硬件设备存在安全问题时，便会引起计算网络故障，造成网络信息数据破坏。如网络电缆是重要的硬件设备，主要由光缆、专线或电话线组成，电缆负责传输信息数据信号，当不法分子对网络电缆进行破坏后会造成网络中断，能够直接窃取线缆传输的信号，获取机密信息。

（三）计算机系统安全现状

系统安全是计算机网络安全中的常见问题，当前主流操作系统都存在着一些安全漏洞，不法分子经常利用系统自身漏洞对系统发起攻击，造成计算机系统瘫痪，大量数据信息出现永久性破坏。大部分计算机操作系统虽然配置了防火墙、入侵检测系统等，但是这些软件系统更新缓慢，很难快速处理网络安全漏洞，使得计算机系统易受到病毒入侵破坏。

（四）互联网新技术安全现状

随着大数据、云计算、物联网时代的到来，越来越多的先进技术需要借助计算机网络运行，对计算机网络安全提出了更高的要求。但是，由于计算机网络属于开放性的网络，安全管理难度大，所以导致互联网新技术应用面临一系列安全问题。如在大数据技术应用中，该技术需要从计算机网络中搜集大量数据信息，提取有价值的数据，并利用特定算法得出数据分析结果，将分析结果传输到数据库中。如果在这一过程中出现网络安全漏洞，则会造成数据信息被恶意篡改或破坏，影响大数据挖掘分析的准确性。

（五）用户网络安全现状

在计算机网络安全管理中，用户安全意识是影响网络安全运行的重要因素。但是，由于网络用户素质参差不齐，对网络安全重要性认识程度不同，使得部分用户出现了大量的不安全操作行为。如部分用户登录非法网站或在高风险网站上下载资源，为病毒入侵网络提供了路径；部分用户的计算机系统操作技能不足，经常出现系统操作失误，引发数据信息损坏风险。

近年来，计算机系统漏洞的发展速度加快，网络安全状况不容乐观。目前，部分网络攻击者技术精良，手段灵活，攻击对象范围扩大。尽管当前的网络安全技术与过去相比有了长足的进步，但总体形势不容乐观。

硬件、软件和协议或系统安全策略的具体实现存在缺陷，使入侵者可以在未经许可的情况下访问和破坏系统和系统中的数据，对系统组成和数据造成破坏。同时，从访问的角度来看，当系统运行与系统安全发生冲突时，也会产生安全漏洞。漏洞问题也与时间密切相关，从使用软件的那天起，随着软件的深入使用，软件漏洞将不断暴露。随着时间的推移，老漏洞会不断被排除，新漏洞会不断出现，漏洞问题会长期存在。

据中国互联网络信息中心发布的《中国互联网络发展状况统计报告》显示如下。

截至2015年12月底，我国网民规模突破6.88亿，中国手机网民规模达到6.2亿。互联网普及率为50.3%，较上年底提升2.4%。

截至2019年12月底，我国网民规模为9.04亿，较2018年底新增网民7508万，互联网普及率达64.5%，较2018年底提升4.9个百分点。同期，我国手机网民规模为8.97亿，较2018年底新增手机网民7992万，网民中使用手机上网的比例为99.3%，较2018年底提升0.7个百分点。线下网络支付使用习惯持续巩固，网民在线下消费时使用手机网络支付的比例由2018年底的65%提升至67.2%。

网民基数宏大，受到网络安全威胁的网民数量不容小觑。各种计算机病毒和网上黑客对互联网的攻击越来越猛烈，网站遭受破坏的事例不胜枚举。随着互联网的影响日益扩大、网络依赖性日益提升，维护网络安全工作的重要性日益突出。

信息泄露是信息安全中影响最大的因素，比如，美国联邦人事管理局2700万政府雇员及申请人信息泄露；美国第二大医疗保险公司Anthem有8000万客户及员工信息泄露；意大利间谍软件公司HackingTeam被黑，包含多个零日漏洞、入侵工具和大量工作邮件及客户名单的大批数据被传到网上任意下载。

信息安全与国家安全息息相关，涉及国家政治和军事命脉，影响着国家的安全和主权。一些发达国家，如英国、美国、日本、俄罗斯等，均把国家网络安全纳入了国家安全体系。

2013年的“斯诺登”事件对全世界产生的影响是巨大的。爱德华·斯诺登曾是美国中情局职员，他通过英国《卫报》和美国《华盛顿邮报》披露了棱镜计划。棱镜计划是一项由美国国家安全局自2007年开始实施的绝密电子监听计划。许可的监听对象包括任何在美国以外地区使用参与计划公司服务的客户，或是任何与国外人士通信的美国公民。国家安全局在棱镜计划中可以获得的数据包括电子邮件、视频和语音交谈、影片、照片、VoIP交谈内容、档案传输、登入通知，以及社交网络细节。监听对象还包括其他国家政要，监听范围之广，令人震惊。美国国家安全局直接进入美国国际网络公司的中心服务器里挖掘数据、收集情报，包括微软、雅虎、谷歌、苹果等在内的9家国际网络巨头都参与其中，为他们挖掘各大技术公司的数据提供便利。

美国国家安全局曾与美国数据安全公司RSA达成了1000万美元的协议，要求在移动终端广泛使用的加密技术中放置后门。RSA此次曝出的丑闻影响巨大，作为信息安全行业的基础性企业，RSA的加密算法如果被安置后门，将影响到非常多的领域。RSA的客户遍及各行各业，包括电子商贸、银行、政府机构、电信、宇航业、大学等。超过7000家企业，逾800万用户（包括财富500强中的90%）均使用RSA SecurID认证产品保护企业资料，而超过500家公司在逾1000种应用软件安装有RSA BSafe软件。据第三方调查机构显示，RSA在全球的市场份额达到70%。

斯诺登揭露的可能是美国对外信息安全战略中的冰山一角，但是足够引起其他国家的重视，引发其他国家开始思索，如何摆脱对美国软件、硬件的依赖，发展自主知识产权的安全产品。

信息安全空间将成为传统的国界、领海、领空太空之外的“第五国防空间”，称为Cyber-Space，它是国际战略在军事领域的演进。信息安全受到空前的重视，各个国家分别提出自己的信息安全保障体系。1998年，美国国家安全局制定了《信息保障技术框架》，提出了“深度防御策略”，确定了包括网络与基础设施防御、区域边界防御、计算环境防御和支撑性基础设施的深度防御目标。我们国家对信息安全的建设也非常重视，加快建设我国网络安全保障体系。面对日益严峻的国际网络空间形势，我们也立足国情，创新驱动，解决受制于人的问题。坚持纵深防御，构建牢固的网络安全保障体系。我们国家在“十四五”规划中明确提出构建国家网络安全和保密技术保障体系。

三、维护网络安全的意义

网络安全是一个关系国家安全和主权、社会的稳定、民族文化的继承和发扬的重要问题。其重要性，正随着全球信息化步伐的加快而变得越来越重要。网络安全从其本质上来讲就是网络上的信息安全。从广义来说，凡是涉及网络上信息的保密性、完整性、可用性、真实性和可控性的相关技术和理论都是网络安全所涉及的领域。

维护网络安全具有重大意义。从用户的角度来说，维护网络安全，能够避免其他人或对手利用窃听、冒充、篡改、抵赖等手段侵犯用户的利益和隐私，进行不法访问和破坏；还可使涉及个人隐私或商业利益的信息在网络上传输时受到机密性、完整性和真实性的保护。从网络运行和管理者角度说，维护网络安全能避免出现病毒、非法存取、拒绝服务和网络资源非法占用、非法控制等威胁，能有效制止和防御网络黑客的攻击，使本地网络信息的访问、读写等操作受到保护和控制。对安全保密部门来说，维护网络安全能避免机要信息泄露，避免对社会产生危害，避免对国家安全造成影响，有效将非法的、有害的或涉及国家机密的信息进行过滤和防堵。

拓展学习

【警示案例】

滴滴被罚80亿元

2022年7月21日，国家网信办公布对滴滴依法作出网络安全审查相关行政处罚的决定，对滴滴处以人民币80.26亿元的罚款，对滴滴负责人各处人民币100万元的罚款。

从通报内容中可以看到，滴滴存在8个方面、16项违法事实，存在严重影响国家安全的数据处理活动，给国家关键信息基础设施安全和数据安全带来严重安全风险隐患，违法违规行为“情节严重、性质恶劣”，故予以从严从重处罚。这其中涉及国家安全依法不公开的部分暂且不谈，仅公开部分就已触目惊心。违法收集用户手机相册中的截图信息1196.39万条；过度收集用户剪切板信息、应用列表信息83.23亿条；过度收集乘客人脸识别信息1.07亿条、年龄段信息5350.92万条、职业信息1633.56万条、亲情关系信息138.29万条、“家”和“公司”打车地址信息1.53亿条……种种违法侵权数据令人咋舌。

互联网企业高速发展带来的数据安全、网络安全、国家安全风险，从历时一年多的滴滴网络安全审查案中可以略见一斑，2021年7月2日，滴滴在美国上市的第三天，网络安全审查办公室发布公告称，为防范国家数据安全风险，维护国家安全，保障公共利益，对“滴滴出行”实施网络安全审查。2021年7月9日，国家互联网信息办公室发布通报，通知应用商店下架“滴滴企业版”等与滴滴相关的25款App。

信息时代，数据为王，而滴滴掌握着海量的地理数据和用户敏感信息，就像一个巨大的火药桶，只要一点火星就能引发大爆炸。早在2015年，滴滴媒体研究院就曾通过内部数据分析，推演出了国家各部委在7月13～14日的加班情况，包括24小时出发到达量、出发地目的地、出行偏好特点等信息。虽然当时公开的用户画像经过脱敏处理，但结合本次调查发现的明文存储司机身份证信息、过度收集用户隐私、频繁索取与乘车服务无关的电话权限，在未明确告知情况下分析用户出行意图等违法事实，我们简单推断就能知道滴滴手里攥着的国民信息库远比我们能想象的更加庞大和细致。

【简析】

滴滴事件让网络安全问题再次进入人们的视野。网络平台虽然没有实体，但并不是虚拟的空中楼阁，它们在各个互联网企业的掌控下，覆盖吃穿住行、掌握海量公民个人数据和用户信息，是重要的国家关键信息基础设施。人们在使用各种软件时，不仅要提供个人信息实名认证，还要授权它们访问各种用户信息。平台越大，用户越多，收集的信息量越大，这些信息经过大数据算法处理和分析，可以对用户群体的职业构成、行为偏好、金融消费、出行轨迹等一系列隐私内容进行精准“画像”，互联网企业用大数据画像对用户进行精准广告营销，可以有效提高收益。为此，很多企业不仅在服务的过程中超过必要限度，过多收集数据，在服务结束之后，对这些数据不会删除销毁，而是留存备用。这就带来了严重的安全隐患。确保这些敏感数据的绝对安全，无论对个人，还是对国家，都极为重要。

习近平总书记多次指出：“没有网络安全就没有国家安全。”国家网信部门高度重视，不断加强对网络安全、数据安全、个人信息的保护力度和执法力度，《网络安全法》发布以来，我国网络安全的顶层设计不断强化和落实，密集出台了《数据安全法》《个人信息保护法》《关键信息基础设施安全保护条例》《网络安全审查办法》《数据出境安全评估办法》等一系列网络安全相关法律法规，彰显出国家对网络安全领域的重视。据《人民日报》统计数据，2021年全国网信系统共依法约谈网站平台5654家，会同电信主管部门取消网站许可或备案、关闭违法网站17456家；公安部部署开展专项行动，坚决打击侵犯用户信息安全违法犯罪，有效遏制此类违法犯罪活动蔓延势头。

国家安全面前没有侥幸，容不得半点马虎。滴滴也并不是近年来唯一被审查的互联网企业。《网络安全审查办法》明确规定，掌握超过100万用户个人信息的网络平台运营者赴国外上市必须向网络安全审查办公室申报进行网络安全审查。网络平台运营者开展数据处理活动影响或者可能影响国家安全等情形均纳入网络安全审查。

【法律法规】

《网络安全法》第四章“网络信息安全”条例如下。

第四十条规定，网络运营者应当对其收集的用户信息严格保密，并建立健全用户信息保护制度。

第四十一条规定，网络运营者收集、使用个人信息，应当遵循合法、正当、必要的原则，公开收集、使用规则，明示收集、使用信息的目的、方式和范围，并经被收集者同意。

网络运营者不得收集与其提供的服务无关的个人信息，不得违反法律、行政法规的规定和双方的约定收集、使用个人信息，并应当依照法律、行政法规的规定和与用户的约定，处理其保存的个人信息。

第四十二条规定，网络运营者不得泄露、篡改、毁损其收集的个人信息；未经被收集者同意，不得向他人提供个人信息。但是，经过处理无法识别特定个人且不能复原的除外。

网络运营者应当采取技术措施和其他必要措施，确保其收集的个人信息安全，防止信息泄露、毁损、丢失。在发生或者可能发生个人信息泄露、毁损、丢失的情况时，应当立即采取补救措施，按照规定及时告知用户并向有关主管部门报告。

第四十三条规定，个人发现网络运营者违反法律、行政法规的规定或者双方的约定收集、使用其个人信息的，有权要求网络运营者删除其个人信息；发现网络运营者收集、存储的其个人信息有错误的，有权要求网络运营者予以更正。网络运营者应当采取措施予以删除或者更正。

第四十四条规定，任何个人和组织不得窃取或者以其他非法方式获取个人信息，不得非法出售或者非法向他人提供个人信息。

思考讨论

1. 网络安全的定义是什么？
2. 阐述维护网络安全的意义。
3.《网络安全法》实施的意义是什么？

第二节　网络安全潜在威胁与保护措施

案例内容

便宜不能随便占!

某职业技术学院学生虞某得知某电子商务有限公司推出的一款代充话费、游戏卡的手机App有漏洞，利用该漏洞，在充话费或购买游戏卡时，可以使用其他软件篡改网络传输数据，然后修改支付金额，使得实际支付金额远远低于充值金额，以此获利。当日，虞某就在该电子商务公司的App平台上注册了多个账号，连续20多次使用软件拦截、篡改网络传输数据，以不出钱或出几分钱的价格，为自己和他人充值话费总计2200元。最终，法院以盗窃罪判处被告人虞某六个月拘役，缓刑一年，并处罚金4000元。

【简析】

对于一个在校大学生来说，虞某将为此付出的代价还可能包括学业的终止，让人很惋惜。君子爱财，取之有道，希望所有大学生都能引以为戒，树立正确的人生奋斗目标，把自己的行动控制在追求正确目标的轨道上。

【法律法规】

《网络安全法》相关规定如下。

第二十七条规定，任何个人和组织不得从事非法侵入他人网络、干扰他人网络正常功能、窃取网络数据等危害网络安全的活动；不得提供专门用于从事侵入网络、干扰网络正常功能及防护措施、窃取网络数据等危害网络安全活动的程序、工具；明知他人从事危害网络安全的活动的，不得为其提供技术支持、广告推广、支付结算等帮助。

第六十三条违反本法第二十七条规定，从事危害网络安全的活动，或者提供专门用于从事危害网络安全活动的程序、工具，或者为他人从事危害网络安全的活动提供技术支持、广告推广、支付结算等帮助，尚不构成犯罪的，由公安机关没收违法所得，处五日以下拘留，可以并处五万元以上五十万元以下罚款；情节较重的，处五日以上十五日以下拘留，可以并处十万元以上一百万元以下罚款。

单位有前款行为的，由公安机关没收违法所得，处十万元以上一百万元以下罚款，并对直接负责的主管人员和其他直接责任人员依照前款规定处罚。

违反本法第二十七条规定，受到治安管理处罚的人员，五年内不得从事网络安全管理和网络运营关键岗位的工作；受到刑事处罚的人员，终身不得从事网络安全管理和网络运营关键岗位的工作。

一、网络安全涉及的内容

网络安全可以划分出四个领域，包括系统安全、网络安全、信息传播安全和信息内容安全。

（一）系统安全

系统安全主要是为了确保信息处理和传输系统安全。如果系统损坏，或者是出现崩溃状况的话，就会对存储和处理信息、传输信息造成影响。保证系统安全正常运行相当于给一切工作打好一个稳固的基座，创建一个良好的、安全的环境。

（二）网络安全

网络安全包括的技术领域比较多，如我们常见的数据访问权限、用户密码鉴别等，除此之外，还有安全审计、方式控制、用户访问权限控制等。网络安全也和信息是息息相关的，如果网络安全得不到保障，没有做到数据加密等，那么可能会导致信息泄露，甚至导致网络系统崩溃。

（三）信息传播安全

信息的传播都应该经过筛选之后再进行网络上传播或发布，目的是为了确保网络环境的良好秩序。为了有效防止一些非法有害信息的流入，需要信息传播安全方面的网络安全工程师进行信息筛选和过滤，以达到维护信息有序的目的。

（四）信息内容安全

保障信息内容安全就是确保信息在传播过程中的完整、真实和保密性，有些黑客可能会通过一些系统漏洞来窃取信息，或者通过一些诈骗、冒充等方法损害用户的利益。为了确保信息传播过程的安全，需要网络安全工程师来保障用户的隐私与利益。

总体上看，网络安全涉及网络系统的多个层次和多个方面，同时，也是动态变化的过程。网络安全是一项系统工程，既涉及对外部攻击的有效防范，又包括制定完善的内部安全保障制度；既涉及防病毒攻击，又涵盖实时检测、防黑客攻击等内容。

二、影响网络安全的因素

影响网络安全性的因素主要有以下八个方面。

（一）网络结构因素

网络基本拓扑结构有星型、总线型和环型等。一个单位在建立自己的内部网之前，各部门可能已建造了自己的局域网，所采用的拓扑结构也可能不完全相同。在建造内部网时，为了实现异构网络间信息的通信，往往要牺牲一些安全机制的设置和实现，从而提出更高的网络开放性要求。

（二）网络协议因素

在建造内部网时，用户为了节省开支，常常会保留原有的网络基础设施。另外，网络公司为生存的需要，对网络协议的兼容性要求越来越高，使众多厂商的协议能互联、兼容和相互通信。这在给用户和厂商带来利益的同时，也带来了安全隐患。如在一种协议下传送的有害程序能很快传遍整个网络。

（三）网络软件的漏洞或“后门”

任何一款软件都或多或少存在缺陷或漏洞，这些缺陷或漏洞恰恰就是黑客进行攻击的首选目标。绝大部分网络入侵事件都是由安全措施不完善、没有及时修补系统漏洞造成的。

此外，软件公司的编程人员为便于维护而设置的软件“后门”也是不容忽视的巨大威胁，一旦“后门”被打开，就能随意进入系统，后果不堪设想。从而引起一系列的网络安全隐患。

（四）地域因素

由于网络既可联接局域网（LAN）也可联接广域网（WAN），网络往往跨越地区、城际，甚至国际。其地理位置复杂，通信线路安全难以保证，这会造成信息在传输过程中的损坏和丢失，也给一些“黑客”造成可乘之机。

（五）主机因素

建立内部网时，网络中会有多种主机类型，如工作站、服务器，甚至小型机、大型机。由于它们所使用的操作系统和网络操作系统不尽相同，某个操作系统出现漏洞，就可能成为整个网络的隐患。

（六）单位安全政策

实践证明，80%的安全问题是由网络内部引起的，因此，单位对自己内部网络的安全性要有高度的重视，必须制定出一套安全管理的规章制度。

（七）人员因素

人的因素是安全问题的薄弱环节。大致分为以下两个方面。

1. 人为的无意失误

操作员安全配置不当造成系统存在安全漏洞，用户安全意识不强，密码过于简单，将自己的账号随意转借他人或与别人共享等都会给网络安全带来威胁。

2. 人为的恶意操作或攻击

人为的恶意攻击也是目前计算机网络所面临的最大威胁，如敌对势力的攻击和计算机犯罪都属于这种情况。此类攻击又可以分为两种：一种是主动攻击，它以各种方式有选择地破坏信息的有效性和完整性；另一种是被动攻击，它是在不影响网络正常工作的情况下，进行截获、窃取、破译以获得重要机密信息。这两种攻击均可对计算机网络造成极大的危害，并导致机密数据的泄露。

（八）其他因素

其他因素，如自然灾害等，也是影响网络安全的因素。

三、维护网络安全的措施

（一）维护网络安全的措施

（1）制定内部安全管理制度和操作规程，确定网络安全负责人，落实网络安全保护责任制度；

（2）采取防范计算机病毒和网络攻击、网络侵入等危害网络安全行为的技术措施；

（3）采取监测、记录网络运行状态、网络安全事件的技术措施，并按照规定留存相关的网络日志不少于六个月；

（4）采取数据分类、重要数据备份和加密等措施；

（5）全面规划网络平台的安全策略；

（6）制定网络安全的管理措施；

（7）使用防火墙。

（二）法律依据

《网络安全法》第二十一条规定，国家实行网络安全等级保护制度。网络运营者应当按照网络安全等级保护制度的要求，履行下列安全保护义务，保障网络免受干扰、破坏或者未经授权的访问，防止网络数据泄露或者被窃取、篡改。

拓展学习

【病毒防范小贴士】

（1）选择适用的安全防护软件。

（2）及时安装各种补丁程序。

（3）采取必须的安全措施。

（4）规范电子邮件的使用。

（5）做好数据文件备份。

（6）做好各种应急准备工作。

（7）隔离被感染的计算机。

【警示案例1】

17岁少年攻击航空公司系统获刑四年

记者近日从法院披露的信息，2020年6月初，17岁的陈某因不可抗力因素被迫留滞在国外，因在境外无法买到回国机票而产生不满情绪。冲动之下，他在境外网站购买攻击套餐软件，利用DDOS（黑客通过远程控制服务器或计算机等资源，对目标发动高频服务请求，使目标服务器因来不及处理海量请求而瘫痪）等攻击手段，多次攻击某航空公司计算机系统。

此次入侵，造成某航空公司对外服务网络部分瘫痪，包括客票业务、微信直播平台销售、机场旅客服务、飞行、运控等系统无法正常运作，导致为5000余万用户提供服务的客票等计算机系统不能正常运行累计四小时，给该航空公司造成了巨大的经济损失与负面网络舆论影响。

【警示案例2】

境外一个间谍情报机关在我国多家航空公司信息系统植入木马程序。高薪聘请专家背后有更大阴谋，气象观测组织与外国军方竟有着千丝万缕的联系……近日，国家安全机关公布三起危害我国重要数据安全的案件。

境外间谍在我国航空公司信息系统植入木马程序

2020年1月，一家航空公司向国家安全机关报告，该公司信息系统出现异常。国家安全机关立即进行技术检查，确认系统遭到了网络攻击，多台重要服务器和网络设备被植入特种木马程序，部分乘客出行记录等数据被窃取。

通过进一步排查发现，另有多家航空公司信息系统遭到同一类型的网络攻击和数据窃取。经深入调查，确认相关攻击活动是由某境外间谍情报机关精心谋划、秘密实施的，攻击利用了多个技术漏洞，并利用多个国家和地区的网络设备进行跳转，以隐匿踪迹。针对这一情况，国家安全机关及时协助有关航空公司全面清除被植入的特种木马程序，调整技术安全防范策略、强化防范措施，阻止了危害的进一步扩大。

高薪聘请专家背后有更大阴谋

2021年5月，国家安全机关发现，一家境外咨询调查公司通过网络、电话等方式，频繁联系我国大型航运企业、航运代理服务公司的管理人员，并以高额报酬聘请行业咨询专家之名，与我国境内数十名人员建立“合作关系”，指使他们广泛搜集提供我国的航运基础数据、特定船只载物信息等。国家安全机关进一步调查后发现，相关境外咨询调查公司与所在国家间谍情报机关关系密切，并承接了大量情报搜集和分析业务，通过我国境内人员所获得航运数据，都提供给了该国间谍情报机关。为防范相关危害持续发生，国家安全机关及时对有关境内人员进行警示教育，并责令所在公司加强内部人员管理和数据安全保护措施。同时，依法对该境外咨询调查公司有关活动进行了查处。

气象观测组织与外国军方竟有千丝万缕的联系

2021年3月，国家安全机关工作发现，我国某重要军事基地周边建有一套可疑气象观测设备，具备采集精确位置信息和多类型气象数据的功能，所采集数据直接传送至境外。

国家安全机关调查发现，有关气象观测设备由李某在网上购买并私自架设，类似设备已向全国多地售出100余套，部分被架设在我国重要区域周边，有关设备所采集数据被传送到境外某气象观测组织的网站。实际上，该境外气象观测组织由某国政府部门以科研之名发起成立，该部门的一项重要任务就是搜集分析全球气象数据信息，为其军方提供服务。

国家安全机关会同有关部门联合开展执法行动，责令有关人员立即拆除设备，消除了风险隐患。

数据安全关乎国家安全和公众利益，是非传统安全的重要方面。我国各行业产业、重要企业的基础性数据，一直是境外间谍情报机构觊觎的目标。

如果人们对此没有警惕，在不知不觉中被境外不法人员和机构利用，让这些数据泄露到境外，积累到一定程度并进行综合分析，就能够反映出我国经济运行、国防军事等重要情况，对我国各领域国家安全将造成重大危害。

国家安全机关提醒公众，如发现危害国家安全的可疑情况，请立即拨打国家安全机关举报受理电话12339，或访问“国家安全机关举报受理平台”网站直接进行举报。

【法律法规】

《中华人民共和国网络安全法》相关规定

《中华人民共和国刑法》相关规定

《中华人民共和国计算机信息系统安全保护条例》相关规定

《计算机信息网络国际联网安全保护管理办法》相关规定

【阅读知识】

习近平总书记谈网络安全

网络安全和信息化是事关国家安全和国家发展、事关广大人民群众工作生活的重大战略问题，要从国际国内大势出发，总体布局，统筹各方，创新发展，努力把我国建设成为网络强国。

——《在中央网络安全和信息化领导小组第一次会议上的讲话》

网络安全和信息化是一体之两翼、驱动之双轮，必须统一谋划、统一部署、统一推进、统一实施。做好网络安全和信息化工作，要处理好安全和发展的关系，做到协调一致、齐头并进，以安全保发展、以发展促安全，努力建久安之势、成长治之业。

——《在中央网络安全和信息化领导小组第一次会议上的讲话》

没有网络安全就没有国家安全，没有信息化就没有现代化。建设网络强国，要有自己的技术，有过硬的技术；要有丰富全面的信息服务，繁荣发展的网络文化；要有良好的信息基础设施，形成实力雄厚的信息经济；要有高素质的网络安全和信息化人才队伍；要积极开展双边、多边的互联网国际交流合作。建设网络强国的战略部署要与“两个一百年”奋斗目标同步推进，向着网络基础设施基本普及、自主创新能力显著增强、信息经济全面发展、网络安全保障有力的目标不断前进。

——《在中央网络安全和信息化领导小组第一次会议上的讲话》

中国是网络安全的坚定维护者。中国也是黑客攻击的受害国。中国政府不会以任何形式参与、鼓励或支持任何人从事窃取商业秘密行为。不论是网络商业窃密，还是对政府网络发起黑客攻击，都是违法犯罪行为，都应该根据法律和相关国际公约予以打击。国际社会应该本着相互尊重和相互信任的原则，共同构建和平、安全、开放、合作的网络空间。

——《在华盛顿州当地政府和美国友好团体联合欢迎宴会上的演讲》

尊重网络主权。《联合国宪章》确立的主权平等原则是当代国际关系的基本准则，覆盖国与国交往各个领域，其原则和精神也应该适用于网络空间。我们应该尊重各国自主选择网络发展道路、网络管理模式、互联网公共政策和平等参与国际网络空间治理的权利，不搞网络霸权，不干涉他国内政，不从事、纵容或支持危害他国国家安全的网络活动。

——《在第二届世界互联网大会开幕式上的讲话》

维护和平安全。一个安全稳定繁荣的网络空间，对各国乃至世界都具有重大意义。在现实空间，战火硝烟仍未散去，恐怖主义阴霾难除，违法犯罪时有发生。网络空间，不应成为各国角力的战场，更不能成为违法犯罪的温床。各国应该共同努力，防范和反对利用网络空间进行的恐怖、淫秽、贩毒、洗钱、赌博等犯罪活动。不论是商业窃密，还是对政府网络发起黑客攻击，都应该根据相关法律和国际公约予以坚决打击。维护网络安全不应有双重标准，不能一个国家安全而其他国家不安全，一部分国家安全而另一部分国家不安全，更不能以牺牲别国安全谋求自身所谓绝对安全。

——《在第二届世界互联网大会开幕式上的讲话》

构建良好程序网络空间同现实社会一样，既要提倡自由，也要保持秩序。自由是秩序的目的，秩序是自由的保障。我们既要尊重网民交流思想、表达意愿的权利，也要依法构建良好网络秩序，这有利于保障广大网民合法权益。网络空间不是“法外之地”。网络空间是虚拟的，但运用网络空间的主体是现实的，大家都应该遵守法律，明确各方权利义务。要坚持依法治网、依法办网、依法上网，让互联网在法治轨道上健康运行。同时，要加强网络伦理、网络文明建设，发挥道德教化引导作用，用人类文明优秀成果滋养网络空间、修复网络生态。

——《在第二届世界互联网大会开幕式上的讲话》

网络保障安全，促进有序发展安全和发展是一体之两翼、驱动之双轮。安全是发展的保障，发展是安全的目的。网络安全是全球性挑战，没有哪个国家能够置身事外、独善其身，维护网络安全是国际社会的共同责任。各国应该携手努力，共同遏制信息技术滥用，反对网络监听和网络攻击，反对网络空间军备竞赛。中国愿同各国一道，加强对话交流，有效管控分歧，推动制定各方普遍接受的网络空间国际规则，制定网络空间国际反恐公约，健全打击网络犯罪司法协助机制，共同维护网络空间和平安全。

——《在第二届世界互联网大会开幕式上的讲话》

网络空间是亿万民众共同的精神家园。网络空间天朗气清、生态良好，符合人民利益。网络空间乌烟瘴气、生态恶化，不符合人民利益。谁都不愿生活在一个充斥着虚假、诈骗、攻击、谩骂、恐怖、色情、暴力的空间。互联网不是法外之地。利用网络鼓吹推翻国家政权，煽动宗教极端主义，宣扬民族分裂思想，教唆暴力恐怖活动等等，这样的行为要坚决制止和打击，决不能任其大行其道。利用网络进行欺诈活动，散布色情材料，进行人身攻击，兜售非法物品等等，这样的言行也要坚决管控，决不能任其大行其道。没有哪个国家会允许这样的行为泛滥开来。我们要本着对社会负责、对人民负责的态度，依法加强网络空间治理，加强网络内容建设，做强网上正面宣传，培育积极健康、向上向善的网络文化，用社会主义核心价值观和人类优秀文明成果滋养人心、滋养社会，做到正能量充沛、主旋律高昂，为广大网民特别是青少年营造一个风清气正的网络空间。

——《在网络安全和信息化工作座谈会上的讲话》

互联网核心技术是我们最大的"命门"，核心技术受制于人是我们最大的隐患。一个互联网企业即便规模再大、市值再高，如果核心元器件严重依赖外国，供应链的"命门"掌握在别人手里，那就好比在别人的墙基上砌房子，再大再漂亮也可能经不起风雨，甚至会不堪一击。我们要掌握我国互联网发展主动权，保障互联网安全、国家安全，就必须突破核心技术这个难题，争取在某些领域、某些方面实现"弯道超车"。

——《在网络安全和信息化工作座谈会上的讲话》

维护网络安全，首先要知道风险在哪里，是什么样的风险，什么时候发生风险，正所谓"聪者听于无声，明者见于未形"。感知网络安全态势是最基本最基础的工作。要全面加强网络安全检查，摸清家底，认清风险，找出漏洞，通报结果，督促整改。要建立统一高效的网络安全风险报告机制、情报共享机制、研判处置机制，准确把握网络安全风险发生的规律、动向、趋势。要建立政府和企业网络安全信息共享机制，把企业掌握的大量网络安全信息用起来，龙头企业要带头参与这个机制。

——《在网络安全和信息化工作座谈会上的讲话》

增强网络安全防御能力和威慑能力。网络安全的本质在对抗，对抗的本质在攻防两端能力较量。要落实网络安全责任制，制定网络安全标准，明确保护对象、保护层级、保护措施。哪些方面要重兵把守、严防死守，哪些方面由地方政府保障、适度防范，哪些方面由市场力量防护，都要有本清清楚楚的账。人家用的是飞机大炮，我们这里还用大刀长矛，那是不行的，攻防力量要对等。要以技术对技术，以技术管技术，做到魔高一尺、道高一丈。

——《在网络安全和信息化工作座谈会上的讲话》

目前，大国网络安全博弈，不单是技术博弈，还是理念博弈、话语权博弈。我们提出了全球互联网发展治理的"四项原则"、"五点主张"，特别是我们倡导尊重网络主权、构建网络空间命运共同体，赢得了世界绝大多数国家赞同。

——《在网络安全和信息化工作座谈会上的讲话》

网络信息技术是全球研发投入最集中、创新最活跃、应用最广泛、辐射带动作用最大的技术创新领域，是全球技术创新的竞争高地。我们要顺应这一趋势，大力发展核心技术，加强关键信息基础设施安全保障，完善网络治理体系。要紧紧牵住核心技术自主创新这个“牛鼻子”，抓紧突破网络发展的前沿技术和具有国际竞争力的关键核心技术，加快推进国产自主可控替代计划，构建安全可控的信息技术体系。要改革科技研发投入产出机制和科研成果转化机制，实施网络信息领域核心技术设备攻坚战略，推动高性能计算、移动通信、量子通信、核心芯片、操作系统等研发和应用取得重大突破。

——《在十八届中央政治局第三十六次集体学习时的讲话》

要切实保障国家数据安全。要加强关键信息基础设施安全保护，强化国家关键数据资源保护能力，增强数据安全预警和溯源能力。要加强政策、监管、法律的统筹协调，加快法规制度建设。要制定数据资源确权、开放、流通、交易相关制度，完善数据产权保护制度。要加大对技术专利、数字版权、数字内容产品及个人隐私等的保护力度，维护广大人民群众利益、社会稳定、国家安全。要加强国际数据治理政策储备和治理规则研究，提出中国方案。

——《在十九届中央政治局第二次集体学习时的讲话》

思考讨论

1. 网络安全的覆盖范围有哪些？
2. 影响网络安全的因素有哪些？
3. 如何做好个人网络安全防护？

第三节　健康使用网络远离网络犯罪

案例内容

【案例1】

被网瘾耽误的人生

申月（化名）是某高校学生，由于迷上网络游戏而无心学习，每天上网长达十几个小时，学习成绩直线下降。被学校留级后，申月仍未反省悔改，期末考试5门课程不及格，最终被学校劝退。面对记者，21岁的申月显得很沉默，若有所思。

大一时一次偶然的上网经历，让他沉迷网络游戏不能自拔。后来，申月开始千方百计挤出时间上网，最后发展到逃课，白天在宿舍睡觉，晚上去网吧上网。

因为晚上包夜便宜，从晚上11时到次日早晨7时只需6元钱，而白天1个小时就1元多。为了挤出上网的钱，申月常常一天只吃两顿饭，且大多是泡面或面包之类。

记者在学校下发的退学决定书上看到如下内容：申月，1987年3月出生，因考试不及格门数已经达到退学条件，申请自动退学。根据学校《学生管理规定（试行）》，经校长办公会议研究决定，给予其退学处理。

申月的父亲难过地告诉记者，儿子考进大学读了近3年，包括学费在内花费近5万元。对于一个农村的家庭来说，培养一个大学生并不容易，儿子在学校已经上网成瘾，他和妻子竟浑然不知。直到学校开学，儿子还待在家里不去学校，他才知道儿子已从学校退学了。现在儿子整天待在家里无所事事，他们做父母的也很担忧。申月的父亲表示，儿子因沉迷网络游戏被学校劝退，是做家长的失败。

【简析】

网络对大学生心理发展及心理健康的影响是双重的，既有积极影响也有消极影响，关键在于学校、家庭和社会如何进一步发挥网络的积极影响，控制和减少其消极影响。

【案例2】

低价陷阱

徐某无意中进入一个买卖二手自行车的网站，发现其中一辆名牌自行车只要500元。徐某心动不已，随即联系网站客服，按照对方要求填写信息并通过网银转账200元定金。2天后，对方告知押车员已将车子运送至收货地址的仓库，要求徐某支付余款300元。徐某打款后兴冲冲等着去提车，结果对方又找各种理由要求他再付500元，徐某这才恍然大悟自己是被骗了。

【简析】

网上购物请选择正规网站，不要轻信虚假网站、QQ、论坛等发布的所谓超低价促销信息。此外，要求通过银行等直接汇款的九成以上为诈骗，务必警惕。

【案例3】

拒绝相信网络刷单，不要和骗子比心机

我们都知道，一个赌徒到赌场参加赌局时，庄家最初肯定会让他赢钱，然后再让他一步步陷入骗局当中。如今，骗子们也利用大学生急于“创收”的心理，以“轻松+高薪”做兼职为诱饵，诱骗学生。

大学生小王就是通过这个骗局，被骗子骗走了16000元。去年年末，他上网看到一则兼职信息：通过虚拟交易帮商家刷销量和信誉，可赚取5%左右佣金，交易量越大挣得越多。小王按照对方的要求提交了申请表后，便开始做第一单。根据对方提供的包含任务编号、购买数量等内容的链接，他支付了100余元购买了第一件商品。几分钟后，小王账户里除了收到本金，还收到了一笔5元的佣金。

尝到甜头后，他决定继续“完成任务”。购买、返款，再买、再返……任务不断升级，需要购买的商品数量越来越多。

当小王完成了一笔8000余元的“任务”后，客服却突然说系统故障，无法返钱，只

有重新“刷单”才能一并返款。此时，小王虽然觉得不太对劲，但为了拿回本金，只好照做。结果，再次支付了8000元后，他却再也联系不到对方了……

【简析】

提醒各位同学，千万不要轻信天上会掉馅饼，千万不要轻信身边网络上所谓刷单、做任务等形式的宣传活动，对任何以缴纳保证金为名义的要求不搭理、不转账、不汇款。

【法律法规】

《中华人民共和国计算机信息系统安全保护条例》相关规定

《中华人民共和国网络安全法》相关规定

一、健康使用网络

随着信息技术的发展，我们的生活方式和学习方式正在发生巨大变化。从智能手机到物联网，从人工智能到大数据，信息技术正在创造出前所未有的机遇和挑战。

网络作为一种工具，在给大家带来巨大便利的同时，也带来了不良影响，因此，大学生作为使用网络的重要群体，要充分认识网络的两面性，增强自我防护意识，坚决不能沉迷于网络。

（一）网络对大学生的积极影响

（1）网络为大学生提供了求知和学习的广阔天地。在网络课堂中上课，已成为学校普遍采用的一种教育模式。学生不仅可以通过网络及时了解学校的情况，还能直接学习课程，与学校的老师进行直接交流，解答疑难问题，获取知识。诸多网上课堂的陆续建立，为学生的求知和学习提供了良好的途径和广阔的空间。

（2）网络为大学生获得各种信息提供了新的渠道。获取信息是学生上网的第一目的。大学生的关注点十分广泛，传统媒体已无法及时满足学生这么多的兴趣点，网络信息量大的特点满足了学生的需求，为学生提供了最为丰富的信息资源。现在，网络正在成为学生获取各种信息的最佳来源。

（3）网络有助于大学生不断提高自身技能。计算机技能是青年必须掌握的5项基本技能之一，因为在网络上，我们几乎可以找到涉及人类生活所有方面的各类信息，对能够熟练使用计算机和网络的学生来说，网络可以说是取之不尽、用之不竭、学之不完的知识宝库。

（4）网络有助于拓宽学生的思路和视野，加强学生之间的交流和沟通，增强学生的社会参与度，开发学生内在的潜能。网络的包容性使上网的学生处于与现实生活完全不同的环境中，在思考的过程中，学生不仅锻炼了自己独立思考问题的能力，而且提高了自己对事物的分析力和判断力。网络的互动性使学生可以通过网络平台广交朋友，参与社会问题的讨论，发表观点和见解。网络的开放性极大地激发学生的好奇心和求知欲，使其潜质和潜能被有效地开发。

（二）网络对大学生的负面影响

网络对大学生的影响正在日益增强，已经成为大学生不可缺少的“生活伙伴”。但是，过度地依赖网络，沉迷于网络，对网络上的不良影响不加抵御，也已成为大学生成长的绊脚石，“网络垃圾”也会侵蚀大学生纯洁的心灵，毒害他们的身心健康。

（1）影响正确人生观、价值观的形成。网络是一张无边无际的“网”，内容虽丰富却良莠不齐。国内外一些不法分子或不怀好意的人或群体，利用网络大量散播反社会主义、反人民、反政府的宣传言论，甚至故意歪曲事实，混淆视听，还有一些人宣扬消极、颓废，甚至违法、犯罪的思想言论。

（2）使许多大学生沉溺于网络虚拟世界，荒废学业。与现实的社会生活不同，大学生在网上面对的是一个虚拟的世界，它不仅满足了大学生尽早尽快占有各种信息的需要，也给人际交往留下了广阔的想象空间，而且不必承担现实生活中的压力和责任。虚拟世界的这些特点，使得不少大学生宁可整日沉溺于虚幻的环境中而不愿面对现实生活。

（3）危害大学生的身心健康。个别大学生长期沉溺于网络，生活中绝大部分时间泡在网上，没有基本的生活、学习和煅炼活动，长此以往，严重影响了身心的健康发展，可能会导致神经紊乱、激素水平失衡、免疫力下降，引发紧张性头疼，甚至诱发严重疾病。此外长期上网还会引发“网络孤独症”和“忧郁症”等心理疾病，由于对游戏的痴迷，有些大学生达到了可以不吃饭、不睡觉的疯狂地步。

（4）影响人际交往能力的正常发展。网络成瘾的大学生过多地关注人机对话，对外界缺乏正常的情感反应，对亲友冷淡，对周围事物失去兴趣，甚至对一切都漠不关心，性格变得越来越孤僻，造成个性缺陷。久而久之，还会患上“社交恐惧症”，怕与人见面、谈话，见人就紧张，严重影响正常的人际交往。

（5）弱化道德意识，诱发犯罪。在网络世界里，人们借助于虚拟身份进行交往。这种交往在摆脱了社会众多的道德约束的同时，也在一定程度上脱离了责任和义务，这很容易造成大学生缺乏自律性与道德约束，弱化道德意识和社会责任感，在网络世界任意作为，甚至走上犯罪的道路。

（6）互联网的全球性特征，导致大学生思想混乱。网络是无国界的全球性媒介。在网上，由于各方面的原因，使得有用与无用的、正确与错误的、先进与糟粕的信息充斥网络。这些信息会腐蚀学生的心灵，对良好的道德品质的形成教育产生强大的冲击，使大学生产生错误的观念和价值追求，民族观念和爱国主义思想淡薄。

（三）健康使用网络

1. 不在网上浏览不良信息

网上有很多不良信息，一定要注意控制自己的网上行为，不去浏览一些负面新闻或不良信息，更不要去浏览一些色情、暴力的信息，要自觉抵制不良内容。

2. 保持良好网络行为

在网络交友过程中，提高自身的道德标准，对网络行为进行自己的思考和理解，在不侵犯他人权益的基础上做出自己的选择，只做符合良好道德标准的行为。互联网作为开放的网络平台，每个人都可以依托互联网开展网络上的沟通与交流，在跟别人沟通的时候，一定要使用文明用语，不在网上传播不良信息或侮辱别人。

3. 要增强自我保护意识

我们在网上与人交往时，不要随意与网友见面，更不要将自己的私人信息泄露给网友，因为网友有很大的隐蔽性，我们不能够准确识别对方的真实身份和用意，轻易泄露个人重要信息会给自己带来风险。

4. 要主动维护网络安全

有一些人可能有很强的计算机技能，这样的人会利用一些技术影响到网络的安全，所以，我们一定要注意，不管自己有多强的网络技能，都不应该去当黑客，侵害他人的正当利益。

5. 不沉溺于网络游戏

网络游戏被很多人所钟爱，但是，如果长期沉溺于网络游戏的话，必将会让自己变得消沉，甚至让自己的事业或者学业受到很大的影响。

6. 不参与网络敏感话题

如果网络上在对某些敏感话题进行讨论，我们应该注意把握话题的严肃性和政治性，不要任何话题都参与讨论，对于一些敏感的或者反动的话题，要及时制止，不参与，不散播。在上网之时，我们应当注意以下六点。

（1）遏制不良信息的源头。

通过立法及执法等手段严惩不良信息的制造者，对发布不良信息的人员或网站进行相应的限止和制裁，严重者追究其刑事责任，及时、准确地打击制造不良信息的不法分子。

（2）倡导文明上网。

学校要利用班会、板报、演讲等宣传形式，向广大师生讲解互联网技术和网上内容的特征、虚拟性和复杂性，介绍“网上垃圾”的巨大危害，让学生真正辨识网络上存在的负面信息，使学生自觉做到不浏览不良网站，文明上网。

（3）转移兴趣点和注意力。

课外活动的缺乏和枯燥之时，往往使学生将注意力转移到相对有意思的网络，甚至使他们痴迷于网络。作为学校，要注意开展具有丰富性、情趣性和创新性的课外活动，在活动中培养学生的良好兴趣、身体素质及健康人格，使学生摆脱“网络垃圾”。

（4）提高自制能力。

要加强与互联网相关的教育活动，教育学生正确、科学、智慧地使用网络，做网络的主人，要从虚拟的网络中走出来。我们要以正面引导为主，积极开展健康向上的网上活动，使沉迷网络的大学生脱离网瘾重新充满正能量，拥有上进心。我们可以有意识地向学生推荐一些优秀网站，减少他们受不良影响的机会。当发现有学生有不良的上网倾向时，不能一味地训斥，而应动之以情，晓之以理，加强引导，提高学生对网络负面信息的抵制能力。

（5）加强自我保护。

出于保护学生的目的，要时常提醒他们谨慎上网，学生自身也要具备防范意识。尤其是上网聊天，很容易暴露个人信息，进而发生危险。不要把自己或家长的照片、地址、电话、学校、班级等真实的情况告诉你的网友；不要与从未见过面的网友约会，除非有大人陪伴，或者在公共场所；不要把自己在网上使用的密码、用户名等敏感信息告诉别人，以免别有用心的人冒用你的名字进行诈骗。

（6）净化网络环境。

对于网络中暴力、游戏、色情内容，要引起足够的重视，可以使用过滤软件，将网上泛滥的不良信息预先拦阻；也可以利用浏览器的“内容分级审查”功能，控制网页内容的显示。

总之，网络永远是把“双刃剑”，它拥有丰富的信息和资源，可以开阔人们的视野和传播知识，但是沉迷于网络，花太多时间上网，既影响学习，又有损身心健康。学校、教师、家长应该给予更多的鼓励与引导，大学生自己也要学会克制、科学合理地上网，让网络为自己所用。

二、预防网络犯罪

（一）网络犯罪的概念

网络犯罪是指，犯罪分子利用其编程、加密、解码技术或工具，或互联网从业者利用互联网从事违反法律法规的危害社会的活动。网络犯罪不是一个具体罪名，而是一类犯罪的总称，其基本类型有两种，即针对网络的犯罪或在网络环境下实施的犯罪。

（二）网络犯罪的特征

1. 犯罪手段隐蔽，不易被侦破

在虚拟的网络世界中，参与者的身份具有虚拟化的特点，由于网络的无形性和虚拟性，其犯罪具有隐蔽性，即作案范围一般不受时间和地点的限制；犯罪人对犯罪结果，发生的时间可以自行控制；作案时间短，长则几分钟，短则几秒钟；犯罪痕迹追查困难，没有特定的表现场所和客观表现形态，不易识别，不易被发现，不易被侦破，犯罪系数高。

2. 网络犯罪人员常常具有高智商或高技术

现代网络系统为了安全起见，都对网络设置了安全防护系统，要想侵入计算机破解这些安全系统，入侵者需要具备较高的专业技术水平。因此，网络犯罪者常常是一些掌握了网络技术的专家或高手。他们洞悉网络的缺陷和漏洞，能运用丰富的计算机及网络技术，借助四通八达的网络对网络系统及各种数据资料等信息发动攻击，进行破坏。

3. 青少年网络犯罪者占很大比重

在网络犯罪者中，青少年的数量较多，这也显示了网络犯罪主体越来越低龄化的特征。他们大多喜欢上网，并容易沉迷于网络无法自拔，加上他们较单纯，事前思考不足，做事容易冲动，可能在无知的情况下，犯下一些罪行，或者在利益的驱使下铤而走险，借此获得满足感。

4. 监控管理人员经验不足

网络犯罪者常常是这领域的专业人士或具有技术特长者，但社会上监控管理者专业知识不深、技术不精，对网络犯罪的特点、危害性认知或预判不足，或没有足够的技术力量和相应的管理措施来应对。因此，网络管理方面的欠缺也是网络犯罪防范的一个短板。

5. 犯罪的侵害性侵害目标较集中

就国内已经破获的网络犯罪案件来看，网络犯罪者主要是为了非法占有财富或蓄意报复，因而其侵害目标主要集中在金融、证券、保险、电信等行业，其中以金融、证券、保险行业尤为突出。

6. 犯罪本身的“虚幻”性

网络犯罪不同于传统的犯罪，网络犯罪常常是于无形之中进行的，使得人们并不将其视为一般的、普通的犯罪。网络犯罪通常不附加具体的暴力行为，犯罪者只在计算机或手机上操作即可，很多青少年对网络犯罪的高端和快捷投以“崇敬”的目光。网络犯罪的“面纱”蒙蔽了许多人的眼睛，人们不仅看不清网络犯罪极其严重的危害性，不能自觉地同网络犯罪作斗争，反而对其投以“崇敬”的目光，甚至崇拜网络犯罪分子。

7. 具有极大的社会危害性

随着互联网的不断普及和发展，全社会对网络的依赖程度日益加深，尤其是交通、金融、航运等各相关部门，是国家的命脉，一旦遭到侵入和破坏，那将危及国家安全和社会稳定。

（三）网络犯罪的主要表现形式

目前，大学生利用网络技术实施的犯罪行为主要有以下六种形式。

1. 制造、传播计算机病毒

少数大学生的法律意识淡薄，往往出于炫耀自己的目的，制造网络病毒，干扰或破坏网络的正常运行。制造或传播计算机病毒是网络犯罪的一种形式，是人为干扰或破坏网络安全正常运行的一种行为，具有潜伏性、隐蔽性、可激发性、传染性等特点，通过网络传播，损害用户网络功能或数据，造成各种损失。

2. 网络窃取侵害他人财产

利用网络窃取他人的信用卡资料、上网账号或其他消费账号供自己进行网上购物等个人消费活动；利用网络窃取游戏账号、股票资金账号及密码等，对账户上的积分、资金进行消费或转移，对股票低抛高购，给他人造成很大的经济损失。

3. 利用网络实施诈骗

网络诈骗是网络犯罪中较为常见的一种，网络诈骗主要利用网络范围广、匿名性强等特点，通过发布虚假信息、开设网店、冒充他人等方式诈骗他人钱财；而网络敲诈主要是利用掌握他人信息资料或隐私要挟当事人，以实现其勒索钱财的目的。

4. 利用网络传播黄色信息

利用网络传播快、用户多的特点，复制、粘贴、传播黄色信息，违背道德和法律，也违反了国家关于互联网使用的管理规定。

5. 利用网络诽谤他人

网络具有极快的传播性和广大的用户群体，加上在某些社交软件上使用网名，有些用户便利用其匿名的特点，在网络上发表不实言论，暴露他人隐私，编造他人绯闻，诋毁他人形象和名誉，这些均侵犯了他人合法权益，损害了他人名誉。

6. 利用网络散布和传播反动言论

在网上宣传反动思想，企图对大学生进行“洗脑”，混乱他们的思想和意识。此外，还有极少数学生由于加入了某种邪教组织或非法团体，利用互联网进行违法活动，参加反动组织等。

（四）预防网络犯罪的对策

1. 提高政治意识和人文素养，文明上网

大学生应努力提高政治意识和人文素养，正确认识文明上网的重要性，崇尚科学、追求真理，自觉抵制网络上一些虚假、反动、消极的内容，避免其对自己精神上的侵蚀。增强网络文明意识，使用文明语言，在网络天地里倡导文明新风，营造健康的网络使用环境。

2. 社会、学校、家庭协同作战

预防网络犯罪，需要社会、学校、家庭三方面合作，建立“三位一体”的防范网络。预防大学生网络犯罪是一项全社会都应关心的工作，也是一项需要综合治理的大工程，需要各方的协同与配合。社会要加强对这方面工作的重视和指导工作；学校要充分利用课堂、新闻媒体的宣传教育功能，有针对性地对学生开展正面教育；家长要经常与孩子交流沟通，进行正确的引导，使大学生树立正确的价值观和人生观，不断提高自律能力和自我防范意识。

3. 完善网络犯罪的刑事立法

进行网络刑事立法时，应当针对网络的开放性和网络犯罪的隐蔽性等特点，准确划分网络犯罪与非网络犯罪的界限，规范网络管理措施，落实网络服务提供商及网络从业者的

责任和义务。通过完善网络刑事立法，引导社会各界提高对网络犯罪危害性的认识，充分保护合法使用网络的用户的正当权益。

4. 加强网络法制知识学习，增强法制观念

通过学习法律知识，提高学生的法律素质。要使他们明白网络犯罪尽管有别于传统的犯罪形式，但其同样触犯法律，同样是对社会公共安全、他人人身财产权利等的侵害，网络的虚拟空间也是受现实法律规范约束的。

5. 抓好大学生的网络道德教育

要从强化网络道德入手，加强大学生个人道德修养的培育，重点培养大学生的自律能力和明辨是非的能力，使其形成正确的世界观、价值观，在他们的思想上建立起一道防止网络犯罪的“防火墙”，让大学生在社会主义核心价值观体系下，正确鉴别，正确选择。从而避免网络犯罪以及网络犯罪带来的伤害。

拓展学习

【警示案例1】

某师范学校的大三男生小王有个在网上聊了半年多的女网友，对方一直自称24岁，是当地一家保险公司的白领。某日，女网友打电话给小王，说自己出差路过此地要和他见一面。可等小王到火车站接女网友时才发现，女网友的真实年龄至少有40岁。当晚，女网友在小王学校附近的一家旅馆住下后，说自己人生地疏，让小王陪自己聊天。

结果，小王喝下她递上的可乐后，直到第二天中午才醒来。醒来后，小王发现自己身上的钱包（内有1200多元钱及一张银行卡）和手机不翼而飞了。到总台查询后，发现女网友登记入住时使用的身份证竟是假的！

来自检察机关的数字表明，节假日中发生于网友之间的诈骗案较往常高于平时，作案人常是以见网友的名义实施诈骗，而受害人此前对他们的真实情况了解有限，这给司法机关办案增加了相当的难度。有关部门为此提醒“聊友”，与网友见面一定要慎之又慎，要对网友有个起码的了解，对网友提出的要求也不要轻易答应。

【简析】

随着网络应用技术的发展，网络交友的应用功能也越来越丰富，即时通信、门户网站、专业交友App等网络工具提供了交友的服务模式，例如，网络婚恋交友、商务圈交友、爱好交友等等。在形式众多的网络交友方式中，即时通信最受大学生的喜爱，大学生常用的交友软件主要有以下几类：QQ、微信、微博、短视频App、婚恋App等。

尽管犯罪分子网上行骗的手法多样，但无论哪种方法，都有基本固定的一套方式：他们往往会在一些交友网站或QQ、微信等聊天网站上瞄准一些经济条件较好的女性或个性签名有明显的交友、失恋词语的女性作为目标，进行跟帖或聊天，并投其所好，出手大方，

消除受害人的戒备心理。

网络交友中，动机不良的陌生人往往会将个人信息描述得十分优秀，大学生应谨慎选择交往对象，沟通之前首先查看对方资料，并想办法进行求证，可先在各大搜索网站进行相关查询，一般怀有不良交友动机者，会在很多地方留下此类联系方式，不要急着与之见面。大学生们应该增强安全意识，提高防范技巧，做到以下四点。

1. 保护好自己的隐私；
2. 提高警惕，留心观察；
3. 不与网友发生金钱交易；
4. 选择环境良好、安全方便的约会时间和地点。

【警示案例2】

小轩（化名）接到一个陌生电话，对方自称是某金融平台的客服人员，并主动向小轩核实身份信息（核实信息时对方能准确报出小轩的身份证号码）。核实身份信息无误后，对方电话中称小轩在一金融平台注册了账号并有过贷款记录。听到自己有贷款后的小轩很迷惑也很着急，向对方多次强调自己未贷过款。

对这种情况，对方帮助小轩分析，可能是由于小轩身份信息泄露，并被其他人利用，注册了账号并贷了款，小轩也认为是这样（此时小轩的警惕意识已下降）。在确认小轩未贷款后，对方劝诫小轩赶紧注销自己的个人账号，以免他人下次再贷款，并给小轩留了注销金融平台账号的客服QQ号码。心里着急的小轩立马添加了上面的“客服”，并向“客服”表明，自己需要注销网贷平台个人账号。“客服”指导小轩下载了金融平台的App，小轩按照“客服”截图提示，填写了金融平台上的基本贷款信息（包括自己手持身份证照片），完成基本信息填写后，“客服”给小轩发送了指定的银行账号，指导小轩在贷款平台填写了上面指定的银行账号，并完成了8000余元（金额也是“客服”指定的）的贷款。贷款完成后，“客服”发电脑截图告知小轩，网贷平台账户注销手续只完成了18%，还没有全部注销掉，并分析原因可能是小轩的身份信息还注册了其他网贷平台账户并贷了款。随后，小轩在“客服”引导下，依次从4个网贷平台贷款4万余元并转至指定的银行账户。此时，网贷平台账户还是没有全部注销掉，小轩才意识到自己被骗。意识到被骗后的小轩心里非常慌张，回想起刚才两个多小时发生的事情感觉到自己非常愚蠢，但却不敢向家人、老师和身边同学去说这件事，独自一个人离开宿舍坐在学校广场。

随后，辅导员接到小轩的电话，赶到学校广场了解事件的整个经过。辅导员第一时间向学校保卫部门报告后并报警，还陪同小轩当天在派出所做了笔录。第二天，小轩被派出所告知QQ“客服”号码已失效，银行账户已注销。

【简析】

加强学生的自我保护意识，提高学生的自我防卫能力显得十分重要。对大学生进行自我保护的法律知识教育，提高大学生的防范意识，使其学会识别网络骗子，保护自己的人身和财产安全。

网络诈骗犯罪具有以下特点：

1．诈骗犯罪的欺骗性强。网络用于诈骗犯罪，使犯罪行为人虚构的信息更具欺骗性，或者能够更加隐蔽地掩盖事实真相，从而使被害人容易上当受骗，损失钱物。

2．犯罪成本低，传播速度快，传播范围广。犯罪行为人可利用计算机与网络技术和多媒体技术制作形式极为精美的电子信息，诈骗他人的财物，并不需要投入很多资金、人力和物力，着手犯罪的物质条件容易达到。

3．渗透性强，网络化犯罪的方式复杂，不确定性强。网络虚拟空间消除了地域界线，甚至跨越国界，也打破了社会和空间的界限，使得犯罪行为人诈骗他人财物时有着极高的渗透性。网络诈骗犯罪可能波及所有上网的人。

4．社会危害性强。从中国互联网络信息中心的统计调查报告关于网民对网络的使用和需求来看，网络进一步融入到了人们的生活中，搜索引擎、网上银行和网上销售等网上活动日益增加。而且，由于网络诈骗犯罪的受害者分布广泛，因此造成了极为严重的社会危害。网络诈骗犯罪发展特别迅速，是所有网络犯罪中增长最快的一种。

【法律法规】

《中华人民共和国网络安全法》相关规定

《中华人民共和国刑法》相关规定

《中华人民共和国计算机信息系统安全保护条例》相关规定

《计算机信息网络国际联网安全保护管理办法》相关规定

【阅读知识】

防范网络诈骗，我们该怎么做?

在网络世界中，鱼龙混杂，骗子会披着各式各样的外衣，在网络上进行诈骗。面对网络上五花八门的诈骗手段，我们需要擦亮一双慧眼。

支招一：不要随意拨打网上的电话。有些诈骗网站会留下自己的联系方式让人拨打，这个时候我们就一定要提高警惕，必须先做一个全方位的了解，再考虑进行下一步的行动，万不可自以为是。

支招二：去正规的官方网站，注意防范“钓鱼网站”。所谓“钓鱼网站”是指不法分子利用各种手段，仿冒真实网站的链接地址以及页面内容，或者利用真实网站服务器程序上的漏洞，在站点的某些网页中插入危险的HTML代码，以此来骗取用户银行卡账号、密码等私人资料。

支招三：购物尽量使用第三方支付平台完成交易。在网站购物时，消费者要尽量避免直接汇款给对方，可以通过第三方支付平台完成交易，一旦发现可疑之处，应立即通知支付平台冻结货款。即使采用货到付款方式，也要约定先验货再付款，防止不法商家偷梁换柱。

支招四：保管好自己的私人信息，不要随便告诉陌生人。注意保管好自己的电子邮箱、QQ号等相关其他私人资料，尽量少在网吧或公用计算机上网。尤其在汇款给陌生人之前，务必要向朋友或其他客户核实情况，以免上当受骗。

支招五：账号密码要保护好，要定期地修改密码，警方建议，最好与自己的手机进行捆绑，以便在第一时间掌握自己网上交易的信息。

支招六：一旦发现自己陷入了诈骗事件中，第一时间向官方举报，并保留好证据，如聊天记录等。若有钱财损失，就要马上报警，一定要做到冷静，不要试图自己解决。

支招七：避免预防被各类的电信诈骗，建议在手机中安装国家反诈中心App。

思考讨论

请谈谈如何健康上网？

第六章　心理健康安全

心理健康安全就是心理本身的安全，即心理免于危险、不受威胁和危害的客观状态。心理安全是心理（活动）没有内部的混乱与疾患的客观状态。国民心理健康安全是影响国家安全的因素，国民的心理及精神健康（心理安全）工作是保障国家安全的一个重要方面。

学习目标

本章从学生心理健康与安全问题着手，让学生了解心理健康的含义和标准，掌握心理健康的界定原则，进一步提高心理健康意识，重视个人心理健康；正确认识在大学生活中出现的各种心理问题及其类型，掌握科学预防和应对的方法，并进行心理调适；理性应对心理问题，减少校园心理危机事件的发生，维护大学生心理安全。

学习内容

1. 心理健康的定义、标准以及界定原则。
2. 大学生常见的心理问题及调适。
3. 大学生心理危机的预防和应对。

重点与难点

1. 心理健康的标准，如何判断大学生心理异常。
2. 大学生常见的心理问题类型。
3. 大学生常见心理问题的调适方法。
4. 大学生心理危机预防和应对方法。
5. 校园心理危机事件及其防范。

第一节 大学生心理健康概述

案例内容

某地因地震导致校园出现房屋倒塌，人员伤亡，灾害过后，校园恢复正常，但在许多学生的心里，它却像一个定时闹钟，常常响起。震后的惨状一幕幕地从脑海里闪过，有时在黄昏，有时在午夜。在心理学上，这类现象被叫做“闪回”。

当重大灾难发生后，有的人会惊恐、焦虑、警觉，造成夜不能寐。有的人出现了创伤后的应激障碍，部分救援者陷入了自我怀疑，有精神病史的人则加重了病情。他们需要持久并且专业的心理援助。

【法律法规】

《中华人民共和国精神卫生法》(简称《精神卫生法》)是国家为了发展精神卫生事业，规范精神卫生服务，维护精神障碍患者的合法权益，而制定的法律。最新版本是根据2018年4月27日第十三届全国人民代表大会常务委员会第二次会议《关于修改〈中华人民共和国国境卫生检疫法〉等六部法律的决定》修正，自公布之日起施行的。

《精神卫生法》第十三条规定，各级人民政府和县级以上人民政府有关部门应当采取措施，加强心理健康促进和精神障碍预防工作，提高公众心理健康水平。

《精神卫生法》第十四条规定，各级人民政府和县级以上人民政府有关部门制定的突发事件应急预案，应当包括心理援助的内容。发生突发事件，履行统一领导职责或者组织处置突发事件的人民政府应当根据突发事件的具体情况，按照应急预案的规定，组织开展心理援助工作。

《精神卫生法》第十六条规定，各级各类学校应当对学生进行精神卫生知识教育；配备或者聘请心理健康教育教师、辅导人员，并可以设立心理健康辅导室，对学生进行心理健康教育。学前教育机构应当对幼儿开展符合其特点的心理健康教育。

发生自然灾害、意外伤害、公共安全事件等可能影响学生心理健康的事件，学校应当及时组织专业人员对学生进行心理援助。

一、心理健康概述

（一）心理健康的定义

心理健康是指心理的各个方面及活动过程处于一种良好或正常的、持续的状态。心理健康的理想状态是保持性格稳定、智力正常、认知正确、情感适当、意志合理、态度积极、行为恰当、适应良好的心理状态。

（二）心理健康的表现

心理健康表现为：个人充满生命的活力，积极的内心体验，对生活充满希望，具有良好的适应能力与交际能力；对待他人友善，对待工作积极认真，不存在心理或人格缺陷；能够有效的发挥个人的身心潜力以及作为社会一员积极的社会功能；心理健康突出表现在社交、生产、生活上能与其他人保持较好的沟通或配合，能良好地处理生活中发生的各种情况。

受到遗传和环境的双重影响，尤其是幼年时期的原生家庭的教养方式，对心理健康的发展影响较大。

理解心理健康的定义需要注意以下三点。

1. 心理健康的相对性

个体心理健康状态不是一成不变的，健康与不健康之间也无明显的界限，它是一个间续变化的过程。如果将心理正常状态之时表示为白色，将心理异常状态之时表示为黑色，那么在白色与黑色之间存在着一个巨大的缓冲区域——灰色区域，大多数人都集中在这一区域内。个体在发展过程中，也会因经历的不同，引起心理状态的变化。需要提醒的是，心理处于不健康状态并不等于心理异常，对于大多数人来说，经过自己的积极调整，可以达到新的心理健康和平衡状态。心理健康灰色区域示意图，如图6-1所示。

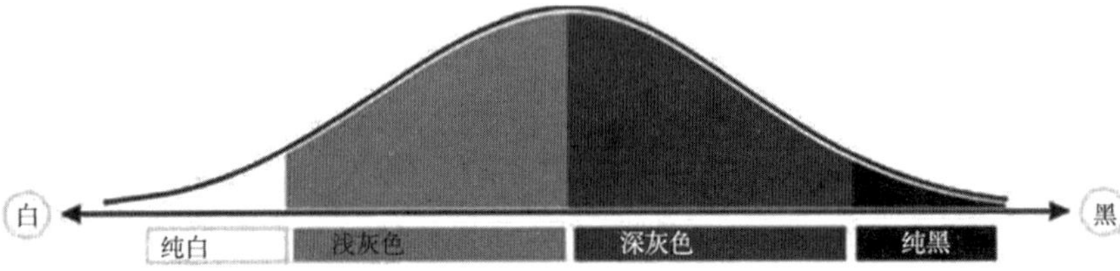

人员	健康人格、自信心强、适应力强	各种由生活、人际关系压力引起的心理冲突下的心理状态	各种变态人格与异常人格、人格障碍之人的心理状态	精神病患者

图 6-1 心理健康灰色区域示意图

2. 心理健康的统一性

心理健康是多方面健康的统一体，心理健康包括健康的身体、正常的智力及良好的适应状态，缺失任何一方面，都不能说是达到了良好的心理健康状态。

3. 心理健康的发展性

个体心理健康状态是一个动态平衡的过程，在某一成长阶段因各种各样因素导致的心理不健康可能会随着时间积累而重新达到健康状态。同时，我们也可在现有的心理状态基础上，通过不断自我完善，达到更高水平的心理健康状态。要注意的是，心理健康是指个体所能达到的最佳状态而并非完美的境界。大学生应正确认识心理健康标准，人的心理活动具有丰富性和波动性，不要因为一时的“不合标准”而紧张失措，只要能通过自身调节，尽快走出负面心理状态就是比较健康的，不要“矫枉过正”。同时，心理问题是极其常见的，轻度的可以依靠自我调节，但是严重的一定要在专业人员的指导下进行治疗。要学会用发展的眼光看待心理健康，更充分地激发自身潜能，实现更高层次的自我发展。

二、心理健康的界定原则

心理活动的过程是复杂的，心理健康的界定也是多维的，一个人的心理是否健康，不仅要看个体心理的客观表现，也要注意个体心理的主观感受，总的来说，界定心理健康与否要遵循以下三个基本原则。

（一）心理活动与外部环境是否具有同一性

即一个人的所思所想、所作所为是否能正确地反映外部世界，有无明显的差异。如果一个人的主客观世界不统一，出现明显的差异，出现了幻觉、妄想，那么我们可以判定他的心理状态出现了异常。

（二）心理过程是否具有完整性和协调性

即人的心理活动中的认识、情感、意志三个过程的整体是否完整，是否协调一致。如一个人遇到原本应该悲痛的事情，他却异常地高兴、哈哈大笑、手舞足蹈，那么他的知、情、意三个过程就是不协调的。

（三）个性心理特征是否具有相对稳定性

即人的个性心理特征在外部环境没有重大改变的前提下，人的气质、性格、能力等个性特征相对稳定，行为表现出一贯性。如果一个人突然性情大变，应注意对他的心理健康进行进一步的评估。

具体界定心理健康标准时，还要从持续的时间长短、是否有典型精神疾病的症状、对社会功能的影响程度、有无自知力等方面明确判断。

三、心理健康的标准

世界卫生组织提出的心理健康标准是：具有健康心理、人格完整、自我感觉良好、情绪稳定、积极情绪多于消极情绪、有较好的自控力，能够保持心情平和、自尊、自爱、自信且有自知之明。在所处的环境中，有充分的安全感，并能维持正常的人际关系，受别人的欢迎和信任。对未来有明确的生活目标，脚踏实地，不断进取，有理想和事业上的追求。美国著名心理学家马斯洛提出的心理健康十条标准，被认为是“最经典的标准”。

1. 有足够的自我安全感。
2. 能充分地了解自己，并对自己的能力有适当的评价。
3. 生活理想切合实际。
4. 不脱离周围现实环境。
5. 能保持人格的完整与和谐。
6. 善于从经验中学习。
7. 能保持良好的人际关系。
8. 能适度地发泄情绪和控制情绪。

9. 在符合集体要求的条件下，能有限度地发挥个性。

10. 在不违背社会规范的前提下，能恰当地满足个人的基本需求。

四、大学生心理健康标准

心理健康没有绝对的标准，不同时代、不同个体、个体不同发展阶段、不同社会文化背景下存在一定程度的差异。大学生的心理健康，可从以下七个方面理解和认识：

（一）智力标准

智力水平正常是人正常生活的基本条件，良好的智力水平是个人学业成功、事业有成、生活顺利的心理基础。目前国内外常用的智力测验有斯坦福比奈智力量表、韦克斯勒智力量表等。一般来说，经历过中考、高考层层选拔的大学生群体，智力水平应是正常的，我们更关注大学生是否正常地充分地发挥了自我效能，即强烈的求知欲，乐于学习，能够积极参与学习活动。

（二）情绪标准

情绪是指人对客观事物是否符合自身需要所产生的一种主观体验和反映。心理健康的人总体心境是，积极愉快、乐观开朗、阳光自信、富有朝气、充满希望等积极情绪一般多于忧愁、悲伤、愤怒等消极情绪，情绪状态比较稳定，具有较好的情绪控制和调节能力，可以做到合理表达、适度宣泄，并与周围环境保持动态平衡。

（三）意志标准

意志活动是指人自觉地确定活动目标，支配自己的行动，克服重重困难，以实现预定的目标的心理活动过程。意志是成功做任何事情的阶梯。意志坚强者在自觉性、果断性、顽强性和自制力等方面都会表现出较高的水平。意志健全的大学生在各种活动中都有自觉的目的性，能适时作出正确、合理的决定，并勇敢科学地面对自己所遇到的问题。在困难和挫折面前能控制好自己的情绪和言行，合理处置，不会出现行动盲目、草率了事、畏惧困难、顽固执拗或者意志薄弱、优柔寡断、徘徊不前等意志不健全的反应。

（四）社会适应标准

良好的适应能力是心理健康的重要标志，不能有效处理与周围环境的关系，往往是导致心理疾病的原因之一。适应性主要包括：具有较好适应自然环境的能力；能建立积极而和谐的人际关系；能适应周围的人际关系；具有处理和应对家庭、学校和社会生活的能力。如作出决定、解决问题、思维判断、情绪控制、心理换位、人际沟通等能力。

（五）人格健全

心理健康的最终目标是，使人保持人格的完整性。健全统一的人格包括气质、能力、性格、信念、动机、兴趣、人生观、价值观等各方面协调统一，个体的所想、所说、所做都是协调一致的，具有正确的自我意识，不产生自我矛盾或混乱，有积极进取的人生能保持观作为人格的核心，并以此为中心，把自己的需要目标和行动统一起来。心理健康的大学生能够保持人格结构协调统一，其整体的精神面貌能够保持完整、协调、和谐的状态；其思考问题、待人接物，能采取恰当而灵活的态度，对外界刺激不会有偏颇偏激的情绪和行为反应，能够与社会的步调合拍，也能和集体融为一体。

（六）正确的自我评价

心理健康的大学生能自我洞察、自我认知、自我判断和自我评价，做到“自知”。虽然其心理状态会根据环境进行调整，但是通常不会出现大幅度偏离或波动。能恰如其分地认识自己，即对自己的能力、性格的优点、缺点都能做出比较客观的评价，既不盲目自大，也不妄自菲薄。能够自我悦纳；自己的生活目标和理想能够切合实际；“理想的我”与“现实的我”基本相符。不会对自己提出过分苛刻的期望与要求，能坦然接受自己的不足，同时能在此基础上努力发展自己的潜能，不断完善，即使对自己无法补救的缺陷，也能安然处之。

（七）年龄性格特征

心理活动特点应符合年龄和性格特点。人的一生要经历各个不同年龄阶段，每个年龄阶段都有相应年龄阶段的特点。大学生应具备与其年龄、性格和角色相应的心理行为特征。过于幼稚、过于老成或者萎靡不振、喜怒无常都是心理不健康的表现。

五、心理保健

为了减少人们，特别是大学生，心理异常的发生，提高其心理健康的水平，应从日常的心理保健做起。

（一）讲究心理卫生

心理卫生是指以积极有益的教育和措施，维护和改进人们的心理状态以适应当前和发展的社会环境。讲究心理卫生，首先，要注意用脑卫生；其次，要避免或减少心理失调或精神疾患的发生。另外，要及时排除各种负面情绪。

（二）培养和完善健全的人格

人格是个人在长期的生活过程中形成的独特的个性心理特征，一旦形成，就具有相对的稳定性，并在个体的一切生活中显示出其区别于他人的独特性。保持健全的人格，正确地评价客观事物。对待客观事物，能够采取恰当的态度、保持正常的情绪和情感、做出正确的行为反应。因此，培养和完善健全的人格对于心理健康的维护具有重要的意义。

（三）积极参与社会活动，懂得寻求社会支持

积极参与社会活动，对社会活动有强烈的兴趣，与社会一起健康发展。并且具有与人交往的能力，必要时勇于向他人，包括社会上各种服务性机构求助。懂得求助他人，包括善于主动寻求并听取他人的意见和忠告，借助于他人的知识、经验、思维方式，使自己摆

脱困境，有人将这类做法称之为“利用外脑”。

（四）坚持健康的生活方式

生活方式是指人们在日常生活活动中所遵循的行为规范，即习惯化了的生活与活动的形式。学生的健康生活方式包括以下五种。

（1）起居有常，睡眠起床有规律，保持充足的睡眠；

（2）一日三餐，平衡膳食，坚持吃早餐；

（3）控制体重，保持体重在正常范围内；

（4）适量运动，坚持有规律的体育锻炼；

（5）不吸烟，不饮酒。

拓展学习

【阅读知识】

什么样的人最快乐?

英国《太阳报》曾以“什么样的人最快乐”为题，举办了一次有奖征答活动，从应征的8万多封来信中评出了4个最佳答案。

1．作品刚刚完成，吹着口哨欣赏自己作品的艺术家；

2．正在用沙子筑城堡的儿童；

3．为婴儿洗澡的母亲；

4．经过千辛万苦的手术后，终于挽救了危重病人生命的外科医生。

第一个答案提示我们，人需要工作，工作会使人快乐；第二个答案提示我们，要学会快乐，需要充满想象，对未来充满希望；第三个答案提示我们，要学会快乐，需要心中有爱，那种无私的、不求回报的爱；第四个答案提示我们，要学会快乐，需要有能力，要有助人为乐的技能。这样的人，社会会给他最美妙的报偿，正所谓有付出，有所得。

人与人之间需要相互依赖、相互帮助，但不排斥独立自主、能够自我选择、自我决断，这是一个人能适应环境并拥有自信的表现。对环境的适应能力标志着一个人心理健康水平的高低。一个心理健康的人能够较快地适应变化的环境，即使突然发生意外或身处恶劣环境中，也能较快地应对环境的变化并保持心理平衡。

思考讨论

1．心理健康的标准是什么?

2．大学生心理健康的标准是什么?

3．大学生如何做好心理保健?

第二节　大学生常见心理问题

案例内容

相煎何太急——对投毒案的思考

2013年某日，某大学官方微博发布消息称，该校2010级硕士研究生黄某，经抢救无效，于15时23分在医院去世。经警方调查，在该生宿舍饮水机内剩余的水中检验出某些含毒化学成分，认定其同宿舍室友林某有作案嫌疑，林某已被警方刑拘。

从早期的“马加爵”故意杀人案之后，这又是一起典型的杀害同宿舍室友事件，引起了人们对大学室友关系的关注。

【简析】

两人同为大学生，又是一个宿舍的室友，应当友好相处。但林某究竟为何会下此狠手？

警方和校方之前透露，事件起缘于两人之间的小事。从微博上的“黄屌丝”之类的称呼我们可以看出，这属于大学生的心理顽疾，功利性的心态在作怪。而这种功利性的心态，是当代大学生要避免的。

【法律法规】

《刑法》第一百一十四条规定，放火、决水、爆炸、投放危险物质或者以其他危险方法危害公共安全，尚未造成严重后果的，处三年以上十年以下有期徒刑。第一百一十五条规定，放火、决水、爆炸、投放危险物质或者以其他危险方法致人重伤、死亡或者使公私财产遭受重大损失的，处十年以上有期徒刑、无期徒刑或者死刑。

一、常见心理问题

进入憧憬已久的大学，这是人生的一个重要节点。但很多新生却出现了难以适应的问题。大学生作为一个青年人群体，在社会变化迅速、竞争激烈、人际关系复杂的环境中，许多大学新生感觉不知所措，产生心理上的不适应，面临着适应成长的压力与困惑。根据心理问题的严重程度，可将大学生心理问题划分为：心理困扰、心理障碍和精神疾病三种类型。

（一）心理困扰

心理困扰是学生最常见的心理问题，因现实因素如生活环境、学习环境、人际环境等情境的变化引起适应不良或轻度的心理失调，持续时间较短，对学习生活有一定影响，但在理智控制下没有严重破坏社会功能，情绪反应未泛化。心理困扰一般通过自我调整和心理疏导可以得到恢复和自愈。

1. 环境适应不良

大学生来自全国各地，各自的家庭环境、教育环境、成长经历、学习生活基础等都存在差异，进入大学后，生活和环境适应问题广泛存在。目前，很多大学生是独生子女，自理能力、适应能力和调整能力相对较弱，入学后急需在自我认知、同学交往以及语言、饮食、生活习惯等方面调整和适应，培养自己独立生活、独立工作的能力，这对部分大学生而言是需要面对的问题。

【案例1】

想家的“外来妹”

某高校大一新生李某，军训开始后就一直闷闷不乐，每天都独自一人没有同行伙伴。感觉学校这边的天气特别的潮湿，自己总是感冒生病；学校的食堂饭菜不对胃口；宿舍里室友都是学校当地人，就自己一个“外来妹”，感觉非常孤独失落；军训时多次中途请假，想家、想家人，甚至想退学回家。有时候会躲在被窝里偷偷地哭泣。

【简析】

气候环境、饮食习惯等变化引起的不适应。有的学生从北方来到南方学习，南方夏天酷热、冬天阴冷，饮食方面也多辛辣，很多同学除对客观环境不适应外，还常常伴有心理的不适，甚至想逃离当下环境，难以自控地想家，严重的会影响学生的学习和生活。

环境变化引发心理冲突。大学生的生活环境与高中时期有着很大的不同。首先大学生要自己安排生活，靠自己的能力处理学习、生活、人际等方方面面的问题，但据调查，80%的学生以前在家没有洗过衣服或很少洗衣服，生活自理能力弱，对父母有较强的依赖性。生活问题对这部分学生造成了一定的压力。针对这种情况，首先，提高独立生活能力，这是入学适应的第一步，也是适应社会生活的重要一步。其次，需学会正确地评价自己，在不同环境下能够客观地评价自己及他人的长处和短处，并认识到优点、缺点是每个人都有的，应当发扬优点，克服缺点，而不应因为缺点的存在就自卑或自暴自弃。

适应环境，包括生活环境、学习环境，能够快速感知环境信息，能够主动主观能动的制定相应计划和对策，来应对环境的变化，对于大学生来说，健康的心理一定要能调整个人的生活习惯、行为，快速适应校园生活和学习的环境变化。

2. 人际关系

由于长期受应试教育的影响，多数学生的性格较为封闭，人际交往能力相对较弱。进入大学后，如何与周围的同学友好相处，建立和谐的人际关系，是大学生面临的一个重要课题。

【案例2】

不习惯的宿舍矛盾

大一新生王伟（化名），家中条件不好，姐妹较多，他排行老大，家里对他的期望较高，希望他能够成为妹妹们的榜样。他高中时习惯了走读生活，上大学后喜欢独来独往，偶尔跟爱学习的同学一起，作息时间规律，早睡早起，不习惯宿舍的集体生活，现在室友的作息较晚，生活习惯不一致导致发生宿舍矛盾。他感到被孤立和冷落，感觉自己孤单、无助，一切都很不顺，大哭不止、焦虑、想家。

【简析】

（1）生活短期走出“舒适区”。离开了家人的照顾，不再有人帮着洗衣、收拾房间等，都要靠自己动手。而且居住环境可能不如家庭舒适，宿舍空间相对于家里房间较小，而且还要与来自天南地北的室友共同居住，不同生活习惯难免产生小矛盾或者摩擦，部分同学会出现压抑、拒绝沟通等情况。

（2）换位思考，主动融入新的集体生活。不要“以自我为中心”，遇到问题不要逃避，要主动解决问题，必要时可以向辅导员和同学求助。

3. 学业问题

进入大学，本想放松一下，但新的竞争又开始了，大家又站到了新的起跑线上，并且各地的高中教学质量和学生对基础知识掌握的程度存在差异，导致大学生入校后短暂松懈和自我加压对比明显。因为大学学习方法与中学学习存在很大不同，所以很多学生存在学习方法、学习态度、学习兴趣、考试焦虑等问题。还有的学生对所选的专业不感兴趣，硬着头皮学，总是效果不好，成绩不理想。学习压力大、学习动力不足、学习目的不明确等学业问题是困扰大学生心理的主要原因之一。

【案例3】

学业的烦恼

李峰（化名）是刚进入大学的新生，他性格活泼开朗，处事热情积极。入校之后，相对其他学生来说适应得快。在军训期间，他根据个人的兴趣爱好参加了学生社团组织。随后，又通过竞选加入了学生会，军训结束后，大学生活步入正轨，李峰发现紧凑的课程与大量的社团工作还有学生会干部工作相冲突，特别是专业课程，学习起来比较困难，每天繁忙的社团工作、学生会工作压力和学习压力成了李峰的“三座大山”。学校社团和学院学生会陆续组织了系列活动。李峰作为学生会成员，承担部分组织和服务工作，占用了大量的个人时间，经常忙到深夜，更是让李峰喘不过气，时常觉得每天的忙碌并没有意义，负担沉重，每天在担忧中度过。出现了焦虑、烦躁情绪，学习状态欠佳，人际关系也开始出现紧张和矛盾。

【简析】

大一新生刚步入大学校园，还未从高中时的学习、生活习惯中转变过来，要适应新的校园环境，新的学习方式，新的人际关系，出现一些不适应属于正常状态。大学新生初入校园，脱离了高中时期的管理模式，来到更强调自主管理的大学，各方面都发生了不小的变化，很多学生会产生不适应的心理。

李峰对个人的大学生活有比较明确的追求，但是缺乏科学的时间管理意识，对学生会的工作流程不熟悉，导致他耗费大量个人空闲时间去完成任务。建议向辅导员和相关老师及学长求助，尽快熟悉工作流程，提高工作效率，合理安排时间，尽快适应大学生活。

大学学习方式的转变与中学单一的学习环境相比，大学的学习压力较大，需要学生培养自身的自学能力，有的同学习惯了老师的督促、家长的照顾，缺少自主学习的经验和调整自己适应环境的能力，会因此感觉到吃力、困难，出现疲劳和焦虑的情况。

4. 恋爱问题

爱情是一朵娇艳而美丽的玫瑰，每个人都渴望拥有它的芳香，但它带来的痛苦未必每个人都有所准备。很多人都是在经历几次恋爱后，才遇到了真正适合自己的伴侣。尽管如此，在青春年少的时候，爱而不得或得而复失总是那么刻骨铭心、难以忘怀，给人造成心理的创伤。恋爱是大学生人生发展要经历和学习的重要课题，分享一个人的自我和一个人的所有，是走向婚姻、建立家庭的重要过程，是从学生到成人的重要的里程碑，也是个人发展和成长的重要阶段。

【案例4】

求爱遭到拒绝

林媖（化名），女，22岁，某专业大三学生。能到省城上大学，林媖感到十分高兴。到校后，学习刻苦、成绩优异，大一时曾被评为三好学生。随着年龄的增长，对爱情的憧憬与日俱增，她开始喜欢上本专业的一位男生。当她把自己的感情向该男生诉说时，却遭到婉言拒绝。寒假时她忍不住又写了一封信给那位男生，但他已经离开家和顺路的同学一起返校了，男生的哥哥便把这封信原封不动地转寄到了学校。信到校后，同寝室的同学以为他家里出了什么事，便私自拆开了信，此事被意外地公开了。消息一传出，原本内向、忧郁的林媖，心情更加沉重了，心里的矛盾也更大了，为此，她整天精神恍惚，萎靡不振，夜不能寐，觉得丢了面子，做了件丢人的事。看见同学们在一起说笑，她就以为同学们在取笑她，她便上前去和同学们解释，可自己又说不明白，搞得满城风雨。为此，她经常头痛，胸中憋闷，度日如年，无法集中精力学习，甚至产生自杀念头。她写完给系领导、父母、同学的告别信，便吞服了大量的安眠药。幸亏老师、同学发现及时，把她送到校医院被抢救过来。

【简析】

"落花有意，流水无情"，单恋是一种深沉而无望的爱恋，具有痴迷而深刻的痛苦色彩，严重者会相思成疾，甚至绝望厌世。当表白被拒绝后，林媖一方面感到自己的行为有愧于父母，另一方面感到自尊心受到创伤，在同学中抬不起头，产生了焦虑、抑郁，甚至有轻生之念。事实上她追求自己的爱情、向心中喜欢的人勇敢讲出自己的真心话，这是大胆追求美好生活的表现，并没有什么过失，更没有错，不应该自责。但是，爱情是相互的，每个人都有爱与不爱的自由，不能得到一个人的爱情，不等于失去所有的爱。居里夫人19岁时曾爱上了一位英俊而富有的青年学生，由于家庭的反对，那位大学生又无力抗争，使她不得不承受失恋的痛苦。但她很快理智地控制了自己的感情，失恋而不失志，集中全部精力投入到科学研究之中，获得了新的科学发现，之后获得了新的爱情。

【案例5】

当分手已成事实

杨妍（化名），女，19岁，某高职院校二年级学生。她说，近一个月以来内心非常痛苦，有时候难受得用头撞墙，甚至想到了自杀，但又不敢那样做。原因是，在寒假里，男友向她提出了分手，她一直无法接受，感到很伤心、很无助，很不甘心同时又很压抑。心里总是想着以前俩人在一起时开心快乐的时光，现在面对他冷漠无情而又决绝的态度，她总是不能相信那是真的，总是幻想着两个人还能和好。心里很苦很累，这一两天更是感觉自己快要崩溃了，再也承受不住了……

【简析】

失恋带来的悲伤、痛苦、绝望、忧郁、焦虑、虚无等情绪使当事人受到伤害。失恋是人生中严重的心理挫折之一。失恋所引起的消极情绪若不及时化解，会导致心身疾病。小杨应面对现实，接受分手的事实，而不应一味地停留在过去的回忆以及和好的幻想里；进行积极的自我心理调适，比如找亲人或知心好友倾诉、适当地把情感转移到其他的人或事物上，学会辩证地看待问题等；尽快地消除心灵的创伤，恢复心理的平衡与健康。更不要因为失恋而去做一些伤害自己或让人无法接受的事情，要尽快走出悲伤，开始新的生活。

【案例6】

因失恋而断指自残

张栋（化名），男，20岁，某高职院校三年级学生。面对女友向其提出分手，他痛苦万分。某日中午在教室用特意买来的一把菜刀将自己的一截手指剁下，事发后被同学及老师及时送往医院急救。

【简析】

面对失恋的挫折和打击，没有采取积极的应对方式进行自我心理调节，而是采取消极和毁坏性的方式来应对，不仅于事无补，反而加深了对自己以及对父母等亲人的伤害，甚至会对社会造成负担和影响。大学生应理智地对待失恋，积极面对、正确对待、冷静处理，尽快消除心灵的创伤，保持心理的平衡和健康。

【案例7】

“情敌”导致的校园严重伤害

不久前某高校医学部大三学生崔某被人用利器砍死，事发现场在学校南区教学楼。在师生们惊愕叹息之中，死者一同学被警方带走。据了解，此前两人都追求过同一个女生，曾为一些过节大打出手……

【简析】

对于陷入恋情中的一方来说，来自“情敌”的压力最后积聚起来的破坏力是很大的。当一方觉得自己受到伤害时，本能地愤怒和攻击，特别是以一种极端行为进行发泄，那么就可能对他人产生严重暴力倾向。

“多角恋”潜伏着极大的危险性，有的学生或因择偶标准不明，或因恋爱动机不纯，或因虚荣心作祟，或因不善拒绝，不能在恋爱期间履行忠实的义务，不仅自己身心疲惫，还可能带来十分危险的后果。

【案例8】

同性恋者痛杀“男友”

某大学一名男生杀死与其十分要好的另一名男生，据警方调查，该男生与其男友是恋人关系，而其男友则为双性恋，同时与另一名女生有恋爱关系。该男生认为其男友背叛了他，一怒之下将其男友杀死，铸成大错而无法挽回！

【简析】

同性恋、异性恋和双性恋，被认为是不同的性倾向。大学生中同性恋者倾向追求相对稳定的感情和生活。本案例中的男生由于发现自己的同性恋男友“背叛自己”而采取了过激行为，造成恶劣后果。

如何面对恋爱导致的心理问题，困扰着许多大学生。莫里哀说：“爱情是一位伟大的导师，教我们重新做人。”大学生可以从以下四个方面来转移和缓解自己的痛苦。

（1）树立正确的爱情观，辩证地看待感情挫折。

只要有人存在，就会有种种需要，就会有因需要得不到满足或行为目标无法实现而产生的挫折。“月有阴晴圆缺，人有悲欢离合。”人生在世，不可能事事如意，遇到感情挫折是在所难免的，关键是如何正确对待，不被挫折和失败所困扰。感情挫折给人带来工作的损失和内心的痛苦，但也能磨炼人的意志。大学生要树立科学的爱情观，辩证的挫折观，以正确的心态对待恋爱问题。

（2）还可以和他（她）做朋友。

在刚失恋时，和他（她）做朋友几乎不大可能。适当减少联系，对你的情绪改善是有帮助的。在大学里，彻底摆脱某个人很困难，但是保持尽可能远的距离是必要可行的。同时，随着时间的流逝和情感的淡化，原来的恋人可能会变成好朋友。大学生要在恋爱中成长，学会理解爱、学会选择爱、学会发展爱、学会放弃爱。

（3）悦纳自己提高自信。

失恋使个体出现情绪上的剧烈变化，更为重要的是，每个人都会竭力试图解释自己为什么会失恋。有时候我们遭遇伤害，不是因为我们失去了某人，而是我们通过失恋事件看到了自己的内心世界。失恋往往会勾起我们对自我意识的审视，而这种审视必然会使自尊心受到重创。我们会对自己感到伤心，怀疑自己是不是不够优秀？甚至觉得再没有人会爱我们了。所以有必要澄清这些观念，一个人无法控制两个人关系的开始与结束，你没有必要一个人独自承受分手的责任。努力去做能给自己成长带来信心的事情，接受自己，悦纳自己。

（4）失恋也是一种经验学习。

把失恋的经验当作是一种学习，是最好、最科学的心理调适。做到失恋不失态，失恋不失德，失恋不失志，失恋不失命，从作茧自缚的“单相思”和痛不欲生的“失恋”中摆脱出来。在失恋中总结经验和教训，为下一次恋爱建立一个更好的基础。你可以更加小心地保护自己不受伤害，但不要因为担心再次陷入爱河而远离异性朋友。在你真正拥有亲密爱人之前，是需要时间和实践的。所以失恋也是一种经验学习。

（5）学会情绪转移和情感释放。

遭受感情挫折后，要积极把自己从痛苦的情绪中解脱出来，主动向家人、老师或同学、朋友倾诉心中不快，改变内心的压抑状态。多想想美好的未来，把注意力集中到今天和明天，而不要凝固在昨天。“山重水复疑无路，柳暗花明又一村。”要相信事物是发展变化的，通过自身努力，未来充满希望，前程定会美好，从而积极走出心理阴影。

5. 现实的落差

苦学十几年，终于走进了向往已久的大学校门。然而，理想与现实之间总是存在一定距离。一些同学因为对环境的失望而导致学习兴趣减弱，陷入心理误区，导致学习成绩下降，无法正确面对学业问题。

【案例9】

现实的落差

小龙，男，20岁，某高校信息传媒专业大一年级新生，入校前是某地区重点中学学生，学习成绩一直名列前茅，一直是受人注目的出色学生。但高考的失利导致未能就读理想的大学和专业，对目前就读的大学和专业的不满，使他产生了极大的失落感。进入大学后，对专业课程学习无兴趣。为了排遣自己的失落，他尝试竞聘学校学生会干部，但又发现自己之前除了学习，没有其他同学多才多艺，组织管理能力也比较弱。这让他情绪很低落，对自己的未来很困惑、茫然，不知该怎么做。

【简析】

能进入大学的学生，通常是中学时代的佼佼者，而大学又是人才众多、精英汇集的地方，这种反差让那些对陌生环境适应能力较差的同学难以找准自己的位置，会暂时出现一个迷茫期。一般来说，发生这种情况的都是一些平时成绩较好，对自我要求比较高、喜欢追求完美的人。在大学里，考试成绩的好坏，与奖学金、评优、考研乃至就业等有着密切联系，如果过于看重这些，就容易造成紧张心理。

在大学中，评判学生优劣的标准不是单纯的学习成绩，而是包括了组织管理能力、人际交往能力及其他一些因素，这种标准的多样化，使部分成绩优秀而其他方面平平的学生感到不适应，其自尊心受到强烈震撼，心理上产生失落和自卑。如果不能及时调整对于自我的认知，会造成心理状态的严重失衡。

无法走出高考失利的阴影，没有进入自己理想的院校，退而求其次，却又心有不甘。潜意识也存在抵触心理，将所在学校的缺点放大，难以融入校园生活，内心感觉格格不入，在否定环境和否定自我之间游走，严重的会导致抑郁、自闭，影响学习和生活。“山外有山，人外有人”，这本是正常现象，正确的心态应该是奋起直追，迎头赶上，而不能自怨自艾、自暴自弃。

6. 沉迷网络

沉迷网络正越来越严重地影响着大学生们的学业、生活、交际和身心健康。国内几家大型网游公司都认为，大学生已成为网游的骨干力量。由此可见，“祸起象牙塔”并非危言耸听。沉迷网络对大学生的伤害很大，大部分沉迷网络的学生都不善交际，性格相对内向，甚至做事极端，情绪波动大，易产生抑郁等不良状况。

【案例10】

沉迷网络游戏的小鹏

小鹏，男，19岁，某高校大一学生。入校以来，小鹏沉迷于网络游戏，开学第一个学期，每天上网平均超过六个小时。自称每天只想上网，上网占据了他的大部分时间和精力，学习成绩急剧下降，期末考试两门不及格。新学期开学后，他依然无心学习，尽管每天晚上睡觉时他都会责怪自己，不应该这样虚度光阴，并要求自己明天不再上网，但是第二天又依然如故，不上网就会感到无事可做，情绪低落，上网是他逃避和缓解现实痛苦的唯一出路。沉迷于电脑游戏、手机游戏，熬夜、作息不规律，甚至逃课，长时间上网玩游戏，他感到自己不适应现实生活，深深地陷入到焦虑之中。

【简析】

相对于学业繁重的高中阶段，大学期间空闲时间增多，如何安排好自己的空闲时间也成为大学生面临的一种考验。有的同学没能培养积极向上的兴趣爱好，沉迷网络危害身体健康，影响学习、人际交往，有的甚至出现自闭和沟通障碍等情况。

7. 升学和就业压力

为了应对就业市场带来的挑战，不少大学生毕业后备战考研，想要通过学历的提升，获得更多的就业机会和发展空间。几乎所有大学生都曾经为是否考研纠结过，考研意味着继续学习，和众多优秀的大学生一起竞争上岸名额；如果不选择考研，就将直面就业，在社会上寻求工作机会，二者哪个都不容易。教育部公布2022年高校毕业生人数达到1076万人，相比2021年多了176万人。高校毕业生越来越多，学生就业压力越来越大，因升学和就业压力带来的大学生心理问题也日渐凸显。

【案例11】

考研的焦虑

王燕（化名）是某职业高校中文师范专业的学生。从高中起，她就是班里的“尖子生”，高考那年因身体原因和临场发挥欠佳，没能考上如意的大学，而选择了某民办职业大学。当时她心里很不是滋味，不想上。父母再三做她的思想工作，说是先上为好，只要她好好学习，毕业时再考研，家里一定尽全力支持她。自她入学以后，父母经常到学校来帮她洗衣叠被，并走访老师，鼓励她一心一意学习，不要分心。父亲说，只要她能考上研究生，做什么都可以。父母的过分关注使王某背上了沉重的心理包袱。她总担心自己万一考研失败该怎么办，越担心越不能集中精力，学习成绩由班上前几名掉到中游。

随着毕业的临近，她的精神越来越紧张，时间一长，精神不堪重负。现在一天到晚神思恍惚，心烦意乱，拿起书就头疼。有时父母大老远来学校看她，她却避而不见。平时总认为别人都在嘲笑自己，说自己的闲话，夜里失眠，白天昏昏沉沉。离毕业只有三个月了，她却无法坚持下来，不得不休学回家。

【简析】

在日常生活中，人们常常会有焦虑情绪，比如临考前、上讲台前，刚进入一个新的陌生环境中等，这是正常的。而焦虑症，是一种心理疾病，其主要特征是，无时不紧张、无时不害怕，整天为某件或某些事担忧，惶惶不可终日，产生诸如失眠、心悸、头昏、乏力等症状。焦虑的产生一是个人原因，二是环境原因，往往是心理承受能力差的人在外来压力下，内外因素共同促使产生的。像王某的表现，除自身控制把握能力差，还有父母的极度期望促使其症状加剧。

【案例12】

就业的困惑

大学生小李说："转眼就要毕业了，我很担心自己的就业问题。平时成绩不是很好，找不到一份好一点的工作，对辛辛苦苦供自己念大学的父母来说，有点残忍；考研吧，家里又没有钱。自从实习后，我就很茫然，看着同学们都在忙着写自荐材料，联系单位，我都不知道自己到底该干什么，课也不想去上，没事就在街上瞎逛，走在路上也总是一副失魂落魄的样子。我知道自己现在的状态很不好，可是又实在没有办法。"

【简析】

如今就业形势严峻，面对来自社会、家庭以及自身的重重压力，有些人对未来充满了恐惧，产生难以把握自己的感觉。这是典型的"就业恐惧症"。面对未知的将来，即将毕业的大学生极易产生这样的焦躁心理。如果同学们能把就业挫折看作是对自己的一次考验，或者能认识到"所谓的好工作，并不一定会适合自己特长和才能的发挥"，那么就业挫折就会大打折扣。

8. 经济压力导致自卑心理

经济上的压力使部分贫困生自尊受创，造成性格孤僻、心情忧郁、烦躁不安，导致学习成绩下降，人际关系冷漠，记忆力下降，严重地影响了他们的学习、生活和身心健康。

【案例13】

贫困生的烦恼

付沉（化名），男，20岁，来自西北偏远农村，家庭贫困，是家里倾囊供出的大学生，家长对他期望非常高。他从小学习非常刻苦，考上大学实属不易。他从小学习成绩一直名列前茅，是老师夸奖、同学们羡慕的对象。但是进入大学后发现，校园里人才济济，高手如云，同学们出类拔萃，才华横溢，同宿舍的几个舍友都家境优越殷实，而且多才多艺，跟他们相比，经常自惭形秽。他不愿与人交往，觉得自己就像一只"丑小鸭"。付某越来越自卑和封闭，学习成绩也一落千丈。情绪和精神状态也越来越差，最近出现了失眠、焦虑，他想退学又觉得对不起父母，想积极上进又感觉自己什么都做不好，内心非常矛盾和痛苦。上课时注意力难以集中，不愿参加集体活动，经常独来独往，不愿意与同宿舍同学交流，整天愁眉苦脸，逐渐对大学生活失去了兴趣，十分烦恼。

【简析】

自卑是一种自我否认、对自己没有信心，也对自己不认同的心理表现。当人的自尊需要得不到满足，又不能恰如其分、实事求是地分析自己时，就容易产生自卑心理。部分同学进入大学后的优越感逐步降低，甚至没有了，则会产生极强的失落感，原有的优越感就会变成自卑感。有的同学还会因为家庭经济条件不好，被同学们冠以"贫困生"而感到自卑。

（二）心理障碍

心理障碍是指一个人由于生理、心理或社会原因而导致的各种心理功能紊乱，是一个人表现为没有能力按照社会认可的适宜方式行动，以致其行为的后果对本人和社会都是不适应的。它可概括为三种形式：一是心理机能失调，认知情感或者行为机能的损伤；二是给个人造成痛苦；三是出现非典型的或者非正常逻辑所预期的行为。

当心理活动异常的程度达到医学确诊标准时，我们就称之为心理障碍，心理障碍强调的是这类心理异常的临床表现或症状，不被当作严重疾病看待。主要包括：神经症性障碍（强迫症、焦虑症、恐惧症、神经衰弱等）、人格障碍、性心理障碍等，这类心理失调需要接受专业人员的帮助或治疗。

1. 焦虑症

焦虑症是一种神经性情绪障碍。主要表现为过度担心的心理体验和感受。焦虑情绪是焦虑症最核心、最重要的情感体验。情绪表现为：紧张、不安、难以控制地忧虑；即将到来的危险、恐慌或厄运感；烦躁、易怒。行为症状包括：自主神经紊乱，如头晕、胸闷、心悸、出汗、尿频、肌肉紧张、呼吸困难等症状。运动性不安，如坐立不安、坐卧不宁、甚至急性惊恐发作。焦虑症的表现，如图6-2所示。

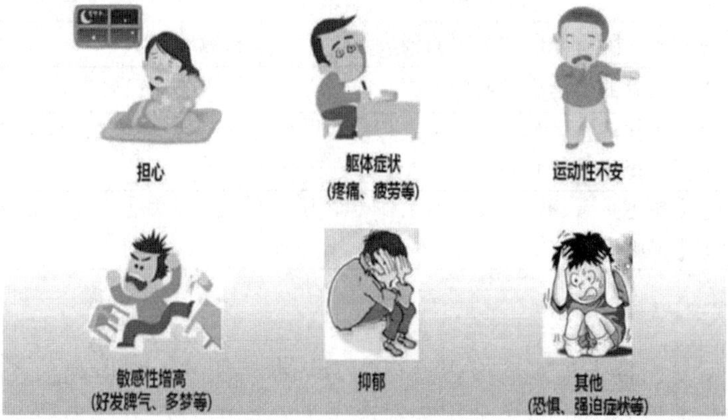

图 6-2　广泛性焦虑症的表现

【案例1】

我得焦虑症了吗？

晓辉（化名）是个大三学生，自述最近经常心浮气躁，无法静下心学习，睡不好觉，吃不好饭，还总想发脾气；马上要考研了，感觉自己还差得很多，看到宿舍的同学学习状态很好，自己心里特别着急，但就是学不进去，记不住东西，效率很低。有时候想要一天24小时都用来学习，追上他们，可是这样只能坚持一天，第二天又没精打采，昏昏沉沉。有时候觉得干脆放弃吧，“躺平”了也许就不焦虑了？最近他在网上做了个心理测试，结果是中度焦虑，他自问：“自己是不是得了焦虑症？”

【简析】

焦虑症是以广泛和持续性焦虑或反复发作的惊恐不安为主要特征的神经症性障碍，患病者的焦虑与惊恐情绪表现，并非由实际威胁或危险所引起，或其紧张不安及惊恐程度与现实处境不相称。焦虑症与正常焦虑情绪是不同的，首先，它是无缘无故的，没有明确对象和内容的焦虑、紧张和恐惧；其次，它指向未来，似乎某些威胁即将来临，但是病人自己说不出究竟存在何种威胁或危险；再次，它持续时间很长，如不进行积极有效的治疗，较难痊愈；最后，焦虑症除了表现出持续性或发作性惊恐状态，同时伴有多种躯体症状。

克服学习中的过度焦虑，一是自我反省。要正确认识和评价自己的能力，调整自己学习的抱负目标和期望水平，使之切合自身和客观现实。二是肯定自我。要增强自信和毅力，不怕困难与失败，勇于迎接学习中的挑战，保持适度的自信心，克服虚荣心理。三是要提高学习效率，掌握学习技巧。做到心中有数，有备无患。四是加强心理调节，善于释放压力。学会放松，保持情绪的愉快和稳定。

生活中很多人都有过焦虑情绪，注意区分焦虑情绪和焦虑症，以免产生不必要的恐慌。焦虑情绪与焦虑症对照，如表6-1所示。

表 6-1　焦虑情绪和焦虑症对照表

表现类别	焦虑情绪	焦 虑 症
持续时间	时间短，随着原因的消失而消失	持续时间久
形成原因	十分明确的生活事件或应激源	原因不明已经泛化
躯体症状	轻微躯体症状（如适度的大脑兴奋、思维敏锐、机体紧张状态）	多种躯体症状，自主神经紊乱，运动性不安
日常影响	适度焦虑具有积极意义，对工作（学习）生活影响不大	对外界失去兴趣，缺乏安全感，严重影响日常活动

2. 强迫症

强迫症是以反复出现强迫观念或强迫行为为基本特征的。强迫观念表现为某些思想、表象和意向以刻板的形式不由自主地出现在患者的意识中。强迫行为是指重复出现的刻板单调的动作或行为。其特点为，有意识的强迫和反强迫并存，一些毫无意义、甚至违背自己意愿的想法或冲动反反复复侵入患者的日常生活。患者明知这些想法和行为没有必要，既多余又无现实意义，很想摆脱却无能为力，因而感到痛苦。

强迫症的人格多有一定的偏移，主要特征是，过分追求完美，容易将冲突理智化；过分内省自制，过分注重细枝末节、循规蹈矩，不能从宏观上统观全局；遇事优柔寡断、思虑过多，喜欢钻牛角尖。一般来说，强迫症的形成与患者的成长环境和幼年教育方式关系很大，是典型的心理冲突疾病。

【案例2】

控制不住的“洗手”

小宁是某高校的大二女生，人很文静，生活有条不紊，学习认真，待人真诚。每天回家，第一件事就是洗手。每次洗手时间超过十几分钟，洗完还想洗，洗完以后一定要拿酒精棉球消毒一遍，总觉得手上的细菌洗不掉。冬天手都洗得发白了，出现了冻疮，就是控制不了，还是要洗。有时心里也很痛苦，别人知道以后感觉她很怪，但她就是无法控制。

【简析】

（1）强迫倾向。普通人有时也会有强迫倾向，但是强迫症患者往往沉浸在“强迫和反强迫”的旋涡里无法自拔。他们希望自己的头脑里再也不要出现一丝的强迫观念了，这种完美主义的“反强迫观念”，成为发病的重要因素。

（2）强迫的泛化。最开始患者强迫的只有一个观念，但到后来，强迫的观念越来越多，一个接着一个。它们可能是同时强迫，也可能是一个替代一个地强迫。

一高校在对学生进行心理健康普查中发现，大学生强迫症正呈上升趋势，“3000多名学生中筛查出近200人有强迫症或强迫症倾向”。强迫症治疗的关键在于患者能否勇敢理智地面对它。大学生一旦被确诊为强迫症，需接受正规治疗。

3. 恐惧症

恐惧症原称恐怖性神经症，是指患者对外界某些处境、物体或与人交往时，产生异乎寻常的恐惧与紧张不安，可能会出现脸红、气促、出汗、心悸、血压变化、恶心、无力甚至昏厥等症状，因而产生回避反应。患者明知这种恐惧反应是过分的或不合理的，但仍反复出现，难以控制，于是极力避免导致恐惧的客观事物或情境，或是带着畏惧去忍受，因而影响其正常活动。恐惧症分为广场恐惧症、社交恐惧症和特定恐惧症。患者的恐惧局限于特定的情境，如害怕接近特定的动物，或者害怕高处、雷鸣、黑暗、飞行、封闭空间、进食某些东西、目睹流血或创伤等促发惊恐的具体情境。

【案例3】

社交恐惧症

小磊，男，20岁，大一学生，从农村长大，是家里的独子。父母与邻里关系处理得不好，小学五年级时，他和邻居小孩打架，父母双方也因此打在一起。从此，父母不允许他跟邻居孩子玩，告诉他“不交往，就不会有问题”。活泼爱动的他变得沉默寡言，与同伴交往很少，对自己要求严格，生怕出错。而后遇到很多事情开始感到紧张，走路紧张，说话紧张，特别是当众发言时更紧张得说不出话来。害怕交往，害怕出现冲突，遇到陌生人就紧张，甚至呼吸急促，不能控制。进入大学校园后，内心感到越来越孤独，情绪时好时坏，影响学习，感到痛苦。

【简析】

社交恐惧症一般表现为害怕在人群中被人审视，一旦发现别人注意自己就不自然，不敢抬头、不敢与人对视，甚至觉得无地自容。不敢在公共场合大声说话，集会不敢坐在前面，故回避社交，在极端情形下可导致社会隔离甚至抑郁症等出现。

4. 人格障碍

人格障碍是指明显偏离正常且根深蒂固的行为方式，具有适应不良的性质，其人格在某些地方或整个人格方面出现异常。由于这个原因，病人遭受痛苦或使他人遭受痛苦，或给个人或社会带来不良影响。人格上的某种异常妨碍了他们的情感和意志活动，破坏了其行为的目的性和统一性，给人一种异于常人感觉，在待人接物方面表现尤为突出。人格障碍通常开始于童年、青少年或成年早期，并一直持续到成年乃至终生。部分人格障碍患者在成年有所缓和。人格障碍主要有：偏执型人格障碍、反社会型人格障碍、表演型人格障碍、强迫型人格障碍、冲动型人格障碍、分裂型人格障碍等类型。

（三）精神疾病

精神疾病是指在各种生物学、心理学以及社会环境因素影响下，大脑功能失调，导致认知、情感、意志和行为等精神活动出现不同程度障碍，为临床表现的疾病。当前大学生常见的精神疾病有精神分裂症、情感性精神病等。

1. 精神分裂症

精神分裂症是一组病因未明的慢性疾病，临床上往往表现为症状各异的综合征，涉及感知觉、思维、情感和行为等多方面的障碍以及精神活动的不协调。主要有偏执型精神分裂症、青春型精神分裂症、紧张型精神分裂症、单纯型精神分裂症、残留型精神分裂症等类型。

患者一般意识清楚，智能基本正常，但部分患者在疾病发作过程中会出现认知功能的损害。病程一般迁延，呈反复发作、加重或恶化倾向，部分患者最终出现精神衰退和精神残疾，部分患者经过药物治疗与心理治疗后，可保持痊愈或基本痊愈状态。

2. 情感性精神病

情感性精神病是一组以情感障碍为原发性症状、呈周期性发作、间歇期内完全正常的精神病。主要有抑郁症、躁狂症、双向情感障碍等类型。

（1）抑郁症。

抑郁症是以情感低落、思维迟缓以及言语动作减少、迟缓为典型症状的一组情绪障碍综合征。主要表现为“三低”即：情感低落、思维迟钝、行为减少。“六无”：无趣、无助、无能、无力、无望、无价值，严重时有自杀倾向。抑郁情绪是抑郁症最核心、最重要的特征。在现实生活中，很多人混淆了抑郁情绪和抑郁症，导致了不必要的精神压力。而抑郁症却经常得不到正确的诊断，延误了病情。因此，对抑郁症的诊断需要到专业医疗机构，请专业的精神科医生进行诊断和治疗。

【案例4】

抑郁的小云

小云，20岁，某大学学生，因抑郁症休学已经3个月，开始时夜间睡眠差，严重时整晚不能入睡，白天则觉周身乏力，头晕不适，且自觉学习、生活都成了一种负担，逐渐不去上学。多处就医均未发现明显异常，一些口服药效果不佳，在亲属的建议下入院就诊。进行了多次心理治疗，症状缓解后复学。这是一个性格内向、很有主见的女孩，3岁时父亲去世，母亲没有文化。她和母亲及和同母异父的弟弟一起生活在某城市，继父仍在老家，很少与他们在一起。

【简析】

持续时间为3个月以上的弥散性消极心境，主要表现为对生活提不起兴趣，伴有负向的自我评价，且有睡眠障碍、身体乏力等症状，常常顾虑重重，并有自杀倾向。要排除是否存在其他精神病性症状，如幻觉、妄想等，并了解其是否有自知力。抑郁症并不可怕，只要接受及时、正确的治疗，很快就会恢复。抑郁症患者需要做到以下四点。①接受药物治疗。用来改变脑部神经化学物质的不平衡，包括抗抑郁剂、镇静剂、安眠药、抗精神病药物，但都需要在精神专科医生指导下用药。②接受心理治疗。改变不适当的认知或思维、行为习惯，应求助于专业心理治疗机构及专业人员。③享受阳光及运动。阳光中的紫外线有助于改善人的心情。多做运动，可使心情得到意想不到的放松。④保持良好的生活习惯。有规律与安定的生活是抑郁症患者最需要的，保持心情愉快，不要陷入自己假想的心理旋涡中。抑郁情绪和抑郁症的区别，如表6-2所示。

表6-2 抑郁情绪和抑郁症对照表

表现类别	抑郁情绪	抑 郁 症
抑郁的持续时间	持续两周以内	持续两周以上
形成抑郁的原因	十分明确的重要生活事件，未泛化	原因明确或不明；已经泛化
一天中情绪变化	无固定模式	晨重昼轻
日常生活中的变化	对工作（学习）或者做家务影响不大	严重影响日常活动；缺少社交意愿
自杀意愿	不常出现	经常出现

（2）躁狂症。

躁狂症以情感高涨或易激怒为主要临床表现，伴随精力旺盛、言语激烈、活动增多，严重时伴有幻觉、妄想、紧张症状等精神病性症状。躁狂症发作时间通常会持续一周以上，一般呈发作性病情，每次发作后进入精神状态正常的间歇缓解期。大多数病人有反复发作的情况。

核心症状是伴随思维奔逸、意志行为增强、协调性精神运动性兴奋。异乎寻常地心情高兴，兴高采烈，从无难事（情感高涨）；有人表现为一点小事或稍不随意就大发脾气（易激怒），在严重的易激怒情况下可能出现冲动行为。思维奔逸，联想加快，言语增多，滔滔不绝，患者自身感到脑子变得非常灵敏、聪明、反应迅速，夸大想象。患者精神运动性兴奋，活动多，好交往，好管闲事，要干大事，要做许多事，不停忙碌（意志行为增强）。精力旺盛，睡眠需要减少，不知疲倦。做事有头无尾，易被周围发生的事吸引而转移注意力（随境转移）。对结局过于乐观、行为草率、不顾后果。好花钱，追求享乐，随意挥霍。易与周围发生冲突，产生冲动行为。躁狂状态时，患者自我感觉良好，通常对自己病情没有认知能力，即对自身疾病无自知力。

（3）双向情感障碍。

双向情感障碍，是一种既有躁狂症症状，又有抑郁症症状（或典型特征）的精神类疾病，首次发病可见于任何年龄。当躁狂症发作时，患者有情感高涨、言语活动增多、精力充沛等表现；而当抑郁症发作时，患者又常表现出情绪低落、愉快感丧失、言语活动减少、疲劳迟钝等症状。其临床表现复杂，其病因多、易转变，兼有发作性、循环往复性、混合迁徙性等特征，其潮起潮落式病程不一，间歇期或长或短。间歇期社会功能相对正常，但反复发作会对大脑的功能造成损害，会出现发作频率越来越快、病情越来越复杂的情况。

二、大学生心理问题的调适

大学时期是人生的一个关键时期，处于人生观、价值观和个性修养逐渐定型的特殊时期，也是各种心理冲突和矛盾聚焦的特殊时期。大学生自我意识发展尚未完全成熟，常常会因为一些客观因素或主观认知、情绪、人格等心理因素的偏差而出现心理误区，表现出一些心理问题，甚至导致行为失常，需要及时做好心理的调节适应。

（一）心理调适的定义

心理调适即心理调节，是指用心理技巧改变个体心理活动绝对强度，减低或加强心理力量，改变心理状态的过程。它可分自我调适与他人调适两种。其方法有认知结构调节、情绪调节、意志调节、个体调节以及注意记忆调节等。适用于临床心理诊断治疗、智力矛盾、应激救危困境等。

（二）心理调适的方法

1. 生理调节

（1）学习放松，降低紧张情绪。降低紧张情绪的方法有很多，例如，在压力情境下顺其自然；暂时搁置不理，让紧张情绪逐渐消散；暂时脱离此情境寻求他人的意见；从事运动或自己喜爱的活动；以幽默感来降低压力等。自我放松的方法包括深呼吸放松训练、渐进式肌肉放松法、想象放松法等。通过自我放松可以缓解情绪带来的身心疲惫感，恢复身心的平静，有益心身健康。

（2）坚持体育锻炼。这也是一种很好的调节减压方法，体育锻炼为体内的能量提供了很好的释放途径，可使身心得到放松。每天坚持体育锻炼，有利于帮助增强身体素质，增强抵抗力和免疫力，促进新陈代谢、减缓衰老、控制情绪、提高睡眠质量，保持大脑良好状态、使人充满正能量，生活更加丰富多彩。

（3）转移注意力。有时自主地否认隐藏于压力情境中的威胁，也是一种好的应对策略。特别是当个人对情况无能为力或者置之不理也并未造成太多损失时，否认是个有效的办法。心情不好时，把注意力转移到如看书、电影、音乐、运动、旅游、聊天、游戏等于身心有益的事情上，有助于释放消极情绪。

2. 行为调节

（1）时间管理。善于安排和利用时间可以帮助我们提高学习效率，减少压力。学会按照不同学科要求，平衡和分配时间，根据重要性合理安排时间，可以排除重压所致的疲劳感。特别是学期末、工作、学习考试任务繁重的时候，避免拖延，减少焦虑。

（2）确立力所能及的目标。应根据自己的实际情况，确立和制定自己力所能及的目标和切实可行的行动计划，以提高实现的概率，减少因目标过高不能实现而产生的压力。

（3）在学习、娱乐和生活的时间安排上保持平衡。过多学习而缺乏娱乐是大学生压力的来源之一。学习应该有张有弛，适度娱乐与休息，并适当参与社会活动也是必要的。

3. 认知调节

（1）认知评估。在严重压力状态下，容易导致认知障碍。因此重要事件发生后，与其让悲观的评价腐蚀我们的情绪，不如寻找一个能使自己尽快恢复心理平衡的乐观解释，因为很多时候，是我们的观念而非事实本身使我们产生困扰。埃利斯的情绪ABC理论认为：导致行为结果C的并不是人们通常认为的诱发事件A，而是代表对这一诱发事件的观点信念B。改变对事情不合理的信念和认知，可以改变个体的行为结果。“换一种角度看世界”，用积极、合理的观点替代消极极端的认知，用认知的调整改变不良的情绪和行为结果。

（2）暂时避免做重大决定。处于心理危机中的个体处理问题的能力比平时要低，搜集信息和处理信息的能力受到一定限制。因此，暂时将问题搁置起来，然后重新评估压力情境，可以降低心理危机的威胁性，再对问题做出新的评估可能是更加现实的，对问题的严重性也会有新的认识。在“危机时期”，不要做重大的决定，这样有利于个体的自我保护，避免再次受到伤害。

心理健康自我调适

拓展学习

【警示案例1】

嫉妒“制裁”

孙某以优异成绩考入某高校生物工程专业。她因高考成绩突出被推选为班级学习班长。一段时间之后，班级团支部重新竞选，她有意竞选支部书记，但未能如愿。结果是她同寝室的另一名女同学吴某，因工作能力较强、爱好广泛、群众关系好而以高票当选。对此，她心里很不是滋味。有一天她趁上课之机，悄悄溜回寝室盗走了吴某的随身听、手机充电器、衣服、化妆品等，总价值3000余元。吴某发现被盗后，立即到学校保卫部门报案，案子很快告破，孙某被公安机关刑事拘留。

【简析】

孙某由于自己被冷落而嫉妒人气旺盛的吴某，并把对吴某的嫉妒渐渐地演变成“制裁”，这是一种非常愚蠢的做法。到头来对别人制裁不成，自己却受到了法律的制裁，真是“偷鸡不成蚀把米”。嫉妒心理是面对他人的某种优势而产生的不愉快的情感。它俗称“红眼病”，是对别人的优势以心怀不满为特征的一种不快、自惭、怨恨、恼怒，甚至带有破坏性的负面感情。青年学生一方面由于心理发育不完全成熟，另一方面由于社会交往范围日益扩大，置身于一种充满竞争的学校或社会环境中，于是个别差异在相互交往中被突出了。优势地位成了他们追求的目标，进而看到别人的长处，而自己又无力或不愿改变现状，于是就对对方表示不满、怨恨，甚至加以损害。大学生遇到心理失衡等心理问题要学会及时自我调整或者寻求帮助。

【法律法规】

《中华人民共和国刑法》第二百六十四条的规定，盗窃公私财物，数额较大的，或多次盗窃、入户盗窃、携带凶器盗窃、扒窃的，处三年以下有期徒刑、拘役或者管制，并处或单处罚金；数额巨大或有其他严重情节的，处三年以上十年以下有期徒刑，并处罚金；数额特别巨大或有其他特别严重情节的，处十年以上有期徒刑或无期徒刑，并处罚金或者没收财产。

【警示案例2】

偷拍舍友隐私照

某地一女大学生称自己被舍友在宿舍偷拍，其私密照还被扩散给一个男性网友。经警方调查，偷拍人确实是被偷拍女生朝夕相处的同寝室室友，等待她的是警方治安处罚和学校的处分……此事曝光后网友纷纷惊呼：日防、夜防，“舍友难防”。

【法律法规】

《治安管理处罚法》第四十二条规定，有偷窥，偷拍，窃听，散布他人隐私行为的，处5日以下拘留或者500元以下罚款；情节较重的，处5日以上10日以下拘留，可以并处500元以下罚款。

拓展学习

【阅读知识】

微笑抑郁症

有这样一部分抑郁症患者，白天大多数时间都面带微笑，让人很难察觉他们内心的抑郁。由于职业需要或其他原因，患者把愤怒、焦虑、忧郁等真实情感隐藏起来，时刻表现出微笑的表情。表面微笑、内心悲伤，心理学家把这种情况称为“微笑抑郁症”。微笑抑郁症患者如同在抑郁的心境表面蒙上了一层“微笑的面纱”。人前强颜欢笑，人后孤独寂寞，这种病症的隐匿性很强。“微笑型抑郁”大多发生在那些学历高、地位高、收入高、事业有成的成功人士之中。他们中有官员、企业家，也有专业技术人员，在人们的印象中，他们在各方面都表现得游刃有余，能力强大。但事实上，他们和普通人一样，也有郁郁寡欢、唉声叹气、痛苦徘徊的时候，在他们坚强的外表下往往掩藏着一颗痛苦压抑之心。表面上时刻面带微笑给人一种开朗、热情的假象，但实际上他们的内心深处却常常感到痛苦、压抑和悲伤。他们的这种“微笑”不是发自内心深处的真实感受，而是出于应对家人、社交、工作等需要而违心地强作欢颜。他们的微笑常常是“工作的需要”“面子的需要”“礼节的需要”“尊严和责任的需要”“个人前途的需要”。他们扛着压力的“微笑”背后常常是深深的孤独和寂寞。他们的共同点是受“面子”观念的束缚，不愿意向他人倾诉，不愿意放弃“尊严”，从而进入一个恶性循环。

微笑抑郁症具有隐蔽性，不易被人察觉，所以诊治率低，但其后果可能比普通抑郁症更加严重。这样的患者如果不主动寻求治疗，别人很难发现其患病。对这类患者，提高他们的求助意识，加强抑郁症防治相关的知识学习尤为重要。全社会都要了解抑郁症，消除对精神类疾病的“病耻感”，正确面对疾病。求助是聪明、智慧的表现!

心理咨询的形式

常见的心理咨询的形式有以下四种。

面谈咨询。找学校或其他专业机构的心理咨询师，进行面对面的交流。面谈咨询可以详细了解、分析当事人的心理问题，帮助他们摆脱有碍于心身健康的不利因素，提高他们解决问题、适应环境的能力。对已经形成心理障碍者，则分析其病因和症状，制订完整的心理疏导计划。当面咨询掌握的情况较全面，能够更深入地为当事人提供有效的帮助，是首选的心理咨询方法。

通信咨询。当事人以电子邮件的方式，提出自己要咨询的问题，心理咨询师给予回复。其优点是：不受居住条件限制，对于不善于口头表达或较为拘谨的当事人来说是一种较易接受的方法。其缺点是：咨询效果会受当事人书面表达能力、理解力和个性特点的影响。

电话咨询。电话心理咨询这种方式快捷方便而又经济，可保证隐私性。不受距离和地理位置的限制，而且还可以从来电者的声调、语气、停顿中获得额外的信息。

网络咨询。网络咨询包括访问相关专业网站，以及通过QQ、微信、视频等网络途径进行咨询等。通过网络，当事人可以倾诉自己的困惑，心理咨询师可以在尽可能短的时间内掌握当事人的基本情况，从而做出适时的分析判断，并可以通过实时交谈不断矫正其分析判断，做出切合实际的引导及处理。

思考讨论

1．大学生常见的心理问题有哪些类型？

2．如何区分焦虑情绪和焦虑症？

3．抑郁情绪和抑郁症的区别是什么？

4. 出现心理问题，应该如何调适？

5. 学会做肌肉放松训练并日常练习。

第三节　大学生心理危机的预防与应对

案例内容

某大学宿舍楼某寝室卫生间，杨某背对着洗手台，呈半蹲状，一条毛巾和一条枕巾捆扎而成的绳子，一头勒在她的脖颈间，另一头套在她身后的水龙头上。她以这种极其痛苦的方式结束了自己的生命。同学说，洗手台离地不足一米，只要她还有一丝丝生存的欲望，就可以随时站起来重回生门。只要她稍有一丝后悔，往后仰一下身体就能自救。但她没有，她决绝地要离开这个世界，如此执拗，如此令人痛惜。

【简析】

根据卫生部公布的数据显示，自杀已经成为15岁～34岁青壮年人群异常死亡的首位。还有研究表明，大学生自杀率高于同龄非大学生，并呈逐年上升趋势。

大学生正值青年，风华正茂，或轻或重地存在一些心理健康问题，并且有极少数大学生会走向极端。大学生自杀人数虽然在整个大学生人数中占极少数，但其危害程度深，影响范围大，已引起全社会的关注。

已知的自杀身亡事件的背后，还有很多未知的自杀未遂事件，以及更多人的自杀想法。目前，很多国家开通了“自杀干预热线”；部分软件也有“自杀倾向监测提醒”功能（用户发布的内容被系统识别为可能有自杀风险时，会弹窗显示提醒）；有的城市公交车也张贴了预防自杀的公益广告。越来越多的国家和组织开始重视自杀这个社会问题。

一、生命的意义

英国作家狄更斯曾经说过：“我们得到生命的时候带有一个不可少的条件：我们应当勇敢地保护它直到最后一分钟。”生命对于每个人只有一次，只有精心地呵护和珍惜生命，才能体现生命的价值。热爱生命，是每个人不可或缺的精神力量，这种强大的力量会激发我们勇敢面对困难的勇气，会使我们在生活的追求中，永不放弃，不断追寻生命的真谛。

根据世界卫生组织的最新数据，每年有近80万人自杀，平均每40秒就有一个人死于自杀，还有更多自杀未遂者，而其中超过一半的自杀者是小于45岁的年轻人。据中国心理卫生协会危机干预专业委员会的数据调查显示，我国每年约有25万人自杀死亡，200万人自杀未遂。相关研究表明，全球9%～20%的青少年曾有过自杀行为，自杀已成为全球15岁～29岁人群的第二大死因。

自2003年开始，国际预防自杀协会和世界卫生组织将每年的9月10日定为“世界预防自杀日”。自杀是一个涉及社会、医学、心理学等领域的公共卫生问题，它已经成为21世纪人类死亡的主要原因之一。

大学生是国家未来的栋梁，承载着民族和家庭的希望，也承载着自己的梦想，更应该珍惜生命，让有限的生命体现出无限的价值。大学生要理解生命的意义，珍爱人生，精彩青春。

二、自杀的原因

自杀行为是指有意识的、自我实施的直接结束自己生命的行为，是一种个体行为。一般来说，自杀往往是因为生活中遭遇困境而产生激烈的内心冲突，陷入危机状态不能自拔，难以承受心理压力而产生的“自毁行为”。它与心理过程、社会环境和文化等因素密切相关。

（一）内因

1. 躯体疾病

重大疾病是自杀常见原因之一，例如躯体疾病如癌症、艾滋病等，对患者构成很大的心理压力，导致精神崩溃而自杀。在自杀的人当中，有很大一部分人是因为身体有残疾，或得了重病乃至不治之症，因而对生活失去了信心（也有些人是为了不给身边的人增添负担），觉得前途暗淡，看不到光明，不如一死了之。

【案例1】

2015年4月10日，某高校大一学生吴某在学校单间宿舍割腕自杀未遂。2014年12月，吴某被查出“大三阳”，即确认为乙肝病毒携带者，随后被安排住进单间宿舍。因所处的环境让吴某适应不了，原来活泼可爱、天真烂漫的吴某一下子变得沉默寡言。事发当天，吴某在宿舍试图割腕自杀，结束自己年轻的生命，幸好发现和抢救及时，未危及生命。同学在宿舍里发现了吴某的遗书，称“史铁生说：‘死是一件不必着急的事。’尽管深有感触，可是我觉得人生好长，看不到终点”。

2. 自身性格弱点

性格对人的行为有着非常大的影响，很多自杀的人或多或少会有性格上的缺陷或不完善。性格问题是产生自杀行为的最重要原因，也是最根本原因，夸张一点，无论遭遇什么坎坷，只要性格健康、坚强，是不会产生自杀行为的。所以说，性格问题是产生自杀行为的最大内因，它直接决定了人们对外界的感知、判断以及行为。好的性格能够化解外界的压力，而不健全或者是消极的性格，即使是小小摩擦，也会引起轩然大波。性格是影响自杀行为的最重要因素。

3. 心理疾病

心理疾病，特别是一些持续性心理疾病，如抑郁症、药物依赖症、精神分裂症等，是导致自杀常见原因。精神病患者常常容易产生自杀行为，因为患有精神病的人性格当中多了很多不可控的因素。所以当出现激进刺激时，容易产生自杀行为。医学上认为，大约有72%的自杀者在自杀前情绪低落或有非理性冲动行为，研究表明：抑郁症患者自杀率约为

15%，而自杀者中有约36%是精神病患者。

【案例2】

2018年1月，某高校一名男生在校外一家旅馆内烧炭自杀。该男生平时不与周围同学交流，性格孤僻，经常在网络上搜索各种自杀方式。自杀之前，他购买了木炭、吹风机、乳酸钾等物品，并留有一封遗书。在遗书中，该男生称自己长期受抑郁症困扰，内心极度痛苦，还说“如果我死不了，请不要救我”。

4. 有不良行为或犯罪行为

吸烟、酗酒、赌博、吸毒等不良行为都有可能导致心理不健康，甚至引发自杀行为。有不良行为的人群，性格怪僻，自制能力差，在面对挫折时，很容易出现自杀行为。有犯罪史的人也极易出现自杀行为，原因是，犯罪人一般抱有一种侥幸心理，也易出现自弃行为，一旦侥幸不成，便觉得走投无路了，干脆一死了之。

（二）外因

除上述个人的内在原因之外，还有纷繁复杂的外部原因，可造成自杀的悲剧。导致自杀的外部原因，主要概括为以下两点。

1. 人际关系僵化

人际关系矛盾是引起学生自杀的主要外部原因。如果一个人的人际关系比较和谐，与周围的人能融洽相处，他（她）就比较容易找到倾诉的对象，内心的种种痛苦、压抑都会得到缓解，一般情形下不会自寻短见。

2. 家庭原因

因感情危机、家庭破裂而万念俱灰，是自杀行为产生的一个很重要的原因。另外，父母关系恶劣、亲子关系紧张、家庭氛围不和等都可能对青少年造成一定的心理压力。

【案例3】

2017年12月的一天，某高校学生王某父子双双从某公寓5楼跳下。王某的父亲从老家来大连陪读，因为王某的学习问题，父子二人产生矛盾。事发当日，二人再次因为学习问题发生争吵。争吵激烈之时，父亲突然从5楼跳下，王某见状也随之跳下。幸运的是，二人均落在4楼的平台上，未造成生命危险。

3. 意外的挫折和打击

失恋、考试失败、受坏人恫吓、丢失了贵重物品、亲人突然去世等应激事件，难以承受的压力包括经济压力、学习压力、家庭压力、社会压力等，都有可能使感情脆弱的青少年心灰意冷，悲观绝望。

4. 失去社会归属感

感觉到被抛弃。被社会组织或社会团体抛弃、被恋人抛弃，有时社会角色扮演失败也会产生被抛弃的感觉，情绪极端时可能感觉到自己被整个社会所抛弃。失去社会归属感往往使人失去在社会中的坐标和参照物，引发绝望情绪。有时担心被社会抛弃，或者担忧自己将失去社会定位也可能诱发自杀行为。

【案例4】

某高校男生杨某因与女友分手，在一招待所内烧炭自杀未遂。自杀前，杨某在QQ空间里写道“古语有云：人之将死其言也善，鸟之将死其鸣也哀……我正在一个大家都不知道的地方书写我在这个世界上的最后一段话……”杨某的同学发现这段话后立即报警，警方迅速根据杨某的身份信息，查到他所住的招待所，破门而入将其救下。

心理疾病尤其是抑郁症是导致其自杀的主要原因之一。抑郁症已经成为威胁人类健康的第四大疾病，25%的轻度抑郁症患者曾经有过自杀的念头，而重度抑郁症患者有过自杀念头的比例高达75%。

三、识别自杀信号

“山雨欲来风满楼”，有自杀倾向的人常会在自杀前露出一些蛛丝马迹。只要我们了解自杀行为出现前的危险信号，就能及时采取行动，防范或制止自杀行为。

（一）识别自杀者情绪及心理上的危险信号

1. 了解自杀者的思维模式

试图自杀的人有几种常见的思维模式如下。

（1）老是想着某一件事，无法停止思考或释怀。

（2）经常觉得人生无望，除了死去，再也没有其他方法可以结束痛苦。

（3）经常觉得人生无意义，或是无法掌控自己的人生。

（4）经常说自己的脑袋迷迷糊糊的，或无法集中精神。

2. 识别自杀者的情绪

（1）经常陷入负面情绪状态，常做出一些剧烈的和异常的反应。

（2）经常出现极端的情绪波动。经常感到极度生气、愤怒或不顾一切地报复。经常有过度焦虑和急躁的表征。

（3）经常感到强烈的内疚、羞愧或自卑，或是认为自己是他人的负担。痛恨自己无能，害怕自己应对不了生活压力。

（二）识别自杀者言语上的危险信号

感到痛苦并打算结束生命的人，常会在言语上暗示自己的意图。例如，一个人突然一反常态，不断谈论人生意义或者死亡话题，这也许是个危险信号。有时会直接表达负面倾向的话语："这样的生活不值得过"；"一切已经不重要了"；"我无法应付这一切，活着太难了"；"没有了我，你（家人、朋友、男友或女友）会更好"；"我永远不会再打扰你了"，这些都应引起我们的重视和关注。

（三）识别自杀者行为上的危险信号

1. 留意其是否着手"处理后事"

打算自杀的人可能会先处理好各种琐事，之后再采取自杀行动。这是重要的危险信号，暗示自杀者可能已经做好了自杀计划。例如，突然无缘无故收拾东西、探望亲友、向人道谢、与人道别、归还所借物品或者赠送各式各样的物品。

2. 留意其危险、自暴自弃等行为

有自杀倾向的人可能会冒险做出危及生命的行为，比如超速驾车、在酒精或药物的影响下开车、进行不安全性行为等危险行为。

3. 自杀者会留意或研究自杀工具和方式

购买药物、绳索、刀具等自杀工具，或者准备"遗书"。

4. 自杀者常常回避社交

有自杀倾向的人经常会避开和朋友、家人或同事相处，安静地回避正常的社会交往。经常表示"我只想一个人待着"。

5. 注意其日常生活是否出现异常

比如他突然不再每周打篮球，或不再参与喜爱的游戏，这可能是个危险信号。原本喜欢化妆打扮的青少年突然不在意自己的外表；喜欢说话的人却突然长期沉默寡言。

6. 注意其是否总是无精打采

有自杀倾向的人常常缺乏精力，基本的脑力和体力工作做起来却困难重重。尤其要注意他们可能难以做出简单的决定；失去兴趣，精神不振，连续多日都赖在床上。

（四）留意其他常见的危险信号和潜在诱因

有自杀倾向的人在自杀前往往会有危险信号和潜在的诱因，如面对家庭或法律问题；刚与男（女）朋友分手；无法进入理想的大学或失去好朋友；缺少朋友、在社交方面有障碍或是疏远亲密的朋友；行为突然改变；成绩一落千丈；性情大变或频现叛逆行为；饮食起居习惯突然改变；睡觉太多或者重度失眠、早醒，患上进食障碍等因素。

四、自杀行为的预防和干预

大学生自杀行为的预防重在大学生心理问题的早期干预，旨在降低自杀率。有的自杀者会经历一个心理挣扎矛盾的犹豫阶段，之后，一部分人走向极端，形成相对稳定的自杀倾向，并开始设想和设计自杀行为。如能在这个阶段发现有自杀倾向的，及时实施干预是避免自杀悲剧的有效方法。

（一）发现自杀征兆

关于自杀的20个危险信号

大学生自杀心理的形成过程一般分为四个阶段，即动机形成阶段、心理矛盾冲突阶段、平静和决定阶段、自杀实施阶段。自杀干预最有效的阶段在动机形成阶段和心理矛盾冲突阶段。所有的自杀行为都是有征兆或有迹可循的，准确把握自杀心理的阶段特征，在最初阶段进行有效干预，可以将危险降到最低。参照前面自杀行为的危险信号，及时发现自杀征兆，及时干预，其成功率还是很高的。

（二）自杀企图干预

1. 关注自杀高危人群

充分发挥大学生朋辈关怀的力量，发现有疑似自杀征兆的同学，及时向老师、家长和学校反映，并配合开展信息获取等工作。一般情况下，学校会对有自杀倾向的人进行评估，如果其自杀倾向强烈，则应实施24小时监控，使其抛弃自杀的想法，还应在第一时间通知家长协助处理。

2. 拨打紧急求救电话

如果你认为某人目前有自杀风险，请立刻拨打紧急求救电话，或拨打“自杀干预热线”。并非只有自杀者才能拨打这类热线。如果你想阻止他人自杀，也可以拨打这类热线求助。即使你只是想知道该怎么做“自杀干预热线”也能帮到你。他们会教你应付潜在的或正在发生的危险状况，或指导你的具体行动。

3. 接受专业机构治疗

尽快让有自杀倾向的人去咨询专业机构或专业人员。陪伴并引导他或她接受专业人士的协助，最大限度防止自杀行为，挽救生命。让对方越早接受所需的帮助越好。

4. 移走屋内任何足以致命的物品

暂时保管有自杀倾向的人可以接触得到的足以致命的物品，直到其情况好转。

（三）自杀行为的公众预防

1. 设置自杀预防机构

社会或者学校设立自杀预防机构，如心理疾病防治中心、希望热线、心理援助中心等。使学校师生在需要时或在紧急情况下能够快速找到求助机构。

2. 学习必要的自杀预防知识

（1）处理自杀倾向。

一是拨打紧急求救电话。如果有上文描述的自杀倾向出现，认为自己当下面临自杀风险（例如，你已经有了计划和自杀工具），请立刻拨打紧急求救电话。等待急救员到来期间，可以拨打“自杀干预热线”或和辅导员、教师聊天，平静心态、求得帮助，等待救援人员到来。

二是咨询心理专家。如果有自杀念头和想法，但还未做计划，可以约见专业心理医生或心理专家。“希望24热线”在全国多个城市设立了生命教育与危机干预热线，如图6-3所示。这是遇到有自杀倾向的人时可以求助的一个专业救助机构。

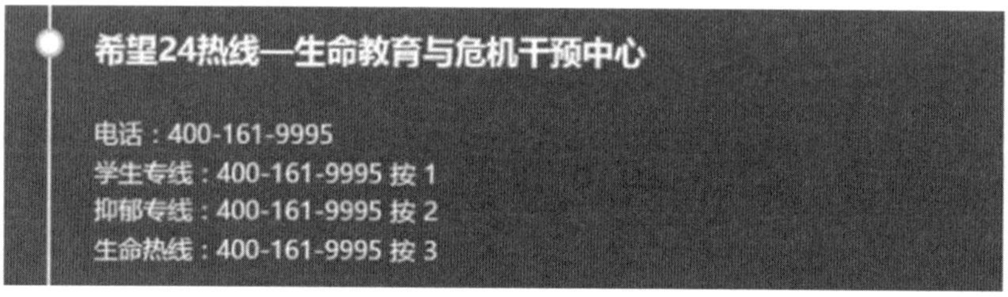

图 6-3　“希望 24 热线”

（2）发挥朋辈关怀的作用。如果身边有同学流露出有自杀倾向的危险信号，一定要及时干预和求助专业人员，不要等到事态严重才求助，更不要等到对方前来告诉你“我想自杀”后才开始救助。注意：尽量不要独自处理这类事件。如果你认识的人有自杀倾向，一是要请专业人士帮助。

3. 加强对高危险地点的防范

加强对高楼、宿舍、湖边等自杀事件多发地点的防范和管理。安装监控，提高防范意识，遇到逗留徘徊等行为异常的人或情况及时给予帮助，预防恶性事件的发生。

拓展学习

【阅读知识】

大学生如何看待自杀行为？

自杀是个人有意识地结束自己生命的行为，是在个人陷入极度绝望中而无法解脱时所选择的解脱自己的一种自残行为。一个心理健康的人，一个有社会和家庭责任感的人，一个对人生价值和意义有发现的人，不会为了自己的精神和肉体的解脱而选择自杀。人的价值往往是在与厄运的抗争中呈现出来的。

鲁迅说过：“伟大的心胸，应该表现出这样的气概——用笑脸来迎接悲惨的厄运，用百倍的勇气来应付一切的不幸。”屈原遭放逐作《离骚》，司马迁受宫刑后成《史记》，都是在挫折环境下逆境前行的典范。对于那些因失恋、生活困难、别人不能理解自己、身体有顽疾而自杀的人来说，自杀是对挫折和逆境的屈服，是一种脆弱的表现，是一种不负责任的逃避行为。自杀，不但不会解决问题，反而会给生者和亲人、好友留下无限的遗憾和痛苦。生命对于每个人只有一次，人的降生和成长并不容易，父母付出了很大的心血，寄予了很大的希望。一个人的自杀还会导致他的亲友痛苦和损失，因此自杀绝非可选之举。

哲学家黑格尔曾说，自杀是一种“卑贱的勇敢”。试想当你以自杀方式自以为得到解脱时，你的家人该有多难过，这会带给他们巨大的痛苦。

思考讨论

1. 大学生如何看待心理危机？
2. 如果发现身边同学有自杀倾向，你会怎么做？

第七章 消防安全

消防是消除隐患，预防灾患，即预防和解决人们在生活、工作、学习过程中遇到的人为与自然、偶然灾害的总称。本章所涉及的消防是指预防和扑灭火灾。

火灾是威胁人们生命财产安全的最常见、最普遍的灾害之一，也是一种发生频率高、危害后果大、影响范围广的灾害事故。高等院校是社会的重要组成部分，安全环境既是高校正常教学秩序、科研工作顺利进行的有力保证，也是确保学校和师生人身、财产安全的重要条件。在经济高速发展和高科技广泛运用的同时，作为高校安全的一个重要组成部分，消防安全工作也愈发显现出其重要地位和作用。但是，在高校消防安全工作不断发展的同时，也存在着一些不容忽视的问题。做好高校消防安全工作，提高安全防范意识，认识火灾的原因和伤害，掌握在各种场所的消防逃生知识，了解消防报警、消防处置的基本程序和基本方法，学会正确使用灭火器和消防器材，对于预防火灾的发生具有重要的意义。

学习目标

通过本章学习，使同学们充分认清火灾事故的严重危害性；了解消防法律法规；知晓预防火灾的基本常识，做好火灾事故的预防；掌握火灾时的逃生、常用的灭火知识和技能，从根本上减少或避免校园火灾事故的发生；积极参加消防培训与疏散逃生演练，不断提高自防自救能力。

学习内容

1. 火灾的危害性及消防法律法规。
2. 学校火灾事故的典型案例剖析。
3. 火灾报警、处置的基本程序和方法。
4. 正确使用灭火器，掌握扑灭初起火灾的技能。
5. 火灾事故的预防，火场逃生自救。

重点与难点

1. 学校火灾的特点和危害。
2. 灭火的基本方法与措施。
3. 发生火灾后的自救和疏散逃生。

案例内容

某学院宿舍违规使用电器，学校夜间拉闸，突然停电使得她们忘记关闭电器的电源。清晨6时许，学校恢复供电后，电器空烧，将一个堆放杂物的下铺引燃。初起火苗不是很大，她们本以为用脸盆接水，就可以迅速扑灭，于是，两名女生离开宿舍去卫生间接水，当这两名女生接水返回时，宿舍门怎么也打不开了。6点15分左右，留在宿舍内没有逃出去的四名女生被大火逼到了阳台。随后，火势加剧，四名女生在万般无奈之下选择跳楼逃生，先后从6楼跳下，不幸均当场死亡。

【简析】

案例中的大学生因消防安全意识淡薄，缺乏逃生意识和技能，不但在宿舍违章使用电器，引发火灾，而且对火灾发展速度快、温度高、危害大认识肤浅，缺乏及时逃生意识，失去了最佳逃生时机，盲目扑救并退守阳台，最后四名女生失去了自己宝贵的生命。违规使用大功率电器，使供电线路过载发热、老化加速而引发火灾。为自身和他人的生命安全着想，在宿舍内必须明令禁止使用大功率电器。

第一节 消防概述

消防工作贯彻“预防为主，防消结合”的方针。这个方针科学、准确地表达了“防”和“消”的辩证关系，反映了人们同火灾作斗争的客观规律，也体现了我国消防工作的特色。火灾是一种常见灾害，绝大多数火灾是人为造成的。因此火灾是可预防的，只要预防工作做到位，可以最大限度地降低火灾所造成的危害。

一、火灾的概念与分类

（一）火灾的定义

火灾是指在时间或空间上失去控制的燃烧所造成的灾害。燃烧是可燃物与氧化剂作用发生的放热反应，通常伴随有火焰、发光和冒烟现象。燃烧必须同时具备可燃物、助燃物和着火源三个条件。有时在一定的范围内，虽然三个条件俱在，但由于它们没有互相结合、互相作用，燃烧的现象也不会出现，切断燃烧的任何一个条件，火都会熄灭。

（二）火灾的分类

火灾可按火灾损失严重程度、可燃物的类型和燃烧特性进行分类。

1. 按照火灾损失严重程度分类

依据《生产安全事故报告和调查处理条例》规定的生产安全事故等级标准，相关职能部门下发的《关于调整火灾等级标准的通知》中，按照火灾事故所造成的损失严重程度不同，将火灾划分为特别重大火灾、重大火灾、较大火灾和一般火灾四个等级。

（1）特别重大火灾。

特别重大火灾是指造成30人以上死亡，或者100人以上重伤，或者1亿元以上直接财产损失的火灾。

（2）重大火灾。

重大火灾是指造成10人以上30人以下死亡，或者50人以上100人以下重伤，或者5000万元以上1亿元以下直接财产损失的火灾。

（3）较大火灾。

较大火灾是指造成3人以上10人以下死亡，或者10人以上50人以下重伤，或者1000万元以上5000万元以下直接财产损失的火灾。

（4）一般火灾。

一般火灾是指造成3人以下死亡，或者10人以下重伤，或者1000万元以下直接财产损失的火灾。

2. 按可燃物的类型和燃烧特性分类

国家标准《火灾分类》（GB/14968-2008）中，根据可燃物的类型和燃烧特性，将火灾定义为A类、B类、C类、D类、E类、F类六种不同的类别。

（1）A类火灾。

A类火灾是指固体物质火灾。这种物质通常具有有机物性质，一般在燃烧时能产生灼热的余烬，如木材、棉、毛、麻、纸张等。

（2）B类火灾。

B类火灾是指液体或可熔化的固体物质火灾，如汽油、煤油、原油、甲醇、乙醇、沥青、石蜡火灾等。

（3）C类火灾。

C类火灾是指气体火灾，如煤气、天然气、甲烷、乙烷、丙烷、氢气火灾等。

（4）D类火灾。

D类火灾是指金属火灾，如钾、钠、镁、钛、锆、锂、铝镁合金火灾等。

（5）E类火灾。

E类火灾是指带电火灾，如物体带电燃烧的火灾。

（6）F类火灾。

F类火灾是指烹饪器具内的烹饪物（如动植物油脂）火灾。

二、火灾的特点

（一）火灾的特点

（1）突发性：火灾与爆炸事故往往在意想不到的时候发生，随机性强。由于对火灾事故的监测、报警等手段的可靠性、实用性和广泛应用尚不理想。并且，人员对火灾事故的规律及其征兆了解甚微，耽误救援时间，致使对火灾的认识、处理、救援造成很大困难。

（2）复杂性：发生火灾和爆炸事故的原因比较复杂，因房屋倒塌、设备烧毁，给事故的调查带来许多困难。发生火灾原因的复杂性主要表现为着火源众多、可燃物广泛、灾后事故调查和鉴定环境被破坏严重等。此外，由于建（构）筑结构的复杂性和多种可燃物的混杂，也给灭火和调查分析带来很多困难。

（3）严重性：火灾与爆炸事故都会造成巨大的经济损失和人员伤亡，使国家和个人财产蒙受巨大损失，严重影响生产生活的顺利进行。生产生活秩序通常需较长时间才能恢复，有时火灾与爆炸同时发生，损失更为惨重。

（二）学校火灾的特点

（1）实验室较为集中，各类易燃、易爆物品繁多。高校实验室的教师、学生所使用的化学药品，若管理不当即可造成火灾。实验操作不规范、实验设备不合格等都是造成火灾的重要原因。

（2）高校人员多，密度大，违规违章行为时有发生，给学校消防工作带来巨大困难。如乱扔烟头、躺在床上抽烟、随意堆放可燃物品等不良习惯较为普遍。这些行为往往是酿成火灾事故的根源。遇有火灾难以顺利疏散逃生，若出现学生的人身伤亡，则对社会产生极为严重的影响。

（3）教学、科研、实验仪器、动植物标本、图书资料较多，一旦发生火灾损失严重。精密贵重实验仪器设备往往是学校重金购置的，若出现损坏很难立即补充，将直接影响教学的正常进行。动植物标本、图书资料是一个学校深厚文化积淀的重要标志，若被烧毁很难弥补和复原。

（4）高层建筑多给火灾预防和扑救工作带来极大困难。高校因自身的发展建设，以及扩招带来的规模扩大，形成了火灾难防、难救、人员难疏散的特点，并且一些建筑还存在消防设备落后的弊端，这些都给消防工作带来了难度。

（5）失火、起火原因复杂。高校校园内的部门多，设备、物质存储分散，生产、生活火源多，用电量大，以及工作人员的管理水平不一，使得引起火灾的原因相当复杂。从时间上来说，火灾多发生在节假日的晚上；从地点上来说，实验室、图书馆、宿舍、餐厅是火灾多发区，且一旦发生火灾，极易造成人身财产的重大损失。

三、火灾形成原因

火灾事故发生的原因主要有电气、违章操作、用火不慎、玩火、吸烟、自燃、放火等。

（一）电气引发火灾

电气火灾是指由电能充当火源而引起的火灾，主要发生在建筑物内，容易演变成重大火灾事故，扑救时存在触电和爆炸危险，相对其他火灾危害性更大。随着社会电气化程度不断提高，电气设备使用范围越来越广，安全隐患逐年增加，导致近年来电气火灾事故频发，居于各种类型火灾的首位。据统计，2019—2021年国内共发生电气火灾约42万起，造成了约144亿元财产损失和近4500人伤亡。其中，消防安全重点单位电气火灾发生次数约占总电气火灾的18%，财产损失占比高达76%。电气火灾按其发生在电力系统的位置不同，分为三类：一是变配电所火灾，主要包括变压器及变配电所内其他电气设备火灾；二是电气线路火灾，主要包括架空线路、进户线和室内敷设线路火灾；三是电气设备火灾，主要包括家用电器火灾、照明灯具火灾、电热设备火灾以及电动设备火灾等。通过对近年来电气火灾事故分析发现，发生电气火灾的主要原因是电线短路故障、过负荷用电、接触不良、电气设备老化故障等。

【案例1】

2018年6月1日，某商贸城发生火灾事故，过火面积约5.1万平方米。火灾造成1人死亡、直接经济损失9210余万元。

【简析】

经调查，火灾直接原因是位于商贸城负1楼冷库3号库内，租户自行拉接的照明电源线短路，引燃下方的香蕉外包装纸箱。由于建筑体量大，商品种类繁多，部分消防通道、疏散通道堵塞，未设置防火分隔装置等原因，火势蔓延极快。同时，3号库发生爆燃后，高温烟气引燃整个冷库裸露在外的保温材料，产生了大量可燃的高温烟气，致1人吸入高温有毒烟气后窒息，经抢救无效死亡。

（二）生产作业不慎引发火灾

生产作业不慎引发火灾，主要是指生产作业人员违反生产安全制度及操作规程引起的火灾。例如，在焊接、切制等作业过程中未采取有效的防火措施，产生的高温金属火花或金属熔渣（据测试一般焊接火花的喷溅颗粒温度为1100℃～1200℃），引燃可燃物发生火灾或爆炸事故；在易燃易爆的车间内动用明火，引起爆炸起火；将性质相抵触的物品混存在一起，引起燃烧爆炸；操作错误、忽视安全、忽视警告（未经许可开动、关停、移动机器，开关未锁紧，造成意外转动、通电或泄漏等），引起火灾；拆除了安全装置、调整错误等造成安全装置失效，引起火灾；物体（指成品、半成品、材料、工具和生产用品等）存放不当，引起火灾；化工生产设备失修，出现易燃可燃液体或气体跑、冒、滴、漏现象，遇到明火引起燃烧或爆炸。近年来，由于生产作业不慎引发的火灾时有发生，造成了严重的人员伤亡和财产损失。

【案例2】

2020年10月1日，某生态游乐园冰雕馆发生重大火灾事故，造成13人死亡、15人受伤，过火面积约2258平方米，直接经济损失1789.97万元。

【简析】

当日景区10千伏供电系统故障维修结束恢复供电后，景区电力作业人员在将自备发电机供电切换至市电供电时，进行了违章操作，带负荷快速拉、合隔离开关，在景区小火车通道照明线路上形成的冲击过电压，击穿了装饰灯具的电子元件造成短路；通道内照明电气线路设计、安装不规范，采用的无漏电保护功能大容量空气开关无法在短路发生后及时跳闸切除故障，持续的短路电流造成电子元件装置起火，引燃线路绝缘层及聚氨酯保温材料，进而引燃聚苯乙烯泡沫夹芯板隔墙及冰雕馆内的聚氨酯保温材料。火势在风力作用下迅速扩大蔓延，产生大量高温有毒烟气。加之冰雕游览区的游览线路设计复杂，疏散通道不通畅，部分安全出口被人为封堵，导致发生火灾时游览人员不能及时逃生，由于一氧化碳中毒、呼吸道热灼伤、创伤性休克等原因造成人员伤亡。

（三）生活用火不慎引发火灾

生活用火不慎引发火灾，主要包括照明不慎引发火灾，烧烤不慎引发火灾，敬神祭祖引发火灾，灶事用火不慎引发火灾，使用蚊香不慎引发火灾，焚烧纸张、杂物引发火灾，炉具故障及使用不当引发火灾，烟囱本体引发火灾，油烟道引发火灾等。

【案例3】

2014年12月15日零时26分。某歌厅发生重大火灾事故，过火面积123平方米，造成12人死亡、28人受伤，火灾直接经济损失达957.64万元。

【简析】

经火灾事故调查认定，该起火灾的直接原因是歌厅吧台内使用的硅晶电热膜对流式电暖器，近距离高温烘烤违规大量放置的具有易燃易爆危险性的罐装空气清新剂，导致空气清新剂爆炸燃烧，引发火灾。

（四）吸烟引发火灾

吸烟引发的火灾，主要包括三类：一是乱扔烟头、卧床吸烟引发火灾。点燃的烟头表面温度为200℃～300℃，中心部位温度可达700℃～800℃，而一般可燃物如纸张、棉花、布匹、松木、麦草等，其燃点大多低于烟头表面温度。因此，当将未熄灭的烟头随意丢弃，扔在纸张等可燃物上时，极易引发火灾。二是点烟后乱扔火柴杆引发火灾。若吸烟者用火柴点燃香烟，将未熄灭的火柴杆乱扔，落到棉纺织品、纸张、柴草、刨花上，具有引燃的危险性。三是违规吸烟引发火灾。如在商场、石油化工厂、汽车加油加气站等具有火灾、爆炸危险的场所吸烟，易引起火灾爆炸事故。中国消防年鉴统计显示，我国每年因吸烟造成的火灾占全国火灾总起数的比例较大，且损失相当严重。

【案例4】

2021年4月22日13时30分，某公司厂房发生火灾。导致8人遇难。其中，6名为企业相关人员，2名为消防救援人员。

【简析】

起火原因为作业人员违规吸烟引发火灾。

（五）玩火引发火灾

玩火引发的火灾在我国每年都占有一定的比例，主要包括两类：一是小孩玩火引发火灾。有关资料显示，小孩玩火取乐是造成火灾的常见原因之一。二是燃放烟花爆竹引发火灾。据统计，每年春节期间火灾事故频发，其中70%～80%的火灾是由燃放烟花爆竹所引起的。

【案例5】

2015年2月5日13时43分，某小商品批发城发生火灾，过火面积约3800平方米，造成17人死亡，2名群众、4名消防队员受伤，火灾直接经济损失1173万元。

【简析】

火灾的直接原因是一名儿童用打火机点燃了堆放在四楼商铺门口消防通道边的可燃物。

（六）自燃引发火灾

自燃性物质处于闷热、潮湿的环境中，经过发热、积（蓄）热、升温等过程，由于体系内部产生的热量大于向外部散失的热量，在无任何外来火源作用的情况下最终发生自燃。

【案例6】

2015年8月12日22时52分，某国际物流有限公司危险品仓库发生特别重大火灾爆炸事故。

【简析】

经调查，该起事故的直接原因是，该公司危险品仓库运抵区南侧集装箱内的硝化棉由于湿润剂散失出现局部干燥，在高温（天气）等因素的作用下加速分解放热，积热自燃，引起相邻集装箱内的硝化棉和其他危险化学品长时间大面积燃烧，导致堆放于运抵区的硝酸铵等危险化学品发生爆炸。

（七）静电引发火灾

静电引发火灾是指由静电放电火花作为引火源导致可燃物起火。静电是一种处于静止状态的电荷。静电荷积累过多形成高电位后，产生放电火花。气候干燥的秋冬季节最容易产生静电。

【案例7】

2017年12月9日2时9分，某科技有限公司间二氯苯装置发生爆炸事故，造成10人死亡、1人轻伤，火灾直接经济损失达4875万元。

【简析】

经调查，该起事故的直接原因是，尾气处理系统的氮氧化合物（夹带硫酸进入1号保温室，与加入回收残桶中的间硝基氯苯、间二氯苯、1，2，4三氟苯、1，3，5三氯苯和硫酸根离子等形成混酸），在绝热高温下，与室内物料发生化学反应，持续放热升温，并释放氮氧化物气体（冒黄烟）。使用压缩空气压料时，高温物料与空气接触，反应加剧（超量程），紧急泄压放空时，遇静电火花燃烧，室内压力骤升，物料大量喷出，与室外空气形成爆炸性混合物，遇燃烧火源发生爆炸。

（八）雷击引发火灾

雷电是大气中的放电现象。雷电通常分为直击雷、感应雷、雷电波侵入和球雷等。雷击能在短时间内将电能转变成机械能、热能并产生各种物理效应，对建筑物、用电设备等产生巨大破坏，并易引起火灾和爆炸事故。

【案例8】

2019年3月30日18时，某省海拔约3800米处发生森林火灾，火场总过火面积约20公顷，造成27名森林消防指战员和3名地方扑火人员共30人遇难。

【简析】

经调查，该起森林火灾为雷击导致。

（九）放火引发火灾

放火是指蓄意制造火灾的行为。常见的放火动机有报复、获取经济利益、掩盖罪行、寻求精神刺激、对社会和政府不满，以及精神病患者放火、自焚等。

【案例9】

2019年7月18日，某动画工作室突然发生爆炸，随之发生火灾，致使工作室从1层至3层完全烧毁，过火面积约690平方米，大火燃烧了5个小时，共造成35人死亡、34人受伤。

【简析】

经警察局调查，火灾系一名男子故意泼洒汽油并点燃所致。

第二节　火灾危害与预防

火灾是各种自然与社会灾害中发生概率高、突发性强、破坏性大的一种灾害。据国际消防技术委员会对全球火灾调查统计显示，近年来在世界范围内，每年发生的火灾起数高达600万～700万起，每年有6万～7万人在火灾中丧生。火灾是世界各国所面临的一个共同的灾难性问题，对人类社会的发展进步、人民的生命及公共财产安全已构成了十分严重的危害。

一、火灾的危害

（一）导致人员伤亡

据统计，2021年全国消防救援队伍共接待处置各类警情195.6万起，出动消防救援人员2040.8万人次、消防车363.6万辆次，累计从灾害现场营救被困人员19.5万人，疏散遇险人员46.7万人；共接报火灾74.8万起，死亡1987人，受伤2225人，直接财产损失67.5亿元。由此表明，火灾对人类的生命安全构成了严重威胁。

【案例10】

2000年12月25日，某商厦地下一层焊接人员明知商厦地下二层存有大量可燃木制家具，却在不采取任何防护措施的情况下违章作业，电焊火花溅落到地下二层家具商场的可燃物上导致火灾发生。火灾发生后，肇事人员与该商厦在现场的职工和领导既不报警，也不通知四层娱乐城人员撤离，致使娱乐城大量人员丧失逃生机会，造成309人死亡、7人受伤，直接财产损失275.3万元。这起特别重大火灾事故给当地人民群众生命安全造成了巨大危害。

（二）毁坏物质财富

俗话说，水火无情。火灾，能烧掉人类经过辛勤劳动创造的物质财富，使城镇、乡村、工厂、仓库、建筑物和大量的生产、生活物资化为灰烬；火灾，能将成千上万个温馨家园变成废墟；火灾，能吞噬掉茂密的森林和广袤的草原，使宝贵的自然资源化为乌有；火灾，能烧掉大量文物、古建筑等稀世瑰宝，使珍贵的历史文化遗产毁于一旦，将人类文明成果付之一炬。另外，火灾所造成的间接财产损失往往比直接财产损失更为严重，这包括受灾单位自身的停工、停产、停业，以及相关单位生产、工作、运输、通信的停滞和灾后的救济、抚恤、医疗、重建等工作带来的更大的投入与花费。至于文物、古建筑火灾和森林火灾，造成不可挽回的损失，更是难以用经济价值计算的。

【案例11】

2015年8月12日，某公司危险品仓库发生特别重大火灾爆炸事故，共造成165人死亡、798人受伤，共计304幢建筑物、12428辆商品汽车、7533个集装箱受损，直接经济损失68.66亿元。

（三）破坏生态环境

火灾的危害不仅表现为残害人类生命、毁坏物质财富，而且还会严重影响和破坏人类生存和发展的大气、海洋、土地、矿藏、森林、草原、野生生物、自然遗迹，人文遗迹、自然保护区、风景名胜区、城市和乡村等生态环境，使水资源和土地资源遭受污染，森林和草地资源减少，大量植物和动物灭绝，干旱少雨，风暴增多，气候异常，生物多样性减少，生态环境恶化。由于生态平衡遭到破坏，导致生态系统的结构和功能严重失调，从而严重威胁人类的生存和发展。

【案例12】

2005年11月13日，某石化公司双苯厂硝基苯精馏塔发生爆炸。除造成8人死亡、 60人受伤，直接经济损失6908万元外，还引发了松花江水污染事件。由于双苯厂没有事故状态下防止受污染的“清净下水”流入松花江的措施，爆炸事故发生后，未能及时有效防止泄漏出来的部分物料和循环水，以及抢救事故现场消防水与残余物料的混合物流入松花江，致使苯、苯胺和硝基苯等98吨残余物料通过清净废水排水系统流入松花江，引发特别重大水污染事件。为此，当地政府发出临时停水4天的公告，市民们经历了一场前所未有的水荒大考验。

（四）影响社会和谐稳定

公众聚集场所、医院及养老院、学校和幼儿园、劳动密集型企业、宗教活动场所等人员密集场所，如果发生群死群伤火灾事故，或者涉及能源、粮食、资源等国计民生的行业发生火灾时，往往还会严重影响人民正常的生活、生产、工作、学习等秩序，形成一定程度的负面效应，扰乱社会的和谐稳定，破坏人民的安居乐业和国家的长治久安。

【案例13】

1994年12月8日，某剧场在演出过程中，因舞台纱幕后的第7号光柱灯离纱幕太近将其烤燃，导致剧场内突发火灾，火势迅速蔓延，整个剧场浓烟弥漫，各种易燃材料燃烧后产生大量有害气体。由于剧场绝大多数安全门紧锁，场内人员无处逃生，造成325人被烧死或中毒窒息死亡（其中中小学生228人）、132人受伤。

二、灭火的基本原理和方法

根据燃烧条件理论，防火的基本原理为限制燃烧必要条件和充分条件的形成，即只要防止形成燃烧条件，或避免燃烧条件同时存在并相互结合作用，就可以达到预防火灾的目的。

预防火灾的主要措施是控制可燃物、隔绝助燃物、清除着火源，或设法切断三者之间的相互结合和作用。

（一）灭火的基本原理

根据燃烧条件理论，灭火的基本原理就是破坏已经形成的燃烧条件，即消除助燃物、降低燃烧物温度、中断燃烧链式反应、阻止火势蔓延扩散，不形成新的燃烧条件，从而使火熄灭，最大限度地减少火灾带来的危害。

（二）灭火的基本方法

根据灭火的基本原理，灭火的基本方法主要有冷却灭火法、窒息灭火法、隔离灭火法和化学抑制灭火法四种。火灾时具体采用哪种灭火方法，应根据燃烧物的性质、燃烧特点和消防器材性能，以及火场具体情况等进行判断与选择。

1. 冷却灭火法

冷却灭火法是指将燃烧物的温度降至物质的燃点或闪点以下，使燃烧停止。采用冷却灭火法的主要措施：一是将直流水、开花水、喷雾水直接喷射到燃烧物上；二是向火源附近的未燃烧物不间断地喷水降温；三是对于物体带电燃烧的火灾可喷射二氧化碳灭火剂冷却降温。

2. 窒息灭火法

窒息灭火法是指通过隔绝空气，消除助燃物，使燃烧区内的可燃物质无法获得足够的氧化致助燃，从而使燃烧停止。采用窒息灭火法的主要措施：一是用灭火毯、沙土、水泥、湿棉被等不燃或难燃物覆盖燃烧物；二是向着火的空间灌注非助燃气体，如二氧化碳、氮气、水蒸气等；三是向燃烧对象喷洒干粉、泡沫、二氧化碳等灭火剂覆盖燃烧物；四是封闭起火建筑、设备和孔洞等。

3. 隔离灭火法

隔离灭火法是指将正在燃烧的物质与火源周边燃烧的物质进行隔离或移开，中断可燃物的供给，使其无法形成新的燃烧条件，阻止火势蔓延扩大，使燃烧停止。采用隔离灭火法的主要措施：一是将火源周边未着火的物质搬移到安全处；二是拆除与火源相连接或毗邻的建（构）筑物；三是迅速关闭流向着火区的可燃液体或可燃气体的管道阀门，切断液体或气体的输送来源；四是用沙土等堵截流散的燃烧液体；五是用难燃或不燃物体遮盖受火势威胁的可燃物质等。

4. 化学抑制灭火法

化学抑制灭火法是指使灭火剂参与到燃烧反应过程中，抑制自由基的产生或降低火焰中的自由基浓度，中断燃烧的链式反应。其灭火措施是往燃烧物上喷射七氟丙烷灭火剂、六氟丙烷灭火剂或干粉灭火剂，中断燃烧链式反应。

三、学校火灾预防

（一）预防火灾措施

高校一旦发生火灾，势必影响高校的稳定，影响学校的教学、科研、生活的正常进行，给师生造成许多不方便和困难。大学生入校后，在防火问题上应树立“从我做起，从现在做起”的意识。

1. 加强安全教育，增强安全意识

只有提高了防火安全意识，才会时刻留意身边的火灾隐患，控制一切火源；才会把预防火灾放在首位，时刻保持高度警惕；才会主动学习消防知识，掌握防范措施，避免火灾事故的发生。

2. 完善消防安全规章制度

为了保障安全，学校制定有关防火安全管理规定，诸如不得私拉乱接电源，不得未经批准随意增加用电设备，禁止使用电炉等大功率电器；禁止在教学楼、实验楼、宿舍楼、图书馆等公共场所吸烟；禁止在宿舍使用明火、蜡烛等。绝大多数学生均能规范遵守，但也有极少数学生因为缺乏认识，常常违反安全规定，导致火灾发生。

3. 加强消防法律法规的学习

为有效避免火灾的发生，我国以法律的形式进行了强制性规范。《中华人民共和国消防法》(下称《消防法》)第五条规定，任何单位、个人都有维护消防安全，保护消防设施，预防火灾，报告火警的义务。同时《中华人民共和国刑法》第一百一十四条及一百一十五条，对防火及过失引起火灾的法律责任也进行了明确规定，其中故意纵火的最高刑罚是死刑。大学生应当知道由于自己不慎或违规引起火灾要负法律责任。

（二）学校重点场所的火灾预防

1. 教室火灾预防

（1）学校要对教室内的电线进行定期检查，及时更换老化电线，防止超载引起火灾；

（2）定期清理教室内堆放的杂物及其他易燃物品；

（3）一旦发生火险火情，在场老师要迅速判断起火原因，采取果断措施，切断火源，有效控制火势蔓延扩大，等待救援；

（4）立即拨打报警电话救助；

（5）稳定学生情绪，组织学生迅速撤离，撤离过程中防止发生拥挤踩踏。

2. 实验室火灾预防

（1）在实验室、教研室实习或工作时，要严格遵守各项安全管理规定、安全操作规程等相关制度；

（2）使用仪器设备前，应认真检查电源、管线、火源、辅助仪器设备等情况。仪器使用完毕后应认真进行清理，及时关闭电源、火源、气源、水源等，还应清除杂物和垃圾。尤其是使用易燃、易爆危险品时，更要认真执行防火安全的相关规定；

（3）中途离开实验室时，应切断电源；

（4）禁止在实验室内抽烟；

（5）不能在实验室内给手机等电子产品充电；

（6）定期进行安全检查，防止电线老化或超载工作引发火灾；

（7）按规定配备消防器具；

（8）工作人员能熟练使用消防器具；

（9）实验药品和器材按规定有序存放；

（10）每次实验前，指导老师必须事先对实验项目和操作规程进行详细说明，并全程跟踪实验过程；

（11）实验结束后，指导老师应及时清理残留药品，防止药品发生自燃等；

（12）一旦发生火险，指导老师要保持镇静，立即采取果断措施，迅速切断火源，并用自备的灭火器进行灭火，防止火势蔓延扩大；

（13）维护火灾现场秩序，组织学生有序撤离，防止在疏散过程中发生拥挤踩踏事件。

3. 学生宿舍火灾预防

（1）宿舍内严禁使用电炉、电饭煲、电磁炉、电水壶、电吹风、电热杯、热得快、电热毯、取暖器、暖手宝等未经学校批准的大功率电器；

（2）不准在宿舍内乱拉、乱接电线；

（3）禁止在宿舍内吸烟；

（4）定期进行安全检查，严格遵守用电制度，离开宿舍时要切断所有电源；

（5）严禁在楼内焚烧杂物；

（6）不准携带易燃易爆和危险化学品进入宿舍；

（7）不准占用和堵塞疏散通道；

（8）不得人为损坏灭火器具和消防设施；

（9）一旦发现火险火情，管理工作人员要迅速切断火源，并立即拨打报警电话，使用学校配备的灭火器具进行灭火自救，防止火势蔓延扩大，相关人员应立即组织学生有序撤离，防止发生拥挤踩踏事件。

4. 图书馆火灾预防

（1）定期检修线路设施，防止电线老化，严禁使用大功率电器，防止超负荷用电造成短路引起火灾；

（2）严格控制进馆人数，始终保持疏散通道畅通；

（3）不得携带易燃易爆和危险化学品进入图书馆；

（4）不得在图书馆内吸烟、乱扔烟头或使用明火；

（5）按规定配备灭火器具和消防设施；

（6）工作人员能熟练使用灭火器具；

（7）一旦发生火险火情，现场工作人员要立即采取措施，迅速切断火源，使用自备灭火器具进行灭火自救，防止火势蔓延扩大；

（8）稳定现场师生的情绪，组织学生有序撤离，防止发生拥挤踩踏事件。

5. 报告厅火灾预防

（1）定期进行安全检查，及时维修和更换老化线路，防止因电路老化短路引发火灾；

（2）严禁使用明火，严禁吸烟和乱扔烟头；

（3）按规定配备灭火器具，且工作人员能熟练使用；

（4）大功率照明设施设计布局合理；

（5）不得使用不符合规定的易燃装饰物；

（6）场馆要严格核定进馆人数；

（7）如有大型活动，安全门和疏散通道必须畅通；

（8）一旦发生火险火情，在场工作人员要立即切断火源，使用自备灭火器进行灭火自救，防止火势蔓延扩大；

（9）一旦发生火险火灾，现场工作人员要采取有效措施控制局面，稳定师生情绪，组织师生有序撤离，防止发生拥挤踩踏事件。

6. 电动车火灾预防

（1）合理控制充电时间。根据电瓶容量大小，一般在8～10小时内可完成充电，充电后要及时拔掉电源；

（2）不要在住宅内充电。电动车不要进入电梯、不要上楼，室内易燃物品较多，一旦起火容易酿成火灾事故。不要飞线充电，飞线充电在天气突变等情况下容易发生火灾；

（3）不要将电动车停放在楼道。不要在公共门厅、疏散走道、楼梯间、安全出口等区域停放电动车或为电动车充电，若电动车在这些地方起火，会直接阻断消防逃生通道，影响人员逃生；

（4）不要盲目改装电动车。超期使用电动车，电气线路和电瓶会出现老化、短路等情况，如果再加装音响、照明或改装电瓶，容易造成线路超负荷，引发火灾；

（5）充电环境需通风。充电时，最好把电池盒充电器或电动车放在可以通风的环境，便于散热，避免车辆存放时遇到暴晒、淋雨等现象；

（6）远离易燃易爆物品。电动车在充电时，要仔细检查附近是否堆放了易燃易爆物品，以防电动车在起火时引燃附近物品，造成更大的火灾；

（7）加强日常自查自控。不要购买和使用非标和超标电动车。在日常生活中，应该树立消防安全意识，杜绝侥幸心理，加强对电动车电线、电路等方面的检查，防止接触不良引起接触点打火，避免因线路老化、磨损引发短路、串电等。

7. 餐厅火灾预防

（1）餐厅防火应经常检查电源、火源、气源、水源设施安全；

（2）定期清理烟道、清除存在火患的杂物和垃圾；

（3）员工按照规定一丝不苟地进行操作。

第三节　火灾自救与逃生

一、火灾的发展规律

多数火灾是从小到大、由弱到强，逐步发展为大火的。火灾的形成过程一般分为初起、成长、猛烈、衰退四个阶段，前三个阶段是造成火灾危害的关键。

（一）火灾初起阶段

火灾初起阶段，火源面积不大，火焰不高，烟和气体的流速不快，燃烧温度低，辐射热度不强，火势向周围发展的速度比较缓慢。这段时间的长短，随建筑物结构及空间大小的不同而决定。在这种情况下，只要及时发现并立即用灭火器材灭火，均能将火扑灭。灭火方法：一是发现初起火灾不要惊慌失措，要勇敢地以最快速度、最有效的办法进行灭火，同时呼喊他人帮忙。扑救时要在确保自身安全的前提下进行，如烟雾大要用湿毛巾等捂住口鼻，将灭火器对准火焰根部喷射，并尽量使自己处在上风位置；二是如果是电器导致火灾发生，首先要切断电源，防止救火中发生触电事故。

（二）火灾成长阶段

如果初起阶段的火未被发现或扑灭，随着燃烧时间的延长，燃烧强度增大，温度逐渐上升，燃烧区内逐步被烟气所充满，周围的可燃物迅速被加热，此时气体对流增强，燃烧速度加快，燃烧面积迅速扩大，会在一瞬间形成一团大的火焰。在这种情况下，如果火势较猛不能立即扑灭，要一边灭火，一边向学校保卫部门和公安机关报告火情（火警电话119）。报告时要沉着镇定，讲清起火的详细地点（如某大学某校区某宿舍楼某房间）、火势情况、着火的对象、类型和范围，把自己所用电话号码告诉对方，以便联系。当对方讲“消防来了”，即可将电话挂断，派人到校门口和必经的路口等候，引导消防车快速到达火灾现场。

（三）火灾猛烈阶段

随着燃烧时间的延长，燃烧速度不断加快，燃烧面积迅速扩大，燃烧温度急剧上升，持续温度达600°C～800°C，辐射热度最强，气体对流达到最高速度，燃烧物质的放热量和燃烧产物达到最高数值，此时建筑材料和结构受到破坏，发生变形或倒塌。这段时间的长短和温度高低，取决于建筑物的耐火等级。在这种情况下，要做到头脑冷静，不要慌乱，应选择最佳的疏散方法进行逃生自救。

（四）火灾衰退阶段

猛烈燃烧过后，火势衰退，室内温度下降，烟雾消散，火灾渐渐平息。

由此可见，火灾的初起阶段是灭火和安全疏散的最有利时机，一旦发现起火，要立即采取报警和扑救措施，将火及时扑灭，否则火势会迅速蔓延扩大。

二、火灾的自救

提高大学生应对火灾事故的能力，不仅要做好火灾的预防工作，而且要学会处置火灾事故的方法。比如火灾的报警、初期火灾的扑救、火场的逃生等。火灾事故发生时，建筑物内的可燃物，特别是化学合成材料容易着火，燃烧过程中能产生大量的碳、二氧化碳及其他有害气体，同时消耗空气中大量的氧气，严重危害人体，人员如果不及时疏散，势必造成中毒、窒息或烧伤致死。火灾的自救就是最大限度地控制火灾事故的扩大，减少或降低火灾事故造成的危害。

（一）火灾自救注意事项

（1）在火灾中，被困人员应有良好的心理素质，保持镇静，不要惊慌，不盲目行动，选择正确的逃生方法。必须注意的是，火灾现场的温度是十分惊人的，而且烟雾会挡住视线。在电影和电视里看到的火灾场面，我们感觉一切都非常清晰，那是因为在火场上的浓烟以外拍摄的。当处于火灾现场时，能见度非常低，甚至在长期居住的房间里也搞不清楚窗户和门的位置，在这种情况下，更需要保持镇静，不能惊慌。

（2）如果被困在火灾中，应当利用周围一切可利用的条件逃生，可以利用消防电梯、室内楼梯进行逃生。普通电梯千万不能乘坐，因为普通电梯极易断电，没有防烟功效，火灾发生时被卡在空中的可能性极大，同时，也可以利用建筑物外墙的水管进行逃生。

（3）发生火灾后，会产生浓烟，遇到浓烟时要马上停下来，千万不要试图从烟火里直立出来，在浓烟中采取低姿势爬行。火灾中产生的浓烟由于热空气上升的作用，大量的浓烟将飘浮在上层，因此在火灾中离地面30厘米以下的地方还应该有空气，因此，在浓烟中尽量采取低姿势爬行，头部尽量贴近地面。

（4）在浓烟中逃生，如果防护不当，则容易将浓烟吸入体内，导致昏厥或窒息，同时眼睛也会因烟的刺激，导致刺痛而睁不开。此时，可以利用透明塑料袋，透明塑料袋不分大小都可利用，使用大型的塑料袋可将整个头罩住，并提供足量的空气供逃生之用，如果没有大型塑料袋，小的塑料袋也可以，虽然不能完全罩住头部，但也可以遮住口鼻部分，供给逃生需要的空气。使用塑料袋时，一定要充分将其完全张开，但千万别用嘴吹开，因为吹进去的气体都是二氧化碳，效果适得其反。

（5）如果客厅起火，而人在卧室时，首先应该用手背去接触房门，试一试房门是否已变热，如果是热的，门不能打开，否则烟和火就会冲进卧室；如果房门不热，火势可能还不大，通过正常的途径逃离房间是可能的。离开房间以后，一定要随手关好身后的门，以防火势蔓延。

（二）火灾报警方法及报警内容

“任何人发现火灾时，都应当立即报警。任何单位、个人都应当无偿为报警提供便利，不得阻拦报警。”《消防法》第三十二条对报警作了明确规定，报警是每个公民应尽的义务。消防工作实践证明，报警晚是酿成火灾的重要原因之一，除自然灾害和易燃易爆危险品发生特殊火灾外，几乎所有大火都与报警晚有密切关系。

1. 及时报警的意义

经验告诉我们，在起火之后的十几分钟内，能否将火扑灭，这是个关键的时刻。把握住这个关键时刻主要有两点：一是利用现场的灭火器材及时扑救；二是同时报火警，以便调集足够的力量，尽早地控制和扑灭火灾。不管火势大小，只要发现失火，就应立即报警。不要以为自己有足够的力量扑灭火灾就不向消防队报警。因为火势的发展往往是难以预料的，如扑救方法不当，对起火物质的性质不了解，灭火器材的效用所限等原因，均有可能控制不住火势而酿成大火灾，此刻才想起报警，即使消防队到场扑救，也必然费时费力，造成一定的损失。有时由于火势已发展到猛烈阶段，大势已定，消防队到场只能控制火势不使其蔓延扩大，但损失和危害已成定局。所以，报警早，损失少，就是这个道理。

2. 报警方法

（1）拨打“119”火灾报警电话。

（2）使用报警设施设备，如报警按钮报警。

（3）通过应急广播系统发布火警信息和疏散指示。

（4）条件允许时，可派人至就近消防站报警。

（5）使用预先约定的信号或方法报警。

3. 电话报警的主要内容

（1）起火单位和场所的详细地址。包括单位、场所及建筑物和街道名称，门牌号码，靠近何处，并说明起火部位及附近的明显标志等。

（2）火灾基本情况。包括起火的场所和部位、着火的物质、火势的大小、是否有人员被困、火场有无化学危险源等，以便消防救援部门根据情况派出相应的灭火车辆。

（3）报警人的姓名、单位及电话号码等相关信息。

（三）扑救初起火灾的基本程序和方法

1. 基本程序

（1）发现起火后，应利用就近消火栓、灭火器等设施灭火，启动火灾报警按钮或拨打报警电话，及时通知保卫值班人员。

（2）火灾确认后，迅速启用消防设施，第一时间组织力量灭火，并向相关人员通报火灾情况。

（3）组织引导人员疏散，协助有需要的人员撤离。

（4）设立警戒线，阻止无关人员进入火场，维护现场秩序。

2. 基本方法

（1）利用室内外消火栓，直接将水喷洒到燃烧物表面或燃烧区域内，利用水受热汽化原理降低燃烧现场温度，达到冷却灭火的效果。

（2）将泡沫等灭火剂喷洒到燃烧物表面形成保护层，隔绝空气终止燃烧，或转移着火区域附近的易燃易爆物品至安全区域，开辟防火隔离带等，以达到隔离灭火的效果。

（3）当有限空间发生火灾时，可采取封堵孔洞、门窗等方法，阻止空气进入燃烧区域，或向封闭空间内注入惰性气体降低氧含量，以达到窒息灭火的效果。

（4）将干粉等灭火剂喷洒到燃烧区域参与阻止燃烧反应，使燃烧停止，达到抑制灭火的效果。灭火时，需将足量的灭火剂喷洒到燃烧区域内，燃烧终止后仍需要采取冷却降温措施，防止复燃。

（四）常用灭火器材的使用方法

1. 手提式灭火器的使用方法和注意事项

（1）使用方法。

以干粉灭火器为例，使用灭火器灭火时，先将灭火器从设置点提至距离燃烧物2～5米处，然后拔掉保险销，一手握住喷筒，另一手握住开启压把并用力压下鸭嘴，灭火剂喷出，对准火焰根部进行扫射灭火，随着灭火器喷射距离缩短，操作者应逐渐向燃烧物靠近。手提式灭火器的操作要领归纳为“一提，二拔，三压，四射”。灭火器的使用方法如图7-1所示。

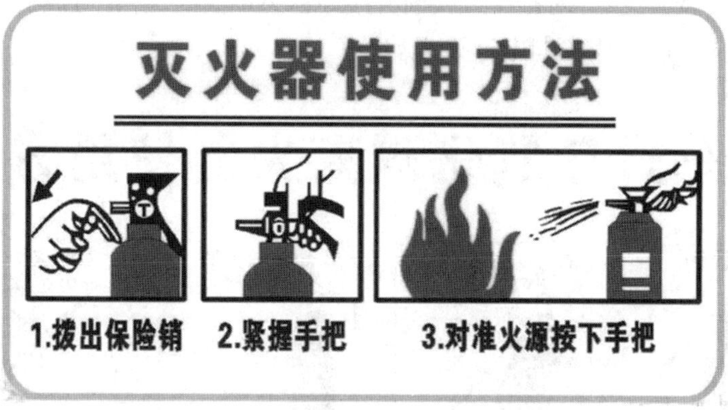

灭火器的使用方法

图 7-1　灭火器的使用方法

（2）注意事项。

①使用干粉灭火器过程中，灭火器应始终保持竖直状态，避免颠倒或横卧造成灭火剂无法正常喷射。有喷射软管的灭火器或贮压式灭火器在使用时，一手应始终压下压把，不能放开，否则喷射会中断。

②使用二氧化碳灭火器灭火时，手一定要握在喷筒手柄处，接触喷筒或金属管要戴防护手套，以防局部皮肤被冻伤。

③扑救可燃液体火灾时，应避免灭火剂直接冲击燃烧液面，防止可燃液体流散扩大火势。

④扑救火灾时，应由近及远喷射灭火剂，直至灭火。

⑤扑救电气火灾时，应先断电后灭火。

2. 推车式灭火器的操作使用方法和注意事项

（1）使用方法。

以推车式干粉灭火器为例，使用时一般由两人协同操作，先将灭火器推拉至现场，在上风方向距离火源约10米处做好喷射准备。然后一人拔掉保险销，迅速向上扳起手柄或旋转手轮到最大开度位置打开钢瓶；另一人取下喷枪，展开喷射软管，然后一只手握住喷枪枪管行至距离燃烧物1～2米处，将喷嘴对准火焰根部，另一只手开启喷枪阀门，灭火剂喷出灭火。喷射时要沿火焰根部喷扫推进，直至把火扑灭。灭火后，放松手握开关压把，开关即自行关闭，喷射停止，同时关闭钢瓶上的启闭阀。推车式灭火器的操作要领归纳为“一推，二拔，三展，四开，五扣，六射”。

（2）使用注意事项。

推车式灭火器的使用方法，如图7-2所示。

①使用时注意喷射软管不能打折或打圈。

②灭火时对准火焰根部，应由近及远扫射推进，注意死角，防止复燃。

③使用二氧化碳灭火器时，手一定要握在喷筒手柄处，接触喷筒或金属管要戴防护手套，应避免触碰喇叭筒喷嘴前部，防止冷灼伤。在狭小空间喷射灭火剂时，应提前采取预防措施，防止人员窒息。

④扑救可燃液体火灾时，应避免灭火剂直接冲击燃烧液面，防止可燃液体流散扩大火势。

⑤扑救电气火灾时，应先断电后灭火。

图 7-2　推车式灭火器的使用方法

3. 室内消火栓使用方法和注意事项

室内消火栓是扑救建筑物室内火灾的主要设施，通常安装在消火栓箱内，与室内消防给水管网连接，消防水带和水枪是其配套器材。消火栓的使用方法如图7-3所示。

①打开室内消火栓箱门。

②取出消防水带，向着火点展开。

③按顺时针方向将消防水带与消火栓接口连接。

④将消防水带另一端与水枪连接。

⑤按逆时针方向旋转消火栓手轮打开水阀，手握水枪头对准火焰根部进行灭火。

⑥注意：使用时须两人以上，并确认着火物已断电时，才能出水进行扑救。

图 7-3 消防栓的使用方法

（五）灭火注意事项

（1）判明情况。灭火时要迅速判明起火物质的类别、火势大小，确定灭火方法，并视情况报警、处置或疏散逃生。如扑救密闭条件较好且面积较小的室内火灾时，没做好灭火准备前不能急于开启门窗，以防新鲜空气进入后助长火势。

（2）拉闸断电。火灾发生后，要迅速拉闸断电、关闭电源，防止触电事故发生。

（3）就地取材。根据火灾类别选用适当的灭火器材和一切可用的工具灭火，如扫帚、沙土、棉被，脸盆、水桶内的水等。

（4）对准根部。使用灭火器灭火时，必须对准火焰的根部喷射。

（5）保护自身。火场中烟雾弥漫，灭火时，要做好自身防烟保护，并要防范高空坠物及建筑物坍塌。

（6）背对出口。灭火时应背对逃生出口，一旦灭火失败，迅速从出口撤离火场。

（7）阻止蔓延。注意观察火势蔓延的方向，及时清除起火物附近的其他可燃物，阻止火灾的蔓延。

（8）灭后浇水。明火扑灭后要向未燃尽的可燃物再浇水冷却，防止复燃。

（9）保护现场。灭火后要注意保护好现场，以便进行火灾原因调查。

三、疏散逃生

应急疏散就是引导人员向安全区撤离。《消防法》规定，机关、团体、企业、事业等单位应当落实消防安全责任制，制定本单位的消防安全制度、消防安全操作规程，制定灭火和疏散应急预案；人员密集场所发生火灾，该场所的现场工作人员应当立即组织、引导在场人员疏散。由此可以看出，发生火灾后，及时组织自救，有序开展人员应急疏散，是发生火灾单位应当履行的消防安全职责。

（一）应急疏散逃生的基本原则

1. 统一指挥

（1）实施统一指挥可有效避免在疏散逃生过程中产生混乱、交叉和拥堵，提高效率。

（2）实施统一指挥应以有计划、有步骤、有方法、有秩序和有保障为前提。

（3）实施统一指挥应充分利用应急广播系统、扩音器等设备，统一发布火警信息，指引方向，严防自行其是。

2. 有序组织

（1）组织疏散逃生应明确优先顺序，优先安排受火势威胁最严重或最危险区域内的人员疏散。

（2）组织疏散逃生通常按照先着火层、再着火层上层、最后着火层下层的顺序进行，以疏散至安全区域为主要目标。

（3）当仅有唯一疏散路径时，必须合理安排先后顺序，分别进行引导；当具备多条疏散路径和辅助安全疏散设施时，应合理分配路径和设施，在互不干扰的前提下组织人员疏散逃生。

3. 确保安全

（1）疏散逃生过程中严禁使用普通电梯，防止因烟火蔓延侵入造成人员伤亡。

（2）疏散逃生过程中应利用安全疏散设施或开启紧急电梯抢救被困人员。

（3）疏散逃生过程中应同时组织力量利用室内消火栓、防火门、防火卷帘等设施控制初起火势，启动通风和排烟系统降低烟雾浓度，防止烟火侵入疏散通道，为疏散逃生创造安全环境。

（二）应急疏散逃生的组织与实施

1. 发布火警

（1）利用应急广播系统、警铃、室内电话等设施设备以及通过喊话等方式发布火警信息。

（2）发布的信息应包含教育宣传内容，稳定人员情绪，告知最佳疏散路线、疏散方法和注意事项。

2. 应急响应

（1）单位内部人员应预先了解应急情况下由职责分工，根据统一指令迅速行动。

（2）开启消防水泵，切断电源，关闭防火分隔设备，启动通风排烟系统等。

（3）引导被困人员按预定路线向安全区域疏散，或实施临时避难等待救援。

3. 引导疏散

（1）疏散过程中应加强安全管理，维护疏散秩序，必要时可采取强制措施，防止拥挤、踩踏、摔伤等事故发生。

（2）在疏散路径上的转弯、岔道、交叉口等易迷失方向的位置设立引导人员指示方向。

（3）引导疏散应有组织地进行，引导被困人员按照疏散走道、疏散楼梯等设施向着火层下层疏散直至到达地面安全区域。

（4）当下行疏散路径受阻时，应注意稳定被困人员情绪，在确保安全的前提下，利用辅助疏散设施实施疏散，并开辟临时避难场所，及时联系外部救援力量等待救援。

（三）火场逃生自救注意事项

（1）生命至上，不因寻找贵重财物、忙于穿衣等延误逃生时间。

（2）沉着镇定，控制情绪，不乱窜乱撞、不乘坐电梯、不轻易跳楼。

（3）不随意开启门窗，撤离房间、通过防火门后要随手关闭，控制火势、烟气蔓延。

（4）低层起火不能执意向下逃生，如人员聚集、疏散困难，可上至更高的楼层或楼顶避难。

（5）服从救援人员的指挥，或耐心搜寻安全疏散指示，沿指示方向行进，不可低头乱跑、盲从他人，更不能在浓烟中大声呼喊、吵闹、直立奔跑。

（6）利用绳索逃生时，绳索每1米处要打结，固定位置要远离火焰侵袭处，并用毛巾、手套等保护手掌心。绳索不够长时，可下滑到无烟火的楼层窗台，破窗进入安全层，再撤离到室外。

（7）沿落水管下滑逃生时，要注意检查落水管固定是否牢固，否则不能使用。

（8）被困于室内时，要靠近背火窗户或蹲在阳台角，避开烟火靠墙躲避。

（9）团结互助，主动协助体弱、患病、行动有困难的人员撤离，遇有人员摔倒要立即将其扶起，防止踩踏。

（10）不围观火场，以免妨碍救援工作，或因发生爆炸、坍塌事帮，危害自身。

突发火灾如何正确逃生

（四）逃生常见错误

（1）冒险跳楼逃生。发生火灾时，当选择的逃生路线被大火封死，火势愈来愈大、烟雾愈来愈浓时，人们就很容易失去理智。此时，切记不要跳楼、跳窗，而应另谋生路，坚决不可采取冒险行为。

（2）从高处往低处逃生。特别是高层建筑一旦失火，人们总是习惯性地认为，只有尽快逃到一层，跑出室外，才有生的希望。殊不知，盲目朝楼下逃生，可能自投火海。因此，在发生火灾时，有条件的可登上房顶或在房间内采取有效的防烟、防火措施后等待救援。

（3）向光亮处逃生。在突遇火灾时，人们总是习惯向着有光、明亮的方向逃生。而这时的火场中，光亮之地正是火魔肆无忌惮地逞威之处。

（4）盲目跟着别人逃生。当突然面临火灾威胁时，极易因惊慌失措而失去正常的判断思维能力，第一反应就是盲目跟着别人逃生。常见的盲目追随行为有乘坐电梯、逃（躲）进厕所、浴室、门角等。克服盲目追随的方法是，要多了解与掌握一定的消防自救与逃生知识，避免事到临头没有主见。

（5）从进来的原路逃生。这是许多人在火灾中逃生会发生的行为。因为大多数建筑物内部的道路出口一般不为人们所熟悉，一旦发生火灾时，人们总是习惯沿着进来的出入口和楼道进行逃生，当发现此路被封死时，已失去最佳逃生时间。因此，当进入一幢新的大楼或宾馆等场所时，一定要对周围的环境和出入口进行必要的了解与熟悉，以防万一。

（五）野外火灾的逃生自救

遭遇野外山林火灾时，要谨记以下五点。

（1）保持镇定，及时报警求助，并迅速寻找安全地带转移。

（2）身处火场，判断火势大小，密切注意风向变化，逆风快速逃生。

（3）处于下风向时，用水弄湿全身，遮住口鼻或用衣物蒙住头部果断迎风穿越着火带，逃向火已烧过或杂草稀疏、地势开阔的地段、河流进行躲避。

（4）在半山腰被大火围困时，应迅速向山下方向逃离。

（5）火势较大无路可逃时，立即就地挖坑，脱去衣物躺入其中，再用铺上泥土的衣物覆盖身体，手曲成环状放在口鼻上以便呼吸，当火焰通过时，要屏住呼吸。

拓展学习

【阅读知识】

疏散逃生方法

一旦火灾降临，在浓烟毒气和烈焰包围下，不少人葬身火海，也有人死里逃生幸免于难。“只有绝望的人，没有绝望的处境”，面对滚滚浓烟和熊熊烈焰，只要冷静机智运用火场自救与逃生知识，就有极大可能拯救自己。因此，多掌握一些火场自救的要诀，困境中也许就能获得第二次生命。

（1）熟悉环境，牢记出口。首先要了解和熟悉经常或临时所处建筑物的消防安全环境。对通常工作、学习或居住的建筑物，事先可制订较为详细的逃生计划，以及进行必要的逃生训练和演练。对确定的逃生出口、路线和方法，要让所有人员都熟悉掌握。必要时可把确定的逃生出口和路线绘制成图，张贴在明显位置，以便平时大家熟悉，一旦发生火灾，则按逃生计划顺利逃出火场。当人们外出，走进商场、宾馆、酒楼、歌舞厅等公共场所时，要留心看一看入口和安全出口，留意消防器材和救生器具的位置，以便遇到火灾时能及时疏散和灭火。只有警钟长鸣，养成习惯，才能处险不惊，临危不乱。

（2）通道出口，畅通无阻。楼梯、通道、安全出口等是火灾发生时最重要的逃生之路，应保证畅通无阻，切不可堆放杂物或设闸上锁，以便紧急时能安全迅速地通过。请记住：

自断后路，必死无疑。

（3）扑灭小火，惠及他人。当发生火灾时，如果发现火势并不大，且尚未对人造成很大威胁时，当周围有足够的消防器材，如灭火器、消防栓等，应奋力将小火控制、扑灭；千万不要惊慌失措地乱叫、乱窜，置小火于不顾而酿成大灾。请记住：争分夺秒，扑灭“初期火灾”。

（4）扑灭初期火灾的六个方法如下。

①就地取材，灭火器、黄沙、毛毯、棉被覆盖火焰，然后用水扑灭。

②个别物品起火，要赶快把着火物搬到室外灭火。

③将着火点附近的可燃物及时移至安全地点。

④油锅起火，不能用水灭火（原因是油比水轻，容易蔓延），而应盖上锅盖，关闭煤气阀门，再灭火。

⑤煤气、液化气着火，要先关阀门，用围裙、衣物、棉被等浸水捂盖，浇水扑灭。

⑥家用电器着火，先切断电源，然后用毛毯、棉被将其熄灭，电视机着火时人要站在侧面灭火，防止显像管爆裂伤人。

（5）保持镇静，明辨方向，迅速撤离。突遇火灾，面对浓烟和烈火，首先要令自己保持镇静，根据平时对环境的熟悉情况，迅速判断危险地点和安全地点，决定逃生的办法，尽快撤离险地。千万不要盲目地跟从人流和相互拥挤、乱冲乱窜。往外面空旷地方跑，若通道已被烟火封阻，则应背向烟火方向离开，通过阳台、气窗、天台等往室外逃生。请记住：只有沉着镇静，才能想出好办法。

（6）撤离险地，不贪财物。在火场中人的生命最重要。火灾有初起、发展、猛烈、减弱和熄灭五个阶段。逃生行动是争分夺秒的行动，一旦听到火灾警报或意识到自己可能被烟火包围，就要尽快撤离，千万不要迟疑，要立即跑出房间，设法脱险，切不可延误逃生良机，不要因害羞或顾及贵重物品，把宝贵的逃生时间浪费在穿衣或寻找、搬离贵重物品上。已经逃离险境的人员，切莫重返险地，自投罗网。请记住：留得青山在，不怕没柴烧。

（7）简易防护，匍匐撤离。发生火灾时，由于物质的不完全燃烧，常常产生大量的一氧化碳、氰化氢、氯化氢、二氧化硫等有毒烟气，一氧化碳在空气中的含量超过1.28%时，即可导致人在1～3分钟内窒息死亡。同时，燃烧中产生的热空气被人体吸入，会严重灼伤呼吸系统的软组织，严重的也可致人窒息死亡。且火灾中，80%的死亡人数是因吸入有毒烟气所致的。因此，在火场疏散逃生时，必须防范烟毒侵害。要沉着冷静，根据火势大小、起火时间、楼层高度，利用消防疏散通道、室内物品等一切可利用的条件，灵活运用所掌握的自救逃生知识技能，选择正确的逃生路线和方法，快速逃生。为了防止火场浓烟呛人，可采用毛巾、口罩蒙鼻，匍匐撤离的办法。先将一条毛巾连续对折3次叠成8层，再用水打湿并拧至水滴慢滴的程度，使含水量控制在毛巾自重3倍以下（毛巾过湿会使呼吸困难），然后用其捂住口鼻，低身弯腰逃离火场。也可采用向身上浇水的方法，或者用湿毯子将身体裹好，身边如没有毛巾，餐巾布、口罩、衣服也可以代替。多叠几层，使滤烟面积增大，将口鼻捂严。穿越烟雾区时，即使感到呼吸困难，也不能将毛巾从口鼻上拿开，烟雾很大时，最好采用匍匐前进的方法，到较为安全的位置后再冲出去。

（8）选择通道，莫入电梯。按规范标准设计建造的建筑物，都会有两条以上逃生楼梯、通道或安全出口。发生火灾时，要根据情况选择进入相对较为安全的楼梯通道，应根据火势情况，优先选用最便捷、最安全的通道和疏散设施，如疏散楼梯、消防电梯、室外疏散楼梯等。有消防专用电梯的，可乘坐消防专用电梯逃生。无消防专用电梯时，千万不要去乘坐普通电梯，因为普通电梯的供电系统在火灾发生时会随时断电，或因热的作用导致电梯变形而将人困在电梯内。同时，由于电梯井犹如贯通的烟筒般直通各楼层，有毒的烟雾会直接威胁被困人员的生命。除可以利用楼梯外，还可以利用建筑物的阳台、窗台、天面屋顶等攀到周围的安全地点沿着落水管、避雷线等建筑结构中凸出物滑下楼也可脱险。

（9）从浓烟弥漫的建筑物通道向外逃生，要防止烟雾中毒、预防窒息。穿过烟火封锁区，应佩戴防毒面具、头盔、阻燃隔热服等护具，如果没有这些护具，那么可向头部、身上浇冷水或用湿毛巾、湿棉被、湿毯子等将头、身裹好，再冲出去。如无其他救生器材时，可考虑利用建筑物的窗户、阳台、屋顶、避雷线、下水管等脱险。请记住：多件防护工具在手，总比赤手空拳好。

（10）缓降逃生，滑绳自救。当各通道全部被浓烟烈火封锁时，高层、多层公共建筑内一般都备有高空缓降器或救生绳、救生带，人员可以通过这些设施安全地离开危险的楼层；如果没有这些专门设施，而安全通道又已被堵，救援人员不能及时赶到的情况下，你可以迅速利用床单、窗帘、衣服等自制简易救生绳，可用水打湿，从窗台或阳台沿绳缓降到下面楼层或地面，安全逃生。如果被火困在2层楼内，若无条件采取其他自救方法并得不到救助，在烟火威胁、万不得已的情况下，也可以跳楼逃生。但在跳楼之前，应先向地面扔些棉被、枕头、床垫、大衣等柔软物品，以便“软着陆”，然后用手扒住窗台，身体下垂，头上脚下，自然下滑，以缩小跳落高度，并使双脚首先落在柔软物上。如果被烟火围困在3层以上的高层内，千万不要急于跳楼，因为距地面太高，往下跳时容易造成重伤和死亡。只要有一线生机，就不要冒险跳楼。安全逃生。请记住：胆大心细，救命绳就在身边。

（11）避难场所，固守待援。如果逃生通道已被切断，或房门用手摸时已烫手，这时若再开门，火苗与浓烟就会迎面扑来。此时应关闭迎火的门窗，打开背火的门窗，用湿毛巾、湿布堵塞迎火的窗缝，或用水浸湿棉被蒙上门窗，然后不停地用水淋湿房间门窗等可燃物件，防止烟火渗入，固守在房内等待救援人员的到来。请记住：坚盾何惧利矛？

（12）缓晃轻抛，寻求援助。被烟火围困暂时无法逃离的人员，应尽量在阳台、窗口等易于被人发现和能避免烟火近身的地方。白天，可以向窗外晃动颜色鲜艳的衣物等；晚上，则可以用手电筒不停地在窗口闪动，或者敲击盆子等声响大的东西，发出求救信号，引起救援者的注意。请记住：充分暴露自己，才能争取有效拯救自己，降低火灾带来的伤害。

（13）火已及身，切勿惊跑。火场上的人如果发现身上着了火，千万不可惊跑或用手拍打。当身上衣服着火时，应赶紧设法脱掉衣服或就地打滚，压灭火苗；能及时跳进水中或让人向身上浇水、喷灭火剂就更有效了。请记住：就地打滚虽狼狈，烈火焚身可免除。

（14）跳楼有术，虽损求生。跳楼逃生，也是一个逃生办法，但应该注意的是：只有消防队员准备好救生气垫并指挥跳楼时或楼层不高（一般4层以下），非跳楼即烧死的情况下，才采取跳楼的方法。跳楼也要讲技巧，跳楼时应尽量往救生气垫中部跳或选择有水池、软雨篷、草地等方向跳；如有可能，要尽量抱些棉被、沙发垫等松软物品或打开降落伞跳下，以减缓冲击力。如果徒手跳楼一定要扒窗台或阳台使身体自然下垂跳下，以尽量降低垂直距离，落地前要双手抱紧头部，身体弯曲卷成一团，以减少伤害。请记住：跳楼不等于自杀，关键是要有办法。

（15）身处险境，自救莫忘救他人。任何人发现火灾，都应尽快拨打“119”电话呼救，及时向消防队报火警。火场中的儿童和老弱病残者，他们本人不具备或者丧失了自救能力，在场的其他人除自救外，还应当积极帮助他们尽快逃离险境。在众多被困人员逃生过程中，极易出现拥挤、聚堆，甚至踩踏的现象，造成通道堵塞和不必要的人员伤亡。相互拥挤、踩踏，既不利于自己逃生，也不利于他人逃生。在火场自救中要发扬互助精神，帮助老人、小孩、病人先疏散，对行动不便者，可用被子、毛毯等包扎好，用绳子吊下。

每个人对自己工作、学习或居住的建筑物的结构及逃生路径要做到了然于胸，必要时可集中组织应急逃生预演，使大家熟悉建筑物内的消防设施及自救逃生的方法。这样，火灾发生时，就不会觉得走投无路了。发生火灾时，除参加扑救的人员外，其他人员都应该迅速撤离现场。如果被大火围困，特别是被围在楼上，应采取一切措施自救逃生。

思考讨论

1. 你的宿舍里存在哪些火灾隐患？
2. 在学习和生活环境中，应如何预防火灾的发生？
3. 遇到火灾警情，应如何自救与逃生？

第八章　公共卫生安全与救护

公共卫生安全是一种集体的愿望，也是一种共同的责任。公共卫生安全对国家政治和经济稳定，对人们的日常生活，对贸易、旅游、商业和服务等均会产生影响。自然的或人为的事件和争端，也给公共卫生安全带来了重要的影响，如疾病与贫困、战争和冲突、气候变化、自然灾害和人为灾难等。

学习目标

通过本章内容学习，使学生了解公共卫生安全知识、常见传染病的种类、预防与救治、动物蜇咬伤的应急处理，熟练掌握现场急救包扎、心肺复苏、呼吸道异物清除（又称海姆立克急救法）等常见急救方法，损伤预防运动及其紧急处理，维护身体的健康与安全。

学习内容

1．公共卫生安全概述。

2．传染病防治。

3．急诊急救。

4．运动损伤及其处理。

重点与难点

1．常见传染病的预防与救治。

2．常见急救知识的应用。

3．运动损伤的预防及其紧急处理。

第一节　公共卫生

一、公共卫生概述

（一）公共卫生简介

公共卫生与普通意义上的医疗服务有一定差别。公共卫生是通过建立评估标准、制定与修订相关政策和保障措施来预防疾病、延长人的寿命和促进民众的身心健康的一门综合管理学科。公共卫生服务是一种成本低、效果好的服务，又是一种社会效益回报周期较长的服务。政府在公共卫生服务中起着举足轻重的作用，并且政府的领导和指挥作用在公共卫生工作中是不可替代的。许多国家对各级政府在公共卫生中的责任有着明确的规定和考核,以利于更好地发挥各级政府的重要作用,促进公共卫生工作的健康、稳定地发展与进步。

（二）我国公共卫生的内涵及领域

公共卫生工作的具体内容包括：对重大疾病尤其是流行性传染病的预防、监控和医治；对食品、药品、公共环境卫生的监督管理，以及相关的卫生宣传、健康教育、免疫接种等。例如，对传染病的控制预防治疗属于典型的公共卫生职能范畴。

我国各级政府在公共卫生工作中承担着集中指导和分级管理的职责。中央政府主要承担制定公共卫生目标和计划的职责；省级政府负责协调中央政府与地方政府关系，发现省内的主要卫生问题，为中央制定政策提供支持，同时指导地方政府的具体实施工作；地方政府负责具体实施公共卫生任务，提供卫生保障服务，满足区域内居民的公共卫生保障服务，以及医疗健康服务等工作。

（三）公共卫生突发事件的定义

突发公共卫生事件，是指突然发生，造成或者可能造成社会公众健康严重损害的重大传染病、群体性不明原因疾病、重大食物和职业中毒以及其他严重影响公众健康的事件。

（四）我国公共卫生治理现状

进入2000年以后，我国的公共卫生保障体系有了长足的进步，我国逐步构建了一套完整的公共卫生保障体系，兼顾了重大传染病防治、突发公共卫生事件处置以及14项基本公共服务等方面内容，该体系在传染病和慢性病防治以及各类公共卫生事件的处置中发挥着越来越重要的作用，充分彰显出了我国社会主义制度的优越性。在法律法规建设方面，我国相继出台了多部与公共卫生治理以及突发公共卫生事件应急管理相关的法律法规。在机构设置上,设立了应急管理部以及公共卫生防疫与救助部门,主要包括各级卫生行政部门、卫生监督管理机构、疾病预防控制机构、医疗救治机构和公共卫生研究机构等，分别负责各自辖区和领域内的重大传染病的监测、预防和控制。

我国正在积极进行区域医疗联合体的构建，区域医疗联合体在解决由区域医疗资源和公共卫生资源配置不均引发的公共卫生问题中，发挥出了显著作用。在突发公共卫生事件的应急管理上，我国形成了以应急预案、体制、机制和法制为主要内容的“一案三制”应急管理体系。在基本公共卫生服务上，基本公共卫生服务项目政府补助标准不断提高，重大公共卫生服务项目覆盖范围得以不断扩大，社区卫生服务基本覆盖了全国区域，尤其是家庭医生在基层社区的深入推广，对于传染病和慢性病防治起着重要的作用。在传染病防治上，我国构建了城市医院、疾控中心与社区卫生服务机构分工协作的新型传染病防治体系，基本建成了覆盖城乡的疾病防控、应急医疗救治体系和卫生监督体系。在医疗保险方面，我国以基本医疗保障为主体、以商业保险和其他保险为补充的多元化、人性化的医疗保障体系初步建成。

二、突发公共卫生事件的特征及分类

（一）突发公共卫生事件的特征

（1）成因的多样性。比如各种大规模流行性传染病。许多公共卫生事件与自然灾害也有关，比如地震、水灾、火灾等，像2008年发生的汶川大地震，为保证地震以后会不会引起大规模衍生性、传染性疾病，各级政府部门多方努力，采取一系列有效措施从而避免了“大灾之后必有大疫”的情况。公共卫生事件与事故灾害也密切相关，比如环境污染、生态破坏、交通事故等。社会安全事件也是形成公共卫生事件的一个重要原因，如生化物品外滞污染等。另外，还有动物疫情、致病性微生物污染、药品危害、食物中毒、职业中毒等。

（2）分布的差异性。在时间分布差异上，不同的季节，传染病的发病率也会不同，比如流行性感冒疾病往往发生在冬、春季节，肠道传染病则多发生在夏季。分布差异性还表现在空间分布差异上，传染病的区域分布不一样，像我国南方和北方的传染病的传播方式与特点就不一样，此外还有人群的分布差异等。

（3）传播的广泛性。全球化时代，某一种疾病可以通过现代交通工具跨境传播，而一旦造成传播，就会成为全球性传播。传染病一旦具备了三个基本流通环节，即传染源、传播途径以及易感人群，它就可能形成无国界的广泛传播。

（4）危害的复杂性。重大的卫生事件不但是对人的健康有影响，而且对环境、经济都有很大的影响。复杂性表现在：成因复杂、种类复杂和影响面广。

（5）公共卫生治理的综合性。治理需要四个方面的结合，第一是技术与设备层面和资金投入的结合，即不但要有先进技术与设备还要有一定资金的投入；第二是直接任务和间接任务的结合，治理既是直接的目标和任务也是社会各界需要共同配合完成的任务；第三是责任部门和其他部门的结合；第四是国际和国内结合。另外，在应对和处置公共卫生事件时，还要注意解决一些深层次的问题，比如社会体制、机制的问题；工作效能以及人群素质的问题，所以要通过综合性治理来解决公共卫生事件。

（6）种类的多样性。引起公共卫生事件的因素多种多样，比如环境因素、自然灾害、食品药品安全事件、各种事故或灾难等。

（二）突发公共卫生事件的分类

根据突发公共卫生事件性质、危害程度、涉及范围，突发公共卫生事件可划分为特别重大（Ⅰ级）、重大（Ⅱ级）、较大（Ⅲ级）和一般（Ⅳ级）四级。

其中，特别重大突发公共卫生事件主要包括以下7种。

（1）肺鼠疫、肺炭疽在大、中城市发生并有扩散趋势，或肺鼠疫、肺炭疽疫情波及2个以上的省份，并有进一步扩散趋势。

（2）发生传染性非典型肺炎、人感染高致病性禽流感病例，并有扩散趋势。

（3）涉及多个省份的群体性不明原因疾病，并有扩散趋势。

（4）发生新型传染病或我国尚未发现的传染病发生或传入，并有扩散趋势，或发现我国已消灭的传染病重新流行。

（5）发生烈性病菌株、毒株、致病因子等丢失事件。

（6）我国周边以及与中国通航的国家和地区发生特大传染病疫情，并在我国出现输入性病例，严重危及我国公共卫生安全的事件。

（7）国务院卫生行政部门认定的其他特别重大突发公共卫生事件。根据事件的成因和性质，突发公共卫生事件可分为以下10种。

①重大传染病疫情。这是指传染病在集中的时间、地点发生，导致大量的传染病病人出现，其发病率远远超过平常的发病水平。这些传染病包括《传染病防治法》规定的三类37种法定传染病，卫生部门根据需要决定并公布列入乙类、丙类传染病的其他传染病；省、自治区、直辖市人民政府决定并公布的按照乙类、丙类传染病管理的其他传染病。

②群体性不明原因的疾病。这是指在一定时间内，某个相对集中的区域内同时或者相继出现多个共同临床表现患者，又暂时不能明确诊断的疾病。这种疾病可能是传染病可能是群体性癔症，也可能是某种中毒。如传染性非典型肺炎发生之初，由于对病原体方面认识不清，虽然知道这是一组同一症状的疾病，但对其发病机制、诊断标准、流行途径等认识不清，这便是群体性不明原因疾病的典型案例。随着科学研究的深入，才逐步认识到其病原体是冠状病毒的一种变种。

③重大食物和职业中毒。这是指由于食物和职业的原因而发生的人数众多或者伤亡较重的中毒事件。2002年初，北方某镇发生苯中毒事件，箱包生产企业数名外地务工人员中，陆续出现中毒症状，并有6名工人死亡。

④新发传染性疾病。狭义是指全球首次发现的传染病。广义是指一个国家或地区新发生的、新变异的或新传入的传染病。2016年世界卫生组织公布的世界上新发现的32种新传染病，有半数左右已经在我国出现。新出现的肠道传染病对人类健康构成的潜在危险十分严重，处理的难度及复杂程度进一步加大。

⑤群体性预防接种反应和群体性药物反应。这是指在实施疾病预防控制时，出现疫苗接种人群或预防性服药人群的异常反应。这类反应原因较为复杂，可以是心因性的，也可以是其他异常反应。

⑥重大环境污染事故。这是指在化学品的生产、运输、储存、使用和废弃处置过程中，由于各种原因引起化学品从其包装容器、运送管道、生产和使用环节中泄漏，造成空气、水源和土壤等周围环境的污染，严重危害或影响公众健康的事件。如2004年4月，发生在某企业的氯气储气罐泄漏事件，造成7人死亡，15万人疏散的严重后果。

⑦核事故和放射事故。这是指由于放射性物质或其他放射源，造成或可能造成公众健康严重影响或严重损害的突发事件。

⑧生物、化学、核辐射恐怖事件。这是指恐怖组织或恐怖分子为了达到其政治、经济、宗教、民族等目的，通过实际使用或威胁使用放射性物质、化学毒剂或生物战剂，或通过袭击或威胁袭击化工（核）设施（包括化工厂、核设施、化学品仓库、实验室、运输槽车等），引起有毒有害物质或致病性生物释放，导致人员伤亡，或造成公众心理恐慌，从而破坏国家或地区和谐安定，妨碍经济发展的事件。如1995年，发生在日本东京地铁的沙林毒气事件，造成5510人中毒，12人死亡。

⑨自然灾害。这是指自然力引起的设施破坏、经济严重损失、人员伤亡、人的健康状

况及社会卫生服务条件恶化，超过了所发生地区的所能承受能力的状况。主要有水灾、旱灾、地震、火灾等。如1976年，唐山地震造成24.2万人死亡。

⑩其他严重影响公众健康的事件。这是指针对不特定的社会群体，造成或可能造成社会公众健康严重损害，影响正常社会秩序的重大事件。

思考讨论

1. 什么是突发公共卫生事件？
2. 突发公共卫生事件有哪些类型？

第二节　常见传染病防治

一、病毒性肝炎的防治

病毒性肝炎是常见传染病，《传染病防治法》将其归为乙类传染病，具有传染性强、传播途径复杂、流行性较高、发病率较高等特点，对身体健康危害较大。肝炎病毒通常分为甲、乙、丙、丁、戊型（下简称甲肝、乙肝，…，戊肝），以疲乏、食欲减退、肝肿大、肝功能异常为主要表现形式，部分患者会出现黄疸，无症状感染者常见。甲肝和戊肝多为急性发病，预后良好。乙肝和丙肝感染易发生慢性化，感染年龄越小，越容易慢性化；丁肝病毒只有与乙肝病毒同时，或在乙肝病毒感染的基础上才可能感染。

防止病毒性肝炎感染要贯彻预防为主的方针，加强领导，深入宣传，发动群众，普及安全卫生知识和肝炎预防常识，采取以切断传播途径为主的综合防治措施。甲型肝炎通过消化道途径传播，主要是“粪口途径”传播，水源污染和食物污染会造成爆发流行。乙型肝炎主要是通过血液途径传播或者母婴垂直传播。要做到早发现、早诊断、早隔离、早报告、早治疗，及早处理涉疫点，以防止流行。要提高诊疗效果，要做好易感人群的保护，减少疾病发生。

（一）病毒性肝炎的传播途径

病毒性肝炎的传播途径比较多，可以通过消化道、血液传播、性接触传播以及母婴传播等。

1. 消化道

可能是吃了被病毒污染的食物或通过饮水途径，导致病毒进入到胃肠道之后，从而引起的病毒性肝炎。也可能是吃了没有煮熟的海鲜或者是生吃海鲜等原因，导致身体感染病毒，从而引起病毒性肝炎。

2. 血液传播

可能是带有病毒的血液通过输血、手术、注射器或者是共用剃须刀等方式进入人体之后，从而导致身体感染病毒引发病毒性肝炎。

3. 性接触传播

一般病毒性肝炎患者的精液或阴道分泌物当中也会含有病毒，同房时如果没有做好保护措施，也会加大身体感染病毒的概率。

4. 母婴传播

可能是孕妇身体带有肝炎病毒，通过胎盘给胎儿输送营养物质时，病毒也会通过此途径传染给胎儿。也可能是在生产的过程中婴儿的皮肤或者是黏膜破损，接触到母亲的血液或者是羊水等物质，从而引起感染。

（二）病毒性肝炎的预防

（1）防止“病从口入”：注意饮食和饮水卫生、饭前便后要洗手，减少经消化道传播的机会。

（2）及时接种疫苗：定期复查抗体，必要时及时进行补种疫苗。

（3）避免性传播：坚持使用安全套，避免无保护的性行为。

（4）避免与他人共用牙刷、剃须刀等私人物品，使用一次性注射针剂，不到资质不全的机构去文身、打耳洞或进行美容手术。

（5）避免母婴传播。

（6）避免血液传播。

（7）督促身边的肝炎病毒患者前往医院隔离治疗。

（三）病毒性肝炎的治疗

病毒性肝炎的治疗方法有一般治疗、药物治疗、手术治疗三类。

（1）一般治疗。病毒性肝炎患者应卧床休息，因为卧床的时候可以增加肝脏的血流量，有助于减轻临床症状。还要合理饮食，多摄入高维生素、高蛋白质以及易消化的食物，比如西红柿、豆制品、鱼肉等。

（2）药物治疗。病毒性肝炎患者可在医生指导下予以抗病毒药物治疗，服用有抑制病毒合成的作用的药物延缓疾病的进展。

（3）手术治疗。如果病毒性肝炎患者肝功能损害比较严重，且出现了肝功能衰竭等情况，需要及时给予肝移植手术治疗。

慢性乙肝和丙肝患者需到正规医院进行规范化治疗，定期接受随访，定期检查，根据病情进行规范化用药。慢性乙肝和丙肝患者的抗病毒治疗是关键，切勿轻信虚假广告，以免造成病情延误和经济损失。需遵从医嘱主动配合，切忌自行停药从而引起病毒耐药、反弹或复发。丙肝需早期诊断和治疗（主动检测、规范治疗、良好预后），丙肝病毒感染后多无临床症状，建议有输血史者、创伤性治疗史者、共用过注射器人士、多性伴侣人士、曾进行器官移植手术者、HIV感染者到正规医疗机构接受检查。通过早期诊断和规范治疗，70%的丙肝患者可以实现治愈。

二、肺结核的防治

结核病是一种慢性传染性疾病，只要早期发现，正规治疗，是完全可以治愈的。结核杆菌可以侵入人体的多种器官，人体的多种器官都可以发生结核病。

【法律法规】

《结核病防治管理办法》的第一章规定如下：

第一条：为进一步做好结核病防治工作，有效预防、控制结核病的传播和流行，保障人体健康和公共卫生安全，根据《中华人民共和国传染病防治法》及有关法律法规，制定本办法。

第二条：坚持预防为主、防治结合的方针，建立政府组织领导、部门各负其责、全社会共同参与的结核病防治机制。加强宣传教育，实行以及时发现患者、规范治疗管理和关怀救助为重点的防治策略。

第三条：卫生部负责全国结核病防治及其监督管理工作，县级以上地方卫生行政部门负责本辖区内的结核病防治及其监督管理工作。卫生行政部门应当积极协调有关部门加强结核病防治能力建设，逐步构建结核病定点医疗机构、基层医疗卫生机构、疾病预防控制机构分工明确、协调配合的防治服务体系。

第四条：各级各类医疗卫生机构应当按照有关法律法规和卫生行政部门的规定，在职责范围内做好结核病防治的监测和报告、诊断治疗、感染控制、转诊服务、患者管理、宣传教育等工作。

（一）肺结核的症状

早期或轻度肺结核，可能会因无任何症状或症状轻微而被忽视，若病变处于活动进展阶段，可出现以下症状：

（1）发热。表现为午后低热，多在16～18时体温升高，一般为37℃～38℃或更高。这时病人常常伴有全身乏力或消瘦，夜间盗汗。

（2）咳嗽、咳痰。这是肺结核早期最常见的症状，但也是最容易使患者或医生误以为是“感冒”或“气管炎”从而导致误诊。

（3）痰中带血。痰中带血丝或小血块，大多数痰中带血是由结核引起的。如果具有上述症状而怀疑自己患肺结核时，特别是咳嗽、咳痰、痰中带血已经超过两周以上者，应立即到所在地结核病防治机构就诊，及早诊断，及早治疗，避免耽误病情。肺结核的密切接触者，也应及时进行身体检查。

（二）肺结核的诊治

1. 怀疑有肺结核时

（1）细致说明发病时间、症状及病情的演变情况。

（2）本次就诊前的诊断和治疗情况。

（3）本人是否合并有其他疾病，特别是风湿病和糖尿病。

（4）有无与排菌肺结核患者密切接触史或其他可能感染的情况，如职业、劳动条件及生活状况等。

2. 已知肺结核患者

（1）主动向医生叙述患病经过。

（2）告知医生做过何种检查，出示相关的检查结果，特别是胸部X线检查和痰菌检查结果。

（3）详述治疗情况，包括药物名称，剂量、用法、疗效及副作用等。

3. 接种卡介苗

人体接种卡介苗是用人工方法使未感染结核菌的人体接受一次轻微的、没有发病危险的原发感染，刺激机体产生特异性免疫力。这种获得的免疫力可使人体在再次感染结核菌时，不致发病。特别是对儿童和青少年具有明显的保护作用。

（三）肺结核的传播途径

肺结核主要致病因素是结核分枝杆菌感染，主要传染途径包括呼吸道传染、消化道传染、母婴传染。

呼吸道传染是最常见的途径，主要传染源是结核病患者，可通过咳嗽、打喷嚏、大笑、大声谈话等方式，将含有结核分枝杆菌的唾液分泌物排入空气中引起传播。

肺结核的传染性取决于患者气管分泌物中和空气中结核分枝杆菌的含量、患者与健康人接触的距离、时间长短及自身身体免疫力有关。

（四）预防肺结核传染

肺结核患者在传染期间要注意与家人隔离，最好要有单独卧室，光线要充足，通风换气要好。如果没有条件，则分床或分头睡，但一定要保证通风良好。患者所在房间可用紫外线照射消毒，每日或隔日进行一次，每次2小时。患者用过的餐具、饮水用品等最好进行煮沸消毒，煮沸时间为10～15分钟。患者穿过的衣物要经常清洗并在太阳下曝晒，以达到杀死结核菌的目的。患者要避免对着别人大声说话，咳嗽、打喷嚏等要捂住口鼻，痰或唾液要用纸包好焚烧，不要随地吐痰。特别要注意保护儿童，大部分儿童结核病是由家庭成员传染的。

三、动物咬（蜇）伤的预防

人和动物同处大自然中，难免不会相互伤害。即使人类喜爱的猫、狗，有时也会有意或无意伤到主人或其他人，更何况其他动物。在野外，人们可能会被蜈蚣、毒蛇咬伤。下面是几起常见的动物咬伤的症状及其处理方式。

（一）毒蛇咬伤及应急救护处理

毒蛇咬伤应急救护处理原则：伤者要休息、少移动；不要自行处理伤口；调整体姿，要避免伤口高于心脏；切勿切开、吸吮或挤压伤口。固定好肢体，注意是否出现休克；最好将毒蛇打死，一同送往医院；采取抗蛇毒血清治疗，注射破伤风抗毒素；绷带由伤口以上的近心端向远心端包扎。

春末到初冬是蛇类活动的季节，特别是在骄阳似火的夏季和秋高气爽的金秋时节，人们爬山、郊游时极易遭遇蛇类。

（二）狗咬伤及应急救护处理

被咬伤后的处理：首先冲洗，用清水或20%肥皂水彻底清洗，反复多次擦拭、不包扎伤口立即送医院，及时注射狂犬疫苗及破伤风抗毒素。

狂犬病是由弹状病毒科的狂犬病毒引起的人兽共患急性传染病。发作时病人烦躁不安、惊恐、抽风、恐水，肢体和呼吸麻痹，直至死亡。整个病程6～10天，死亡率近乎100%。

狂犬病患病因素。被疑似狂犬病宿主动物抓伤、咬伤、舔舐皮肤或黏膜破损处后，即使伤口很小，狂犬病毒也可以通过其伤口传染给人，使人患上狂犬病，同时可感染破伤风。可造成人发病的还有感染病毒的猫、牛、狼、蝙蝠、狐狸等动物。

（三）蜂类咬（蜇）伤及应急救护处理

蜜蜂蜇伤后的处理：保持镇静，用消毒的针挑出或用硬卡片类的物品刮出蜇刺。避免用钳子取出，以防因挤压毒囊而使更多毒液进入皮肤。用肥皂水、10%氨水、3%碳酸氢钠溶液、糖水或盐水清洗伤口；及早就医。黄蜂蜇伤的处理方法：黄蜂蜇后用食醋或马齿苋汁外用；过敏者口服由医生开的抗过敏药；若出现中毒症状，应立即送往医院。

1. 蜂类蜇伤临床症状

被蜜蜂、黄蜂、大黄蜂、土蜂等蜇伤，毒液中的蚁酸、神经毒素和组织胺等可引起溶血、出血、过敏反应等，伤口剧痛、烧灼感、局部红肿，中心瘀点或水疱1～2天消失，多处被蜇后，出现发热、头晕、恶心、烦躁不安、痉挛及昏厥、荨麻疹，口唇及眼睑水肿；腹痛、腹泻、呕吐，甚至喉头水肿、气喘、呼吸困难、血压下降、昏迷，严重者可在数小时至数天内死亡。

2. 预防蜂类蜇伤

去有蜂类活动的场所时，最好穿着“五紧服”，一旦惊动了野蜂群，被追叮时，马上将手中的衣服护住头部和颈部趴在地上，减少或杜绝被蜂群蜇伤的概率。

（四）遭蜱虫叮咬及其应急处理

蜱虫叮咬症状：蜱也叫壁虱，俗称草扒子、牛虱等，它们蛰伏在浅山丘陵的草丛、植物上，或寄宿于牲畜等动物皮毛间。蜱叮咬的无形体病属于传染病，人对此普遍易感。被叮咬后，多会出现皮疹、水肿性丘疹或小结节，红肿、水疱或瘀斑，并留有虫咬的痕迹，感觉到瘙痒或疼痛。情况严重时，被咬者会出现发热，38℃以上高烧，特重者持续高热，体温可达40℃以上，部分病例热程可长达10天以上。可有乏力、恶心、呕吐等症状。

蜱虫叮咬应急处理原则：一旦发现被蜱虫叮咬或蜱虫、钻入皮肤，可用酒精涂在被咬处，使其头部放松或死亡，再用尖头镊子取出蜱虫，或用烟头、香头轻轻烫蜱露在体外的部分，使其头部自行慢慢退出。不要生拉硬拽，以免拽伤皮肤，或将蜱的头部留在皮肤内。发现蜱虫时，无论是在人体上还是动物体表，或是游离在墙面、地面上的，都不要用手直接接触，甚至挤破，要用镊子或其他工具夹取，然后烧死；如不慎皮肤接触蜱虫，要进行消毒。有蜱虫叮咬史或野外活动史者，一旦出现发热等疑似症状或体征，应及早就医。

拓展学习

【阅读知识】

这样的小动物你爱吗?

1．春暖花开，冰消雪融，蛇经过三个月的冬眠后，会从蛰伏状态中苏醒过来，并重新开始活动。7、8、9这三个月是蛇类活动的高峰期。蛇经常到处流窜，昼夜寻找食物。

2．近年来，我国猫狗的饲养量快速增加，被猫狗抓伤、咬伤的人数也不断增加。根据人用狂犬病疫苗的使用量，估计全国每年被猫狗伤及的人数超过4000万人。

3．带有狂犬病毒的狗咬伤人类后，狂犬病毒可以通过狗的唾液传播给人，使人患上狂犬病。狂犬病又称疯狗病，是人兽共患急性传染病。被咬伤后，虽然只有30%～70%的人发病，可一旦发病，死亡率近100%。狂犬病并非仅仅是带病毒的犬咬伤人后可以造成人的发病，猫、牛、狼、蝙蝠、狐狸等野兽也会带有狂犬病毒，也可以传染给人。狂犬病发病后，可分为三期。

前驱期：感染者出现全身不适、发烧、疲倦、不安、被咬部位疼痛、感觉异常等症状。

兴奋期：出现精神紧张、全身痉挛、幻觉、谵妄、怕光、怕声、怕水、怕风等症状。狂犬病又被称为恐水症，甚至不能提水这个字，患者常常因为咽喉部痉挛而窒息身亡。

昏迷期：如果患者能够渡过兴奋期而侥幸活下来，狂犬病的各种症状均不再明显。进入深度昏迷，最终衰竭而死。病程一般不超过6天。

那么，怎么才能预防狂犬病发生呢？预防措施有以下三步。

第一步：彻底冲洗伤口。用肥皂水或清水彻底冲洗伤口。先用一定压力的流动水（自来水）冲洗伤口，因为用水冲洗的机械力量能有助于减少伤口的病毒残留量；然后，用20%的肥皂水或其他弱碱性清洁剂清洗伤口，因为狂犬病病毒对脂溶剂像肥皂水、75%的酒精、碘伏较为敏感，所以彻底冲洗伤口和消毒可以大大将降低感染的风险。此外，由于伤口多半是闭合状态，所以需要掰开伤口进行冲洗，至少15分钟以上。然后，用无菌脱脂棉将伤口残留液吸尽，避免在伤口处残留肥皂水。

第二步：消毒处理，彻底冲洗后用碘伏或酒精涂擦伤口。冲洗完毕后，不要包扎伤口，尽快到医院由医生进行彻底冲洗和处理。

第三步：到医院注射狂犬疫苗和破伤风抗毒素。狂犬病致死率近100%，被狂犬咬伤后，若能及时进行预防注射，可避免发病。无论伤人动物是否带有狂犬病毒，均应尽早接种狂犬疫苗，原则上是越早越好。狂犬病严重威胁人类的生命，真心希望大家共同努力，使狂犬病成为历史。

思考讨论

1. 如何预防动物蜇咬？
2. 如何预防病毒性肝炎？
3. 肺结核的症状及预防方法。

第三节　急诊急救

案例内容

王某，男，23岁，打篮球时不慎跌倒、头部着地，去医院检查时，面色苍白，满头大汗，头顶部出血较多，右前臂中段肿胀畸形，左肘部擦伤、渗血。

【简析】

急救原则：

1. 先救后治、先重后轻、先止后包。
2. 止血要彻底、包扎要准确、固定要牢固、搬运要安全。
3. 观察现场环境，确保自身和伤病员的安全，充分利用现场可用的人力和物力。

一、外伤急救的操作方法

（一）止血

（1）指压止血：常用指压止血部位，用手指压迫伤口近心端的动脉，阻断动脉血流动，有效地达到快速止血目的。

（2）加压包扎止血：用绷带包扎，但要保证伤口及附近无异物。

（3）填塞止血：只适用于四肢创伤时使用，严禁填塞腹腔、胸腔。

（4）止血带止血：在万不得已的情况下使用。

（二）包扎

（1）常用卷轴带包扎的方法：环形包扎法、螺旋形包扎法、“8”字形包扎法、回返形包扎法等。

（2）常用绷带种类：卷轴带、三角巾、四头带、丁字带、多头带。

（3）绷带包扎目的：保护伤口，避免污染，减少感染机会，减少出血；预防休克、保护内脏、血管、神经、肌腱等重要肌体组织；固定肢体，促进愈合。

（4）绷带包扎原则：以心脏部位为参考点。由远至近、由里至外进行包扎。包扎完毕，将多余的绷带卷固定在肢体的外侧，包扎有效力度合适，以包扎部位无活动性出血，远端动脉可以触及脉动为准。

（三）骨折固定的方法

（1）固定目的：制动止痛、防止伤情加重、包扎伤口。

（2）固定材料：木板条、木棒、硬纸板、树枝等。

（3）骨折固定的急救：试着用毯子或衣物固定受伤部位，防止因移动扩大损伤程度。拨打急救电话。对于开放性骨折伤口：不冲洗、不复位、不上药。

（4）搬运方法：安全搬运，避免造成二次伤害。单人搬运：仅适用于轻伤员，常用方法有扶行法、掮法、背法、抱持法、条带抱持法、拖行法、爬行法。双人搬运：适用于头、胸、腹部的重伤员。常用方法有椅托式搬运法、拉车式搬运法、轿杠式搬运法。怀疑脊柱骨折者，宜采用制式担架搬运。

（四）外伤急救注意事项

七不原则：一不用手摸伤口；二不用水冲洗开放性骨折伤口（化学磷烧伤除外）；三不要在伤口上涂抹任何药物；四不要取出伤口中的异物；五不要塞回脱出的内脏；六不要轻易确定死亡而停止抢救；七不要轻易搬动伤员。

二、心肺复苏的急救方法

【案例1】

小张，女，20岁，在运动的过程中出现心跳骤停，及时抢救，心脏按压约5分钟，心肺复苏成功，送入医院ICU住院治疗，后康复。小吴，男，18岁，溺水，被救起后，出现心跳停止状况，及时抢救，复苏成功，送入医院ICU住院治疗，后康复。

【简析】

心脏骤停意味着死亡的来临。然而，急性原因所致的心脏骤停在一定条件下是可逆的。对于心脏骤停，常采用心肺复苏法（包括人工呼吸法和胸外心脏按压法）来抢救病人。当发生心脏骤停时，千万不要随意搬动病人。在急救开始的同时，应及时拨打120急救电话。抢救前，施救者首先要确保现场安全，确定病人呼吸、脉搏确实停止，然后再施行救助。

（一）心肺复苏目的

（1）恢复心脏骤停患者的自主呼吸和心脏跳动和血液循环功能。

（2）用人工的方法保证重要器官的血氧供应。

如何判断心脏骤停：突然意识丧失、呼吸停止或无效呼吸（指仅有喘息样呼吸）、大动脉（颈动脉、股动脉）搏动消失。

（二）心肺复苏的操作步骤

心肺复苏的步骤是评估环境，判断病人的意识反应，拨打120，判断病人的呼吸状况，胸外按压、开放气道、人工呼吸。

1. 胸外心脏按压

（1）将患者放置于平整、硬实地面上，呈仰卧位，其目的是，保证进行胸外按压时，有足够按压深度。

（2）跪立在患者一侧，两膝分开与肩同宽。

（3）找准正确按压点，在患者两乳头连线的中点部位（胸骨中下段）。

（4）保证按压力量、速度和深度。右手（或左手）掌根紧贴患者胸部中点，双手交叉重叠，五指翘起，双臂伸直，肘关节不能弯曲，掌根部不可离开病人胸壁，以免引起按压位置移动，而发生肋骨骨折。利用上身力量，连续用力按压30次，按压深度不少于5～6厘米，频率不低于100～120次/分。

2. 开放气道

保持呼吸道通畅是成功复苏的重要一步，采用“仰头举颌法”开放气道。操作步骤：

（1）操作者将一手置于患者前额用力按压，使患者头部后仰。

（2）另一手的食指、中指抬起患者下颌，使下颌尖、耳垂的连线与地面呈垂直状态，以保持气道通畅。如果需要，应及时清理口腔或鼻腔分泌物及异物。

（3）有义齿（即假牙）松动者需取出义齿，从而保证呼吸道通畅。

3. 人工呼吸

进行口对口人工呼吸前，一定要保证自身安全，有条件时，可在患者口部放置呼吸膜进行隔离。若无呼吸膜，可以用纱布、手帕、一次性口罩等透气性强的物品代替，但不能用卫生纸巾这类遇水即碎或即溶的物品代替。用手捏住患者鼻翼两侧使其完全闭合，用嘴完全包裹住患者嘴部，吹气两次。每次吹气时，需注意观察胸廓起伏，保证有效吹气，吹气后松开紧捏患者鼻翼的手指；每次吹气，应持续1～2秒，不宜时间过长，也不可吹气量过大。

（三）心肺复苏成功的标准

心肺复苏成功的有效指标：患者颈动脉搏动恢复、自主呼吸恢复、瞳孔由散大变为缩小、皮肤颜色由紫绀转为红润、心电图及心电监护可见窦性心律、血压测量收缩压超过60mmHg、各种生理反射逐步恢复等。

（四）心肺复苏的注意事项

心肺复苏是挽救心脏骤停患者生命有效的抢救措施，进行心肺复苏时的注意事项主要有以下七点。

（1）环境安全：要将患者置于安全环境中，被救者也要注意自身安全，才能提供心肺复苏治疗。

（2）快速判断：对于患者的意识、呼吸和大动脉搏动进行判断，要在10秒钟内完成，不能因为判断上述指标延误心肺复苏开始的时间，因为心脏骤停后4～6分钟患者大脑内的糖原就消耗殆尽，如果延误心肺复苏开始时间，将会造成大脑不可逆的损害。呼吸、心跳骤停的病人病情危急，一定要争分夺秒地抢救，迅速完成对病人病情的判断后就要开始高质量的抢救。

（3）按压位置：心肺复苏按压部位不是心脏，而是胸骨与两乳头连线的交界处，即胸骨中下1/3处。

（4）按压手势：按压时以左手掌的掌根置于按压点，两手交叠、十指交叉，但手指不要触碰患者的胸壁皮肤。

（5）按压姿势：保持双上臂垂直状态，靠上半身的压力向下垂直下压。

（6）按压幅度和频率：下压的幅度为5～6厘米，每分钟需要按压100～120次。

心肺复苏

（7）按压与通气比：比例为30∶2，即进行30次胸外按压后要给予2次人工吹气。

三、海姆立克急救法

【案例2】

有一位老妇人在晚餐时，被鸡块卡住了喉咙，生命岌岌可危。由于此时她呼吸困难，不能发声，无法拨打电话呼救。正在此刻，她的邻居——一位70岁的老人，见此情景，马上将他在一篇科普文章里面学到的有关“海姆立克”急救法，用到这位老妇人身上。经过反复的尝试，鸡块很快地被冲击出气管吐出，老妇人憋得青紫的面孔恢复红润。

【简析】

海姆立克急救法是美国海姆立克教授于1974年发明的一种用于呼吸道异物窒息的快速急救法，1975年被美国医学会以他的名字命名了这种急救方法，主要用于异物卡喉的窒息者。此方法在全世界广泛应用，拯救了无数窒息者，被人们称为“生命的拥抱”。由于当时窒息者不能说话、不能呼吸、不能咳嗽，此时可能会用一只手或双手抓住自己的喉咙，这种特征被称为“海姆立克”征象。

（一）成人“海姆立克”急救法（立位）

窒息者处于立位或坐位，施救者站在窒息者背后，双手环抱窒息者，脚成弓步状，前脚置于窒息者双脚间。以右手大拇指侧与食指侧对准窒息者剑突与肚脐之间的腹部，具体位置在肚脐上两横指处，另一只手按压于右手拳头上，向上、向内快速冲击6～10次，可快速提升胸腔内压力，有利于气道内异物排出。

海姆立克急救

（二）成人海姆立克急救法（卧位）

如果发现窒息者意识不清卧位在地，或是窒息者在站立不便于操作者进行施救时，取窒息者仰卧位，首先开放窒息者的呼吸道，然后施救者骑跨在窒息者大腿外侧，一手以掌根按压脐上两横指（肚脐与剑突之间）的部位，另一手掌覆盖自己的手掌之上，进行冲击性、快速的向前上方压迫，反复至呼吸道异物被冲出。

（三）儿童海姆立克急救法

如果是1～8岁儿童发生气管异物哽塞，其海姆立克法急救法要领和成人相同。

（四）婴儿呼吸道异物窒息急救法

若是1岁以下的婴儿，有呼吸道异物，则不可做海姆立克急救法，以免伤及腹腔内器官，应改为拍背压胸法。方法为一手置于婴儿颈胸部（开放气道），另一手置于婴儿颈背部，将婴儿骑跨在操作者前臂。

（1）如果在窒息时能够咳嗽，通过呛咳也可以缓解窒息或者将气管的异物排出，施救者可以让婴儿保持俯卧位，或者施救者坐在椅子上让婴儿俯卧趴在自己的大腿上，拍打背部可以缓解窒息情况。

（2）如果出现窒息以后不能咳嗽，表现为呼吸困难、面部发青、紫绀等非常危急状况，施救者要坐在椅子上让患儿趴在自己的大腿或者手臂上，另一只手可以置其背部肩胛部位进行挤压，连续挤压5次或更多次，可缓解窒息或者排出异物。

（3）如果出现窒息以后通过以上办法不能有效解决，应立即去医院进行急救。

海姆立克急救法操作要点

海姆立克急救法（腹部快速按压）是一个三步应急反应，可以在几秒内挽救生命。这个方法是一个简单的动作，用以帮助窒息者在窒息时把食物或其他进入气道的东西排出。其原理是，增加腹部和胸部的压力，从而将物体挤出。窒息的发生往往是很突然的，知道如何正确处理并且有意识地应用这些知识，很可能可以挽救一个人的生命。通过下面的简单步骤，学习如何实施海姆立克急救法。

（1）确定是否真的窒息。窒息者通常会用手环着脖子，或者是不顾一切地挣扎，窒息者的表情会很恐慌。因为气道完全阻塞（空气无法进入肺部），窒息者不能呼吸说话，这意味着当你问窒息者是否还好时窒息者没法回答你，或者询问其是否需要帮助时窒息者只能点头。窒息的原因包括食物、外部创伤或者因为严重的过敏反应引起的呼吸道水肿。寻找气道完全阻塞的症状：①无法呼吸或者呼吸极其费力（观察肋骨间和锁骨上是否有明显凹陷）；②不能正常说话或者根本没法说话；③呼吸作响，无法正常咳嗽；④指甲和嘴唇呈蓝色或灰色，脸色是浅灰色，这是因为缺氧导致的；⑤双手捂着脖子（窒息的普遍症状）；⑥失去意识。

（2）安抚窒息者，告诉窒息者你正在帮助他。你要知道此时每一秒都是极其重要的，你要先尝试施救窒息者，然后再拨打急救电话。如果旁边有其他人，你在对窒息者施救的同时让他打电话。

（3）让窒息者呈站立位。如果窒息者的体重对你来说太重了，或者是在有限的空间里，坐立位也可以，只要保证有足够实施动作的空间。

（4）在对一个确实窒息的人实施海姆立克急救法之前，先进行背击。在窒息者的肩胛骨之间用一只手击背。如果没有改善，立即开始腹部快速按压。

（5）不要给明显部分气道阻塞的人击背，因为这可能让阻塞物进入得更深。

（6）站在窒息者身后，如果窒息者晕厥或者意识不清，可将其双腿分开，形成一个三脚架的形状。从背后环住窒息者，把手放在窒息者的腹部（胃），第一次用你的优势手。优势手的大拇指应该收在拳头里，这支拳头放在窒息者肚脐之上胸骨之下，另一只手紧握优势手，要保证你的大拇指远离窒息者，避免损伤，实施海姆立克急救法，也称腹部快速按压。动作路线类似于一个“J”——向内然后向上。挤压动作要快速有力，就好像你要把窒息者拉离地面一样。快速连续做5次腹部快速按压，重复这个动作直到异物被排出。如果急救有效的话，窒息者会咳出气道中的阻塞物。如果窒息者是个孩子，用力要轻些。如果窒息者失去意识，立刻停止按压。

（7）检查正常呼吸是否恢复。一旦异物咳出，大多数人会恢复正常呼吸。如果没有，则继续按压。

思考讨论

1．如何实施海姆立克急救法及心肺复苏急救方法？

2．绷带包扎的种类有哪些？

拓展学习

【阅读知识】

现场急救和急诊医学常识

在我国，在因创伤致死的人员中，有半数以上和颅脑损伤有关，所以我们详细谈谈颅脑创伤的类型和临床表现特点及其护送病人基本原则。颅脑损伤主要有五种类型：加速性颅脑损伤，减速性颅脑损伤，对冲性颅脑损伤，挤压性颅脑损伤，挥鞭样损伤。运动的物体打击头部叫称为加速性损伤，出血部位就在打击处，处理方法是开颅钻孔放血。头部撞击静止物体引起减速性损伤，出血部位为撞击处和对冲部位。挤压性颅脑损伤主要发生在头部被车轮碾压伤。挥鞭样损伤是由于头颈过度伸展，继而又向前过度弯曲造成脑干和颈髓上部损伤。由于颅脑损伤的发病机制主要是颅脑变形冲击下面的脑组织或骨折片陷入，造成脑损伤，或者脑的旋转运动造成脑表面与内部结构的损伤，所以颅脑损伤的主要临床表现为：

1．头皮血肿，皮下血肿，常常局限在头皮着力部位，一般范围较小，质地坚硬；

2．帽状腱膜下血肿，取力多变，可以波及全头，波动明显；

3．骨膜下血肿；

4．颅骨骨折，主要包括骨盖骨折，线性骨折和凹陷性骨折；

5．颅底骨折，主要表现是双侧眼部发黑（又称熊猫眼），鼻腔，耳部有黄色液体流出，有很大感染的风险。颅脑损伤病人在护送途中应采用半仰卧位或者侧卧体位，有利于保持呼吸道通畅，并且头应偏向一侧，且将患者舌头拉出。

掌握一定的现场急救和急诊医学常识将对我们生活和学习有很大的帮助。至少，在我们面对一些突发事件时不会像没有系统学习过的人那样毫无头绪、手忙脚乱。对现场急救和急诊医学常识我们要铭记于心，做到人人学急救，急救为人人，当紧急情况出现时沉着、冷静应对。

第四节　运动损伤及处理

案例内容

王某，女，17岁，排球运动员，扣球后右肩部无力，抬右臂时疼痛，此后疼痛逐渐加剧，并向右肩部三角肌上放射。加剧3天后去医院检查发现肩胛部小圆肌压痛明显，三角肌压痛不明显，但明显呈酸胀感，疼痛明显。

【简析】

排球运动引发的损伤（例如肩袖损伤、小圆肌损伤）以休息为主；小圆肌的训练方法：肩关节外旋，尽量避免大肌群的运动，如划船等。先拉长小圆肌后让其收缩，采用趴卧姿式，手先向前伸，然后收缩，使前臂外旋并上抬上臂。

一、运动性损伤和运动性疾病的定义和分类

（一）运动性损伤

运动损伤是人体在体育运动中所发生的损伤，包括以下四种。

（1）开放性软组织损伤：擦伤、撕裂伤、切伤和刺伤。

（2）闭合性软组织损伤：挫伤、肌肉拉伤、关节韧带损伤、滑囊炎、腱鞘炎。

（3）疲劳性骨膜炎。

（4）骨骺损伤。

（二）运动性疾病

运动性疾病多是因运动员训练不当或疲劳状态下继续训练或比赛，造成体内各系统和器官的疾病或身体异常反应。常见的运动性疾病：过度训练、过度紧张、运动性尿液异常、运动性贫血、晕厥、运动中腹痛、运动性消化道出血、运动型高血压、心律失常、低热、急性低血糖症、中暑、肌肉痉挛、溺水、冻伤。

二、运动性损伤和运动性疾病的处理原则

（一）制动

制动是立即停止运动。其目的是，让患部处于不动或较小负荷的状态，运动终止后的制动可以控制肿胀和炎症，可以把机体内出血控制在最小的低程度。如果过早地活动损伤处，不仅会加重内出血等症状，还可能使其机能损伤进一步加重，使恢复时间拖得更长。

（二）冷敷

冷敷是指用冰块、医用冰袋或冷湿毛巾敷于头额、面部、或其他肢体外伤部位的皮肤上，达到解热、消肿、止痛等作用。冷敷在应急处理中是效果最为明显的。其目的是减轻疼痛和痉挛，使血液的黏度增加，减少流向患部的血流量，便于更快、更好的恢复。

（1）冷敷适用于外伤急性处理期，能够使局部外伤血管收缩，能够使局部肿胀减轻，有助于患者身体恢复。

（2）能够降低神经敏感性，使神经传导功能短期障碍，使得患者减轻或消除受伤部位的剧烈疼痛，缓解患者临床疼痛感。

（3）外伤发生后应立即采用局部冷敷治疗，对于胃寒患者，可采用间断性冷敷治疗，能够收缩皮下血管，减缓血液流动，达到止血作用。

（4）对于创伤部位的血管破裂，进行冷敷有能够防止化脓或感染扩散，减弱细菌和组织活动，防止出现炎症。患者需在医生指导建议下进行冷敷。

（三）加压包扎

加压包扎是临床上对于切割伤、战伤、挫伤、手术切口止血的一种有效方法。所有的伤口在进行加压包扎时，都要进行伤口的清创消毒，可选用活力碘、双氧水、生理盐水交替冲洗，确保伤口内没有异物、残渣、碎屑等残留。同时，伤口内合并较小的血管出血时，需要进行仔细结扎，避免形成血肿。尽快使伤口闭合，避免与外界细菌接触。

多数急性损伤都可以采用加压包扎的方法。加压包扎常使用毛巾及海绵橡胶做的垫子来进行。例如，踝关节扭伤时可用“U”字形的海绵橡胶垫子套在踝关节上，然后用弹力绷带加以固定。加压包扎可以减轻损伤关节周围的肿胀，还可以促进组织外渗体液的吸收。

（四）抬高

抬高是把肢体提到比心脏高的位置。同冷敷、加压一样，抬高对减少损伤部位的出血量也是非常有作用的。它可以减轻通向损伤部位的血液及来自体液的压力以促进静脉的回流，患部的肿胀及瘀血会因此得到相应的减轻。

三、常见运动损伤和运动性疾病的处理方法

（一）擦伤处理

擦伤是因皮肤受到外力摩擦所致，其创口较浅，表征为皮肤组织被擦出血或有组织液渗出。处理方法可按部位分关节附近和远离关节两种。

（1）关节附近的擦伤：不能采用暴露的疗法，擦伤处经消毒处理后，采用消炎软膏或抗生素软膏涂抹，并用无菌敷料包扎。

（2）不在关节的擦伤：创口较浅时，可先用生理盐水洗净创面，周围用75%的酒精棉球消毒，然后创面上涂抹适量碘伏即可。

（二）扭伤处理

扭伤是指，发生于关节处的肌肉或骨胳周围的韧带组织的急性损伤，最常见于手指关节、踝关节等部位、膝关节和腕关节，多由剧烈运动或负重持重时姿势不当，或不慎跌扑、牵拉和异常扭转等原因引起，多数情况下无骨折、脱位、皮肤破损等情况。

扭伤的部位和伤势不同，也有不同的治疗方式，四种正确处理扭伤的方法如下。

1. 冰敷和热敷

不管是任何身体部位，只要属于扭伤的范畴，第一时间可以采取冰敷的方式进行镇痛止肿。一般扭伤时没有太多感觉，但几秒后是明显的软组织挫伤疼痛。在扭伤24小时之后，可以采用热敷的方式帮助恢复，使用毛巾蘸热水，拧到刚好不滴水的时候对受伤部位热敷，可以起到活血化瘀的作用。

2. 饮食的管理

扭伤后，除可以服用一些消炎药物之外，对于自身的日常饮食一定要做出调整。减少或者避免食用辛辣刺激的食物，过于燥性的食物也要减少，因为这些食物会引起肝火旺盛，不利于伤口的恢复，还可能引发严重的炎症。应该增加蔬菜纤维的摄入比例，多食用高蛋白质食物，饮食以清淡为主。

3. 适当的按摩

切忌在刚扭伤就对受伤部位反复进行按摩，这样不但不能有效治疗、减少疼痛，还会起反作用。对于较轻的扭伤等，在受伤48小时后通过对受伤部位局部进行正确的按摩，可以帮助伤口活血化瘀。

4. 充足的休息

如果疼痛严重，甚至或者肿痛得无法忍受，应该及时到医院做影像检查，排除骨折的因素。肿胀非常明显时可以服用少量消炎药物进行治疗，但不可长期过量服用。在扭伤治疗恢复期，早期应该尽量卧床休息，避免多余活动导致二次扭害，后期能够下床的时候可以逐渐进行一些负重训练。

（三）运动中的腹痛处理

运动中腹痛的原因：准备活动不充分、运动呼吸节奏不佳。

（1）肝脾瘀血或腹部器关的慢性疾病。

（2）呼吸肌痉挛（准备活动不够，肺透气低，运动与呼吸不协调）。

（3）胃肠痉挛（运动前吃得过饱、饭后过早运动、空腹或喝水太多）。征象：以中长跑、马拉松、公路自行车、篮球等项目的发生率最高。疼痛部位多发生在右上腹，其次是左上腹和下腹，成钝痛或胀痛。

处理方法：运动中出现腹痛，应适当减慢跑速，加深呼吸，调整呼吸与动作节奏，用手按压疼痛部位，或弯腰跑一段距离。上述处理后常有助于缓解疼痛，如果腹痛依旧存在，则应到医院进行系统的检查。

四、如何预防运动损伤和运动性疾病

预防运动损伤和运动性疾病要掌握相关理论和方法。运动时穿着合适的服装并佩戴必要的护具，活动时不佩戴项链等装饰品。建立自我保护意识，掌握自我保护的方法。运动前，认真做好准备活动，运动中要集中思想，运动后要做好放松活动。按规定标准做好场地设备的建造、维修、检查保养工作。对抗性练习或正式比赛中要严格执行相关规则。

拓展学习

【警示案例】

运动性损伤

医学院一名男学生在打篮球时，由于跳跃下落的过程中脚后跟落地，使身体受到冲击引发腰痛。表现症状为无法弯腰以及行走、下蹲困难。

【简析】

在身体受到巨大冲击后，往往会产生一些身体不可自我纠正的结构问题。如果其中有比较大的结构问题，会导致身体活动能力骤然下降，出现无法移动甚至无法站立等情况。该生接受身体结构调整之后，弯腰、下蹲等功能恢复正常，疼痛减少90%。身体结构调整，活动能力基本恢复，疼痛完全消失。对待急性损伤，一定要尽早把错位的结构调整回来。如果在受伤的当天接受身体结构调整，受限的功能会得到恢复，疼痛会快速下降50%～70%。时间拖得越久，身体就在错误状态下持续越久，想要完全康复就需要越长的时间。

思考讨论

1. 如何预防运动损伤？
2. 运动扭伤后如何处置？

第九章　校 园 安 全

学习目标

通过本章内容的学习，使大学生了解在校园实验、饮食、交通、集体活动及自然灾害中常见的安全问题；树立安全第一、预防为主的意识，掌握相关安全注意事项，不断提高应对处置各种突发安全问题的能力素质。

学习内容

本章内容主要涵盖了实验安全、食品安全、交通安全、集体活动安全、自然灾害安全等，具体包括以下内容。

1．实验安全和实验室安全。

2．食品安全。

3．道路交通安全。

4．集体活动安全。

5．自然灾害及应对措施。

重点与难点

1．实验安全。

2．食品安全。

3．集体活动安全。

第一节　实验安全

案例内容

博士生实验室死亡事件

2009年7月3日中午12时30分许，博士生袁某发现同学于某昏厥，倒在催化研究所211室，便呼喊老师寻求帮助，并拨打120急救电话。袁某本人随后也晕倒在地。12时58分，120急救车抵达现场，将于某和袁某送往省立同德医院。13时50分，医院急救中心宣布于某抢救无效死亡。袁某留院观察治疗，于次日出院。经初步调查发现，化学系教师莫某、某高校教师徐某，于事发当日在化学系催化研究所做实验的过程中，误将本应接入307实验室的一氧化碳气体接至通向211室的输气管。莫某、徐某的行为涉嫌危险物品肇事罪，公安机关已立案调查。

【简析】

实验安全无小事，稍微疏忽大意就可能酿成大错。莫某、徐某的行为看似不起眼的一个误操作，却将有毒气体引向了于某、袁某工作的211室，造成了二人一氧化碳中毒，且于某不治身亡的重大事故。莫某、徐某被公安机关立案调查，将为自己的行为付出代价。但博士生于某的生命却无法挽救回来，着实让人痛心和惋惜。所以，我们在实验室做实验的时候，一定要绷紧实验安全的弦，严格按照安全规程操作，绝不能有丝毫疏忽大意。

【法律法规】

《刑法》第一百三十六条规定，危险物品肇事罪，是指违反爆炸性、易燃性、放射性、毒害性、腐蚀性物品的管理规定，在生产、储存、运输、使用中，由于过失发生重大事故，造成严重后果的行为。

《危险化学品安全管理条例》第三条规定，危险化学品，是指具有毒害、腐蚀、爆炸、燃烧、助燃等性质，对人体、设施、环境具有危害的剧毒化学品和其他化学品。第七十五条第三款规定，违反国家关于危险化学品使用的限制性规定使用危险化学品的，依照本条第一款的规定处理。即生产、经营、使用国家禁止生产、经营、使用的危险化学品的，由安全生产监督管理部门责令停止生产、经营、使用活动，处20万元以上50万元以下的罚款，有违法所得的，没收违法所得；构成犯罪的，依法追究刑事责任。

《中华人民共和国安全生产法》第三条规定，安全生产工作应当以人为本，坚持人民至上、生命至上，把保护人民生命安全摆在首位，树牢安全发展理念，坚持安全第一、预防为主、综合治理的方针，从源头上防范化解重大安全风险。

《中华人民共和国环境保护法》第六条规定，一切单位和个人都有保护环境的义务，并有权对污染和破坏环境的单位和个人进行检举和控告。第三十三条规定，生产、储存、运输、销售、使用有毒化学物品和含有放射性物质的物品，必须遵守国家有关规定，防止污染环境。

实验室是高校开展教学科研工作的重要场所，也是培养学生技能、知识和科技创新能力的必备场所，保障其安全运行，关系到国家财产和师生人身安全，关系到学校快速、和谐发展，关系到现代人才的培养，安全工作要高度重视。

一、实验安全的概念

实验安全是指实验室在正常的运行管理过程中免除不可接受的损害风险的状态。实验室是一个复杂的场所，经常用到各种化学药品和仪器设备，以及水、电、燃气，还会遇到高温、低温、高压、真空、高电压、高频和带有辐射源的实验室条件和仪器，若缺乏必要的安全管理和防护知识，就会造成生命和财产的巨大损失。实验室安全必须认真贯彻“安全第一、预防为主”的方针，制定并落实实验室安全管理制度及仪器操作规程。实验室应针对在运行过程中可能会涉及电气、机械、非电离辐射、化学和微生物等危险因素，制定相应的安全标准，以提升实验室的安全管理能力和安全技术能力，降低试验运行的安全风险。进入实验室必须遵守实验室的各项规定，严格执行操作规程，做好各类记录。

（一）实验室安全标识

出入实验室要了解实验室安全标识的含义和对应的安全要求。常见的实验室安全标识，如图9-1所示。

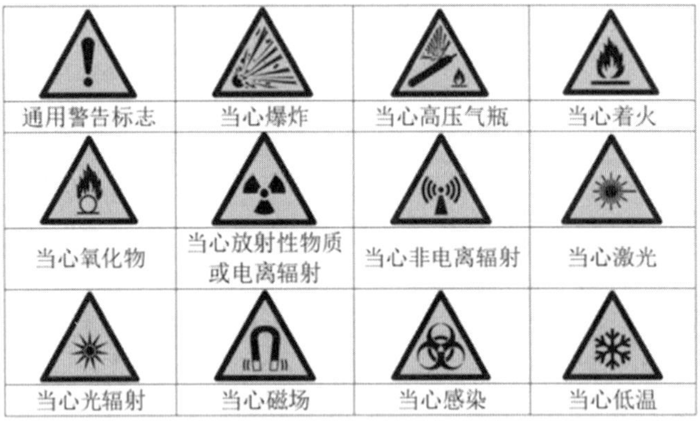

图 9-1　常见的实验室安全标识

（二）实验室安全事故警示录

（1）2021年7月27日，某大学药学院505实验室在清理通风柜时发现之前毕业生遗留在烧瓶内的未知白色固体，一博士研究生用水冲洗时发生炸裂，炸裂产生的玻璃碎片刺破该生手臂动脉血管，在场的同学和老师及时施救，120救护车将受伤学生送至医院，经治疗后该生的伤情得到控制，无生命危险。

（2）2021年10月24日，某大学材料科学与技术学院一材料实验室爆燃引发火情。学校第一时间将11名受伤人员送往医院救治，其中2人经抢救无效死亡。

（3）2021年7月13日，某大学化学系302实验室在实验过程中发生火情，现场一名博士后实验人员头发着火，被第一时间送往医院检查，诊断为轻微烧伤，经治疗后已无大碍，现场未造成其他损失。

（4）2020年12月21日，某大学材料科学与工程学院一研究生在分析测试中心准备XRD测试时，违规用塑料样品袋携带金属粉末样品，导致粉末氧化放热，造成塑料袋燃烧的事故。该生迅速将样品带出室外，用灭火毯捂灭，幸未造成人员受伤和财产损失。

（5）2019年2月27日，某大学一实验室发生火灾。消防人员接警后迅速赶赴现场，现场明火被扑灭，未造成人员伤亡。火灾烧毁3楼二维材料实验室内的办公物品，并通过外延通风管道引燃5楼楼顶风机及杂物。

二、实验室安全常识及注意事项

（一）安全用电常识

违章用电可能会造成人身伤亡、火灾、损坏仪器设备等严重事故。物理、化学实验室使用电器较多，特别要注意安全用电。

（1）防止触电。要做到：不用潮湿的手接触电器；电源裸露部分应有绝缘装置（如电线接头处应裹上绝缘胶布）；所有电器的金属外壳都应保护接地；实验时，应先连接好电路后再接通电源。实验结束时，先切断电源再拆线路。修理或安装电器时，应先切断电源。使用高压电源应有专门的防护措施。如有人触电，应迅速切断电源，然后进行抢救。

（2）防止火灾。要做到：使用的保险丝要与实验室允许的用电量相符。电线的安全通电量应大于用电功率。室内若有氢气、煤气等易燃易爆气体，应避免产生电火花。继电器工作和开关电闸时，易产生电火花，要特别小心。电器接触点（如电插头）接触不良时，应及时修理或更换。如遇电线起火，应立即切断电源，用沙或二氧化碳、四氯化碳灭火器灭火，禁止用水或泡沫灭火器等导电液体灭火。

（3）防止短路。要做到：线路中各接点应牢固，电路元件两端接头不要互相接触，以防短路。电线、电器不要被水淋湿或浸在导电液体中，例如，实验室加热用的灯泡接口不要浸在水中。

（二）电器仪表的安全使用

（1）学习电器仪表使用说明。在使用前，先了解电器仪表要求使用的电源是交流电还是直流电；是三相电还是单相电以及电压的大小（380V、220V、110V或6V）。必须提前弄清电器功率是否符合要求及直流电器仪表的正、负极。

（2）仪表量程应大于待测量。若待测量大小不明时，应从大量程开始测量。

（3）线路连接正确。实验之前要检查线路连接是否正确，经教师检查同意后方可接通电源。

（4）出现异常及时断电。在电器仪表使用过程中，如发现有不正常声响、局部温升或嗅到绝缘漆过热产生的焦味，应立即切断电源，并上报、检查。

（三）化学药品的安全使用

（1）防毒。实验前，应了解所用药品的毒性及防护措施。操作有毒气体应在通风橱内进行。苯、四氯化碳、乙醚、硝基苯等的蒸气会引起中毒。它们虽有特殊气味，但久嗅会使人嗅觉减弱，所以应在通风良好的情况下使用。有些药品（如苯、有机溶剂、汞等）能透过皮肤进入人体，应避免与皮肤接触。氰化物、汞盐、可溶性钡盐、重金属盐、三氧化砷等剧毒药品，应妥善保管，使用时要特别小心。禁止在实验室内喝水、吃东西。饮食用具不要带进实验室，以防毒物污染，离开实验室及饭前要洗净双手。必要时佩戴防毒面具。

（2）防爆。可燃气体与空气混合，当两者比例达到爆炸极限时，受到热源（如电火花）的诱发，就会引起爆炸。使用可燃性气体时，要防止气体逸出，室内通风要良好。操作大量可燃性气体时，严禁同时使用明火，还要防止发生电火花及其他撞击火花。有些药品如叠氮铝、乙炔银、乙炔铜、氯酸盐、过氧化物等受震和受热都易引起爆炸，使用要特别小心。严禁将强氧化剂和强还原剂放在一起。久藏的乙醚使用前应除去其中可能产生的过氧化物。进行容易引起爆炸的实验，应有防爆措施。

（3）防火。许多有机溶剂如乙醚、丙酮、乙醇、苯等非常容易燃烧，大量使用时室内不能有明火、电火花或静电放电。实验室内不可存放过多这类药品，用后还要及时回收处理，不可倒入下水道，以免聚集引起火灾。有些物质如磷、金属钠、钾、电石及金属氢化物等，在空气中易氧化自燃。还有些金属如铁、锌、铝等粉末，它们悬浮在空气中，增大与空气的接触面，使其化学活性增加，也易在空气中氧化自燃。这些物质要隔空气保存，使用时要特别小心。实验室如果着火不要惊慌，应根据情况进行灭火，常用的灭火剂有水、沙、氧化碳灭火器、四氯化碳灭火器、泡沫灭火器和干粉灭火器等，可根据起火的原因选择使用。

（4）防灼伤。强酸、强碱、强氧化剂、溴、磷、钠、钾、苯酚、冰醋酸等都会腐蚀皮肤，特别要防止溅入眼内。液氧、液氮等低温化学品也会严重灼伤皮肤，使用时要小心。一旦灼伤应及时送医治疗。

（四）高压钢瓶的使用及注意事项

1. 气体钢瓶的使用

（1）在钢瓶上装上配套的减压阀。检查减压阀是否关紧，方法是逆时针旋转调压手柄至螺杆松动为止。

（2）打开钢瓶总阀门，此时压力表显示出瓶内贮气总压力。

（3）慢慢地顺时针转动调压手柄，至低压表显示出实验所需压力为止。

（4）停止使用时，先关闭总阀门，待减压阀中余气逸尽后，再关闭减压阀。

2. 注意事项

（1）钢瓶应存放在阴凉、干燥、远离热源的地方。可燃性气瓶应与氧气瓶分开存放。

（2）搬运钢瓶要小心轻放，钢瓶帽要盖紧。

（3）使用时应装减压阀和压力表。可燃性气瓶气门螺丝为反丝；不燃性或助燃性气瓶的为正丝。各种压力表不可混用。

（4）不要让油或易燃有机物沾在气瓶上（特别是气瓶出口和压力表上）。

（5）开启总阀门时，不要将头或身体正对总阀门，防止万一阀门或压力表冲出伤人。

（6）不可把气瓶内气体用光，以防重新充气时发生危险。

（7）使用中的气瓶每三年应检查一次，装腐蚀性气体的钢瓶每两年检查一次，不合格的气瓶不可继续使用。

（8）氢气瓶应放在远离实验室的专用小屋内，用紫铜管引入实验室，并安装防止回火的装置。

三、实验室个体防护

实验室存在着各类的危险，有物理性的，如各种机械卷入点、锋利部位、热、冷、辐射、噪声等；有化学性的，如各类毒性等级不一的化学品、粉尘等；有生物性的，如各类致病菌或者病毒等。如果不采取有效的防护，则会导致实验操作者受伤、中毒，严重者会导致职业病甚至死亡。实验室安全事故频发有其存在的隐患根源，虽然了解实验室个体防护器材及正确使用的方法不能根除危害，但是帮助我们构筑最后一道安全防线，只有正确佩戴、使用防护用品，才能保障自己的健康平安。

（一）个体防护的意义

（1）个体防护用品是实验室安全防护的有效补充。虽然实验室配备了各类安全防护设施，但在实验操作过程中，操作者仍不可避免地会接触到（触碰、吸入、食入、经皮肤渗入等）各类危险源，继而导致伤害、甚至职业病的发生。个体防护用品此时充当了操作者与危险源之间的最后一道防线，当实验室安全防护装置失效或者不能满足其设定的目的时，可以将危险源阻挡在身体之外，保护操作者的人身安全。

（2）个体防护用品的配备和佩戴是国家法律法规要求。国家法律法规（如《职业病防治法》）对可能接触到危险源的作业提出了个体防护用品配备和佩戴的要求。要求用人单位根据作业场所所能接触到的职业危害因素，选择并提供合适的个体防护用品，培训并监督作业者使用。作业者应按照要求正确佩戴个体防护用品。对于违反法律法规要求的行为，责任方需承担相关法律责任。

（二）防护种类及用具使用

常见的防护用具包括头部防护、眼部防护、听力防护、呼吸防护、手部防护、身体防护、足部防护及坠落防护等用具。

（1）头部防护。当在有可能发生高处坠物或者作业者进入容易碰头的场所作业时，需要佩戴头部保护用具，如安全帽等。使用前应检查安全帽的有效期，外壳是否有破损、裂痕或凹痕等，帽带、内衬等附件是否完好。

（2）眼部防护。可以保护眼部免受机械性伤害、液体溅泼伤害和辐射强光伤害等。

（3）听力防护。根据工作场所职业危害因素接触限制的要求，加权值超过85分贝的作业场所应配备听力防护用具。常用的听力防护用具一般分为耳塞和耳罩两种，根据使用场所和减噪能力的不同选择不同类型的听力防护用具。

（4）呼吸防护。呼吸防护用具是防御缺氧空气和空气污染物进入呼吸道的装备，其主要作用是防止操作者过量吸入有害物质，如烟雾、粉尘、有害气体、纤维等。

（5）手部防护。防护手套的选择应根据工作的需要和防护的要求，没有一种类型的手套适合所有的工作。

防护手套根据防护目的可分为不同类型，如一般工作手套（面纱手套）、防静电、绝缘、防化学品、防酸碱、防割、防烫等手套。

选择防护手套应考虑的因素如下：接触化学品的类型、化学品的浓度、工作（接触）的时间、使用频率、灵活性、产品保护，使用者是否对橡胶过敏等。

（6）身体防护。身体防护用具主要指防护服，包括一般防护服、化学品防护服、防放射性服、浸水工作服、防寒防热防护服、带电作业屏蔽服、防静电服、无尘服、阻燃服等。

（7）足部防护。足部防护主要是保护作业者的小腿及脚部免受物理、化学和生物等外界因素的伤害。实验室等作业场所可能遇到的足部危害的种类：被落下的重物砸伤、接触化学品、被过热的物体表面烫伤、被尖锐物品扎伤、电击、在易燃区域释放静电导致火灾或爆炸等。

（8）坠落防护。坠落防护用具是防止高处作业者（距离坠落平面2米以上）坠落或高处落物伤害的防护用品。按照防护目的不同，坠落防护用具可分为安全带、安全网（分为平网和立网）两种。

（三）实验室安全规则

实验室安全规则是管理、使用实验室的所有人员都应该遵循的基本安全规则，是实验室安全管理、安全运行和有效使用的重要保证。不同类型的实验室因设备、用途不同，安全要求也不尽相同，安全规则的内容也有差异，但就一般情况而言，实验室安全规则有以下规定。熟知规定之后才可以安全地进行操作和使用仪器。

（1）实验室主任负责实验室安全工作，实验员负责本实验室安全的日常管理和检查。

（2）实验室安全必须认真贯彻“安全第一、预防为主”方针，制订并落实实验室安全管理制度及仪器操作规程。

（3）实验室门口张贴安全责任人信息或信息牌。内容包括安全风险点的警示标识、安全责任人、涉及危险类别、防护措施和有效的应急联系电话等，并及时更新。

（4）实验室的各种物品应放置整齐，保持室内通风、地面干燥，及时清理废旧物品，保持消防通道通畅，便于取用防护用品、消防器材和关闭总电源。

（5）凡进入实验室人员必须进行危险源安全知识、安全技能、操作规范等相关培训，未经相关安全考试并取得合格成绩的人员不得进入实验室。

（6）进入实验室开展实验之前，指导老师首先讲明与本实验室、本实验内容相关的安全知识和要求。

（7）实验人员应熟悉实验室环境。熟悉水、电、气阀门以及安全通道的位置，铭记急救电话。熟悉各类灭火和应急设备的位置和使用方法。明确灭火器材、电闸、紧急喷淋装置等设施的位置和操作程序，熟悉紧急应变措施和流程。

（8）实验室内禁止吸烟、饮食、睡觉，禁止放置与实验室无关的物品。严禁打闹、追逐，严禁穿露趾鞋、短裤进入实验室。

（9）禁止在实验室内私拉、乱拉电线，以及在烘箱、电阻炉等加热设备或冰箱等散热设备附近堆放物品。经常检查长期通电作业的冰箱、烘箱等设备，及时清除隐患或报废到期设备。

（10）实验人员必须遵守实验室的各项规定，严格执行操作规程，做好各类记录，了解实验室潜在的实验风险和应急方式，采取必要的安全防护措施，特别注意危险化学品、易燃易爆、辐射、生物危害、特种设备、机械传动、高温高压等对人体的伤害。

（11）开始任何新的或更改过的实验操作前，需了解所有物理、化学、生物方面的潜在危险及相应的安全措施。使用化学品前应先仔细阅读化学品安全说明书。

（12）易燃、易爆、剧毒化学试剂和高压气瓶要严格按照有关规定领用、存放和保管。

（13）开展实验时要密切关注实验进展情况，不得擅自离岗，进行危险实验时至少2人在场。严禁将实验室内任何物品私自带出实验室。实验中发生异常情况，应立即向指导教师报告并及时进行安全处理。

（14）保持实验室整洁有序，及时清理或处理废弃物。所有实验废弃物应弃置在相应的废物容器内，分类收集处置。

（15）实验结束后，最后一个离开实验室的人员必须检查并关闭整个实验室的水、电、气、门窗。仪器设备原则上不得开机过夜，如确有需要，必须采取必要的预防措施。实验结束或离开实验室前，按规定采取结束或暂离实验室措施，并关闭仪器设备、水、电、气和门窗等。

（16）一旦发生火灾、爆炸以及危险品被盗、丢失、泄露、严重污染和超剂量辐射等安全事故，应立即根据情况启动事故应急处理方案，并采取有效应急措施，同时向学校主管部门、保卫部门报告，必要时向当地的公安、环保、卫生等行政主管部门报告，事故经过和处理情况应详细记录并存档。

拓展学习

【警示案例】

2021年7月8日上午9时33分，某高校实验室发生火情，实验室内学生进行垃圾渗滤液污水处理实验时发生爆炸，导致镁粉桶起火，过火面积60平方米，事故导致3名参与实验的学生死亡。

【法律法规】

《中华人民共和国安全生产法》第二十二条规定，生产经营单位的安全生产责任制应当明确各岗位的责任人员、责任范围和考核标准等内容。生产经营单位应当建立相应的机制，加强对安全生产责任制落实情况的监督考核，保证全员安全生产责任制的落实。

第二十八条规定，生产经营单位应当对从业人员进行安全生产教育和培训，保证从业人员具备必要的安全生产知识，熟悉有关的安全生产规章制度和安全操作规程，掌握本岗位的安全操作技能，了解事故应急处置措施，知悉自身在安全生产方面的权利和义务。未经安全生产教育和培训合格的从业人员，不得上岗作业。

为切实增强高校实验室安全管理能力和水平，保障校园安全稳定和师生生命安全，教育部在《关于加强高校实验室安全工作的意见》中提出了六个方面意见。

（1）提高认识，深刻理解实验室安全的重要性；

（2）强化落实，健全实验室安全责任体系；

（3）务求实效，完善实验室安全管理制度；

（4）持之以恒，狠抓安全教育宣传培训；

（5）组织保障，加强安全工作能力建设；

（6）责任追究，建立安全工作奖惩机制。

【实验室安全手册】

保障实验室安全是我们的共同愿望，可是每年都会由于多种原因导致在实验室中发生各种各样的事故，结果令人痛心。为了将实验室安全教育常态化，高校一般都编印有《实验室安全手册》。编印《实验室安全手册》的宗旨是“以人为本”，从使用者的角度提出做好自身防护的措施，指明安全操作规程，以利于保障安全。编印手册的目的在于提醒教职工、学生以及其他工作人员在实验室从事各类工作时，对于容易出现安全事故的方面时刻保持警觉，经常提醒自己注意安全，科学地进行实验，规程化操作，遵守学校和实验室的各项规章制度，知法守法，避免事故的发生，确保教学、科研工作的顺利进行。

《实验室安全手册》的内容包括在实验室工作中可能遇到的主要危害、事故及其规避与排除的方法，使读者具备基本的安全知识和安全意识。《实验室安全手册》一般在新生入学教育时即人手一册发放到学生手中。学生应妥善保存、时常翻阅、牢记于心、严格遵守。

更加专业化的安全教育与辅导材料，学生可以参考学院（系部）制定《实验室安全手册》，或参考专业（行业）规程，或设备配套的专业操作手册等。如图9-2所示。

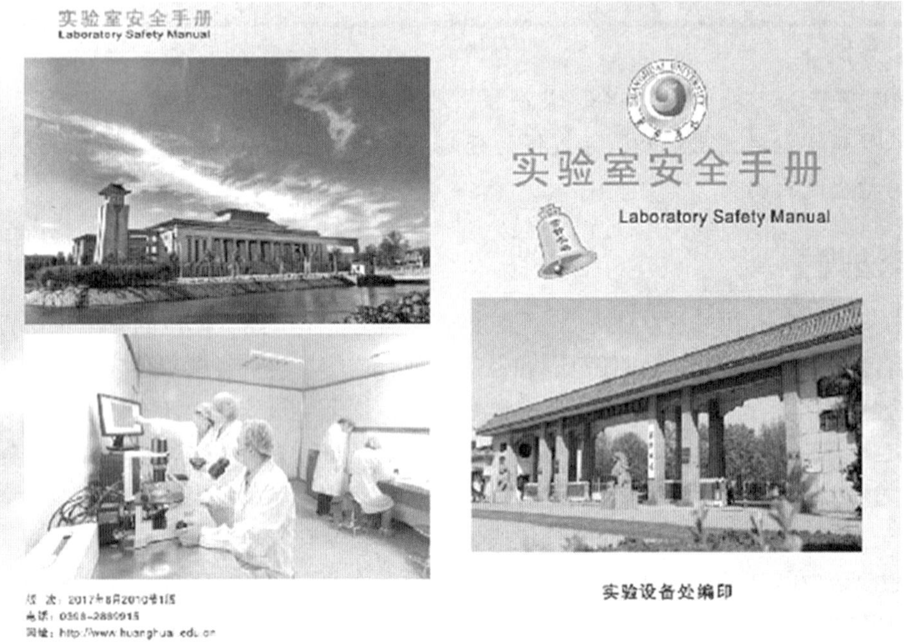

图 9-2　实验室安全手册

拓展学习

【阅读知识】

实验室安全手册

实验室安全一定要坚持安全第一、预防为主的原则。所有人都要树立实验室安全意识，仔细体会以下九点。

第一条：安全为了谁。生命是一张单程票，你的安全是爱你的人的最大牵挂，安全是回家最近的路。首先，安全是为了自己，请勿忘安全，珍爱生命。其次，是你的父母、家人、老师与好友。你是他们心里最重要的人，虽平凡却是无可替代的。你的安全是对他们最好的爱。为了你所爱的人和爱你的人，你一定要注重实验室安全。

第二条：安全是每一个人的事情。实验室中每一位成员都是实验室的一分子，都是实验室安全的守卫者，也有可能是实验室事故的导火索和受害者，实验室每位成员都要担负起保障实验室安全的责任和义务。

第三条：千万别小看那些实验室安全规则、规范、规定，那都是用事故受害者的血和泪写成的，我们要保持敬畏之心。它们全面地反映了实验室和实验过程中的各种安全注意事项，并提出了保证安全的具体措施，是保障实验室安全的主要依据，是我们安全的护身符。

第四条：事故源于人，源于心。研究表明，绝大多数事故都是由人的不安全行为造成的。若要更加深究不安全行为的原因，是侥幸心理、冷漠心理、麻痹心理、自私心理、走捷径心理、冒险逞能心理、凑兴心理等不安全心理造成的。所以请切记，心之所至，安全等随。

第五条：事故是可以预防的。所有实验室危险因素和安全隐患，以及你的不安全行为，都有可能导致事故发生，只是概率和时间问题。但是，事故发生是有原因的，只要我们查清原因并有效控制原因（如遵守实验室安全规定），就能预防实验室事故。

第六条：无知者无畏，意识不到危险，才是最大的危险；知识就是安全，安全就是知识。安全意识与安全知识（包括安全技能）非常重要。

第七条：安全就是效率，为了安全，不要侥幸，别怕麻烦。安全本身就是最大的效率，出了事会耽误很多时间，甚至付出生命代价。

第八条：安全信息是通往安全的必经之路。实验室里的安全规则、规范、规程，安全警示标识与其他安全提醒一定要有，而且要放在显眼合适的位置，让大家都接受到必要的安全信息，要不然真的很危险。

第九条：就安全而言，有两件最重要且最有价值的事——自己安全地工作生活，让更多人安全地工作生活。在实验室，要做到“四不伤害”（不伤害自己，不伤害他人，不被他人伤害，保护他人不受伤害）。

思考讨论

1. 学习过程中需要进出哪些实验场所？存在哪些危险因素？
2. 进入实验场所后你是否留意到一些安全标识，需要遵循哪些安全规程？
3. 遇到实验安全事故应该如何应对？

第二节 食品安全

案例内容

安全食品识别

2013年3月22日晚9时许，某市发生一起在夜市摊点食用不洁食品引发的食物中毒事件。当晚，18人在位于某大学北门黄河路的夜市摊点食用臭豆腐等食品后，出现恶心、呕吐、腹泻等症状，中毒人员被迅速送往附近医院观察治疗。经该市疾控中心确定是食用不洁臭豆腐引起的食物中毒。中毒人员中有某大学学生7名，教师2名。经治疗病人已经痊愈。

【简析】

臭豆腐是中国传统的特色小吃之一，有着悠久的历史。臭豆腐在发酵过程中，会产生甲胺、腐胺、色胺等胺类物质以及硫化氢，它们具有一股特殊的臭味和很强的挥发性，多吃对健康并无益处。此外，胺类物质存放时间长了，还可能与亚硝酸盐作用，生成强致癌物亚硝胺。小作坊、食品摊贩等小微食品经营者，门面和制作场地大多脏、小、散、乱，缺乏有力监管。

有些不法化工企业售卖硫酸亚铁和硫化钠给商贩，用来作为快速生产臭豆腐的“秘方”。这两者一般都用在工业上，硫酸亚铁也叫青矾，主要用于制造颜料、防腐剂和饲料中的添加剂；硫化钠水溶液呈强碱性，在空气中潮解，并碳酸化变质，不断释放出硫化氢气体。两者发生化学反应之后，产生了硫酸铁、硫化氢等多种硫化物，硫化氢有臭鸡蛋味，会引起人头痛、眩晕，严重时可引起中毒。

作为发酵豆制品的一种，规范生产的臭豆腐是可以安全食用的，且发酵后的臭豆腐反而提升了其营养价值。中国农业大学的一项研究发现，微生物发酵提升了蛋白质和矿物质的消化吸收率，并产生额外的B族维生素，包括植物性食品里没有的维生素B_{12}。但是，臭豆腐跟其他传统食品一样，并没有统一标准或制作流程——这种多样性或者说是不确定性使得消费者在选购臭豆腐时，很难客观地去判断它的安全卫生是否合格。但总的来说，选购臭豆腐应尽量选择大商家、正规企业的产品，而不要购买流动小摊贩的臭豆腐，尽可能地避免食品安全风险。

【法律法规】

《中华人民共和国食品安全法》第三十三条规定了十一项食品安全标准。第三十三条规定，食品生产经营应当符合食品安全标准，并符合下列要求：

（1）具有与生产经营的食品品种、数量相适应的食品原料处理和食品加工、包装、贮存等场所，保持该场所环境整洁，并与有毒、有害场所以及其他污染源保持规定的距离；

（2）具有与生产经营的食品品种、数量相适应的生产经营设备或者设施，有相应的消毒、更衣、盥洗、采光、照明、通风、防腐、防尘、防蝇、防鼠、防虫、洗涤以及处理废水、存放垃圾和废弃物的设备或者设施；

（3）有专职或者兼职的食品安全专业技术人员、食品安全管理人员和保证食品安全的规章制度；

（4）具有合理的设备布局和工艺流程，防止待加工食品与直接入口食品、原料与成品交叉污染，避免食品接触有毒物、不洁物；

（5）餐具、饮具和盛放直接入口食品的容器，使用前应当洗净、消毒，炊具、用具用后应当洗净，保持清洁；

（6）储存、运输和装卸食品的容器、工具和设备应当安全、无害，保持清洁，防止食品污染，并符合保证食品安全所需的温度、湿度等特殊要求，不得将食品与有毒、有害物品一同储存、运输；

（7）直接入口的食品应当使用无毒、清洁的包装材料、餐具、饮具和容器；

（8）食品生产经营人员应当保持个人卫生，生产经营食品时，应当将手洗净，穿戴清洁的工作衣、帽等；销售无包装的直接入口食品时，应当使用无毒、清洁的容器、售货工具和设备；

（9）用水应当符合国家规定的生活饮用水卫生标准；

（10）使用的洗涤剂、消毒剂应当对人体安全、无害；

（11）法律、法规规定的其他要求。

一、食品安全概述

（一）食品安全的基本常识

1. 食品安全

根据世界卫生组织的定义，食品安全问题是“食物中有毒、有害物质对人体健康影响的公共卫生问题”。食品安全是一个绝对的概念，它要求食品对人体健康造成急性或慢性损害的所有危险都不存在。该概念表明，食品安全既包括生产的安全，也包括经营的安全；既包括结果的安全，也包括过程的安全；既包括现实的安全，也包括未来的安全。

1997年，世界卫生组织在其发表的《加强国家级食品安全性计划指南》中，把食品安全解释为“对食品按其原定用途进行制作和食用时不会使消费者身体受到伤害的一种担保”，将食品卫生界定为“为确保食品安全性和适用性在食物链的所有阶段必须采取的一切条件和措施”。从目前的研究情况来看，在食品安全概念的理解上，国际社会已经基本形成共识，即食品的种植、养殖、加工、包装、储藏、运输、销售、消费等活动符合国家强制标准和要求，不存在可能损害或威胁人体健康的有毒有害物质致消费者病亡，或者危及消费者及其后代的隐患。食品安全包括食物量的安全和食物质的安全，食物量的安全是指能不能解决吃得饱的问题，而现在生活质量不断提高的人们，提起食品安全，更多考虑的是质的安全。食物的安全是指确保食品消费对人类健康没有直接或潜在的不良影响，是食品卫生的重要部分，也是一个全球性的问题。食品污染是影响食品安全的主要问题。

2. 中华人民共和国食品安全法

民以食为天，我国对于食品方面的安全一直比较重视。为了保障食品安全，保障公众身体健康和生命安全，2009年2月28日第十一届全国人民代表大会常务委员会第七次会议通过《中华人民共和国食品安全法》。

（二）我国食品安全的现状

食品是人类生存发展的最基本物质，食品安全与民众的身体健康息息相关，也直接或间接影响到经济发展与社会稳定。我国食品行业发展虽快，但在发展过程中食品安全问题层出不穷，严重威胁着广大人民群众的身体健康。苏丹红工业添加剂事件、三聚氰胺事件、瘦肉精事件、地沟油事件、敌敌畏火腿事件、毒黄花菜事件等重大食品安全问题为人们敲响了警钟，食品安全关系到人们身体健康和生命安全，关系着国家的发展和社会的长治久安。因此，必须要严肃处理食品安全问题，创造一个放心的食品安全市场。

据对我国食品安全现状分析，我国食品安全问题主要有以下三个特点：一是市场上出现越来越多的问题食品，已严重威胁到人们的身体健康。过去我国的问题食品仅出现在米、面、粮、油、肉、蛋、禽、蔬菜、水产品、豆制品等中，如今的水果、酒、干货、奶制品和炒货等也都成了问题食品的重点，问题食品涉及面越来越广。二是问题食品不仅限于过期、变质，又出现了细菌总数超标，农药、化肥残留等新问题，其危害程度越来越严重，威胁着人们的身体健康和生命安全。三是一些缺乏道德和良心的制造商为赚钱，生产各种有毒有害食品，且其制假的手法花样翻新、五花八门。导致食品安全问题的主要原因有政府监管缺位、消费者缺乏维权意识和法律保障体系不健全等。

（三）食品安全取得的成就

民以食为天，食以安为先。在各级政府部门和全社会共同努力下，我国食品安全形势总体开始趋稳向好，质量安全水平不断提高，食品安全工作开始走上良性发展轨道，广大人民群众的食品安全得到较好保障。一是食品卫生监测合格率不断提高；二是建立了食品安全管理体系；三是食品安全检测体系基本构架已形成；四是食品安全科技得到快速发展；五是食品安全法律保障体系不断完善。

二、如何养成良好的食品安全习惯

（一）安全食品识别

当下食品安全事故频发，安全比营养更重要。选择食品时，应看清食品包装上的标志，懂得食品的安全级别再吃更放心。

1. QS与SC标志

QS是英文“Quality Safety”的缩写，意为“质量安全”，表明食品符合质量安全的基本要求。根据国家规定，国内从事米、面、油、酱油、醋的加工食品，肉制品、乳制品、饮料、调味品、方便面、饼干、罐头等，必须有QS标志方可出厂销售。QS标志现在已经慢慢地被SC编号代替，SC为“生产”的拼音首字母加上14位阿拉伯数字。QS到SC的过渡期，两者都是可以使用的，但是，从2018年10月1日开始，就不能再使用QS标志了，统一改为SC编号。

2. 无公害农产品标志

无公害农产品能够把有毒、有害物质控制在一定范围内，主要强调其安全性，是最基本、最起码的市场准入标准，普通食品都应达到这一要求。无公害农产品标志图案由金色麦穗、对勾和“无公害农产品”字样和绿底色组成。麦穗代表农产品，对勾表示合格，金色寓意成熟和丰收，绿色象征环保和安全。

3. 绿色食品标志

国际上与环境保护有关的事物，通常都冠之以“绿色”字样，目的是突出这类食物与良好的生态环境有关，涉及的食品则被定名为“绿色食品”。绿色食品的级别比“无公害农产品”高。绿色食品标志还提醒人们要保护环境和防止污染，通过改善人与环境的关系，创造自然界新的和谐。

4. 有机食品标志

有机食品包括粮食、蔬菜、水果、奶制品、水产品、禽畜产品、调料等。这类食品在生产加工过程中不得使用人工合成的化肥、农药和添加剂，生长在无污染的环境中，以传统的农家肥、动物肥料和其他腐殖质等作为肥料，用人工防止病虫害和天敌治虫的方法进行生产。对生产环境和品质控制的要求非常严格，是比“绿色食品”更高标准的安全食品。

5. 食品标签

（1）什么是食品标签?

食品标签是指在食品包装容器上或附于食品包装容器上的一切附签、吊牌、文字、图形、符号说明物。标签的基本内容：食品名称、配料表、净含量及固形物含量、厂名、批号、日期等标志。它是对食品质量特性、安全特性、食用、饮用说明的描述。下面列出不同类型食品包装容器的标签内容。

散装食品包装：应在食品部位上进行标示，将名称、规格、生产日期、生产者名称以及联系方式进行标注。

婴幼儿食品包装：专供婴幼儿和其他特定人群的主副食品，其标签还应当标明主要营养成分及其含量。

进口食品包装：进口的预包装食品应当有中文标签、中文说明书。预包装食品没有中文标签、中文说明书或者标签、说明书不符合本条规定的，不得进口。

食品标签应当标明九个方面的内容：名称、规格、净含量、生产日期；成分或者配料表；生产者的名称、地址、联系方式；保质期；产品标准代号；储存条件；所使用的食品添加剂在国家标准中的通用名称；生产许可证编号；法律法规或者食品安全标准规定必须标明的其他事项。

（2）如何看食品标签?

一是看标签的内容是否齐全，所有食品生产者，都必须按照《食品标签通用标准》正确地标注各项内容。二是看标签是否完整，食品标签不得与包装容器分开。食品标签的一切内容，不得在流通环节中变得模糊甚至脱落；必须保证消费者购买和食用时醒目、易于辨认和识读。三是看标签是否规范，食品标签所用文字必须是规范的汉字，可以同时使用汉语拼音，但必须拼写正确，不得大于相应的汉字；可以同时使用少数民族文字或外文，但必须与汉字有严密的对应关系，外文不得大于相应的汉字。食品名称必须在标签的醒目位置，且与净含量排在同一视野内。四是看标签的内容是否真实，食品标签的所有内容，不得以错误的、容易引起误解或欺骗性的方式描述或介绍食品。“错误的”是指食品标签的设计者由于疏忽或知识的原因在标签上出现的差错。例如，将配料表误标成成分表。“引起误解的”是指食品标签的内容容易使消费者对食品的真实情况产生错误的联想，从而影响消费者的决策。例如，某厂生产的饼干标称为“多维杏子干”，消费者会误认为是杏干。不少食品在包装上的标签非常不规范，标志不清，有的甚至没有，标签不完整的产品可能就是劣质产品。因此，消费者应对标签的内容进行识别。

（三）日常膳食

1.《中国居民膳食指南（2022）》提出平衡膳食八条准则

①食物多样，合理搭配；②吃动平衡，健康体重；③多吃蔬果、奶类、全谷、大豆；④适量吃鱼、禽、蛋、瘦肉；⑤少盐少油，控糖限酒；⑥规律进餐，足量饮水；⑦会烹会选，会看标签；⑧公筷分餐，杜绝浪费。

2. 日常膳食宝塔

《中国居民平衡膳食宝塔（2022）》是根据《中国居民膳食指南（2022）》的准则和核心推荐，把平衡膳食原则转化为各类食物的数量和所占比例的图形化表示。中国居民平衡膳食宝塔形象化的组合，遵循了平衡膳食的原则，体现了在营养上比较理想的基本食物构成。宝塔共分5层，各层面积大小不同，体现了5大类食物和食物量的多少。5大类食物包括谷薯类、果蔬类、畜禽鱼蛋奶类、大豆和坚果类以及烹调用油盐。食物量根据不同能量需要量水平设计，宝塔旁边的文字注释，标明了在1600～2400kcal能量需要量水平时，一段时间内成年人每人每天各类食物摄入量的建议值范围，如图9-3所示。

中国居民膳食指南要求如下。

①谷类食物（糖类）位居底层，每人每天应该吃250～400克；

②蔬菜和水果（维生素）居第二层，每天应吃300～500克和200～350克；

③鱼、禽、肉、蛋等动物性食物（蛋白质）位于第三层，每天应该吃120～200克，其中鱼虾类40～75克，畜、禽肉类40～75克，蛋类40～50克；

④奶类和豆类食物（蛋白质）合居第四层，每天应吃相当于鲜奶300克的奶类及奶制品和相当于干豆25～35克的大豆及制品；

⑤烹调油（脂肪）和食盐，每天烹调油不超过25～30克，食盐不超过5克。

图 9-3　中国居民平衡膳食宝塔

三、食物中毒

（一）食物中毒的症状

食物中毒是指摄入了“有毒”食物，这些食物可以是本身含有毒素，也可以是被细菌、真菌等微生物及其毒素污染的食物，或者毒物污染的食物。如果人误食，一般会首先引起胃肠道反应，表现腹痛、上吐下泻等。有些毒物吸收进入血液，会损害肝、肾等脏器。

食物中毒的症状具有以下六种：第一种是腹痛，腹痛是食物中毒最为常见的症状，也是典型症状；第二种是腹胀，腹胀是食物中毒后的典型症状；第三种是恶心、呕吐，进食了有毒食物会刺激胃肠壁黏膜，从而引起恶心、呕吐的症状；第四种是腹泻，是身体排毒的表现；第五种是发热，病情严重时会导致发热；第六种是身体的电解质紊乱。

（二）食物中毒的类型

根据食用的中毒食品，食物中毒可分为以下五类。

（1）细菌性中毒：指食用含有细菌或细菌毒素的食品。病原菌有沙门菌、副溶血性弧菌、大肠杆菌、葡萄球菌、肉毒杆菌、变形杆菌、产气荚膜梭状芽孢杆菌、蜡样芽孢杆菌、空肠弯曲菌、结肠耶尔森菌、枯草杆菌，链球菌等。这些细菌在肠内大量繁殖，产生肠毒素，或细菌裂解而生内毒素，亦有由细菌侵袭肠壁黏膜等作用而致胃肠性食物中毒。

（2）真菌性中毒：指食用被真菌及其毒素污染的食品，如霉变甘蔗、赤霉病麦。

（3）动物性中毒：将天然含有有毒成分的动物或动物的某一部分当作食品，如河豚。在特定条件下，产生了大量有毒成分的动物性食品，如过期的鲐鱼。

（4）植物性中毒：将天然含有有毒成分的植物或其加工制品当作食品（如大麻油、桐油、有毒蘑菇等）。在加工过程中将未能破坏或除去有毒成分的植物当作食品（如苦杏仁、木薯等）。在一定条件下产生了大量有毒成分的植物性食品（如发芽的马铃薯等）。

（5）化学性中毒：被有毒、有害的化学物质污染的食品。添加非食品级的、伪造的或禁止使用的食品添加剂、营养强化剂的食品，以及超量使用食品添加剂的食品。

（三）食物中毒的处置

一旦有人出现上吐、下泄、腹痛等食物中毒症状时，应冷静回顾分析发病原因，针对引起中毒的食物以及进餐时间的长短，及时采取必要应急措施。一般可采用催吐、导泻、解毒三个方法。

（1）催吐：进食后1～2个小时内，可使用催吐的方法，将停留在人体胃部的食物排出。可取食盐20克加入到200毫升温白开水中，立即一次性喝下。如效果不佳，可多喝几次，然后刺激咽部促使患者呕吐。

（2）导泻：患者进食时间已超过2小时，但精神仍较好，可服用泻药，促使其将受污染的食物尽快排出体外。一般用大黄30克一次煎服。

（3）解毒：如果是吃了变质的鱼、虾、蟹等引起的食物中毒，可取食醋100毫升，加水200毫升，稀释后一次服下。

如果患者出现肠胃不适的情况，要在医生的指导下进一步检查，若伴有恶心、呕吐、休克等症状，要及时就医。大多数患者应优先考虑去急诊科就诊，流行病学调查、临床症状、细菌培养和血清学检查等有助于确诊食物中毒疾病，还应注意与病毒性肠胃炎、霍乱等疾病相鉴别。

在食物中毒恢复期，患者需要调整饮食，要多喝水及含电解质的饮料，饮食尽量选用易消化的清淡食物。恢复较好时建议多吃蔬菜、水果，以补充维生素及纤维素。食物中毒的患者在恢复期间要注意休息，要随时注意是否还有呕吐、腹泻等症状发生，出现异常后要及时进行治疗，出现并发症后要对症治疗。

（四）食物中毒的预防

（1）防止食物变质。有些食物，保存不好的话就容易变质。所以食物尽量一次吃完，不要放到下一顿吃。吃剩下的饭菜及时放进冰箱里冷藏。如果家里没有冰箱，做的菜又太多了一次吃不完，那么就在吃之前盛出来一部分，盖好盖子，放在阴凉处。

（2）吃清洁的食物。食物没有清洗干净是导致食物中毒的主要原因之一。不清洁的食物会携带大量的病菌，吃下去自然会导致食物中毒。

（3）食物一定要做熟。充分加热可以杀死细菌，防止细菌性食物中毒。另外，有些食物本身含有毒素，充分加热可以破坏它们，例如芸豆。

（4）多吃些有杀菌作用的食物。葱、姜、蒜等含有硫化物，有很强的杀菌作用，可以预防食物中毒。

（五）食品中毒的后期维权

消费者在进行食品安全问题投诉时，可拨打食品药品投诉举报电话“12331”或向食品药品监督管理部门举报，维护自身合法权益。食品维权分四步：一是找经营者进行协商解决；二是若经营者不予协商，可到当地的消费者协会投诉；三是若协调无效，可投诉当地的工商所或食品药品监督管理部门；四是屡次协调无效，可以向法院起诉经营者。同时，在投诉时应注意以下事项。

（1）提供所投诉食品的购物凭证。

（2）尽量维持所购物食品的原状，能辨识该食品的批号或生产日期、保质期。封存中毒食物或可疑中毒食品，以备送检。

（3）对送检食品经检验机构检测判定为不合格的食品或假冒伪劣食品，接受投诉的职能部门可依据有关法律对商家实施行政处罚。

（4）食品的质量检验报告只作为消费者与商家进行协商处理的依据，消费者对协商结果不满意的，可以通过司法途径解决。

拓展学习

【警示案例1】

多人食用海虹中毒

近日，某医疗机构先后接诊9例疑似因食用海虹造成的中毒病例。患者初期症状均为口唇和手脚麻木，后期伴有恶心、呕吐、头晕等症状，重症患者呼吸困难、四肢无力、伴有昏迷。

【警示案例2】

女子吃火锅中毒

近日，冯女士在一家火锅店吃完饭后出现食物中毒症状，经调查，是用餐期间店家放在屋顶上方的老鼠药掉落在火锅中所致。冯女士认为，吃火锅时店里屋顶上方不停往下掉“谷物”（也就是耗子药），掉在桌子上，掉在地板上，不经意间也可能掉在她的碗里。

【法律法规】

（1）《中华人民共和国食品安全法》。

2009年2月28日，第十一届全国人民代表大会常务委员会第七次会议通过《中华人民共和国食品安全法》(下称《食品安全法》); 2015年4月24日，第十二届全国人民代表大会常务委员会第十四次会议对《食品安全法》进行修订，根据2018年12月29日第十三届全国人民代表大会常务委员会第七次会议《关于修改〈中华人民共和国产品质量法〉等五部法律的决定》第一次修正；根据2021年4月29日第十三届全国人民代表大会常务委员会第二十八次会议《关于修改〈中华人民共和国道路交通安全法〉等八部法律的决定》第二次修正。

(2)《关于依法严惩危害食品安全犯罪活动的通知》。

最高人民法院、最高人民检察院、公安部、司法部于2010年9月15日对外公布了《关于依法严惩危害食品安全犯罪活动的通知》，要求依法严惩危害食品安全犯罪活动。

拓展学习

【阅读知识】

1.《中国居民膳食指南(2022)》

1989年，为适应中国居民营养健康的需要，提高全民健康意识，帮助居民合理选择食物，减少营养不良和预防慢性病的发生，我国首次发布中国人的营养宝典《中国居民膳食指南》(第一版)，并于1997年、2007年、2016年进行了三次修订，均由中国营养学会完成，原卫生部、原国家卫生计生委发布。

在国家卫生健康委的指导和关心下，对近年来我国居民膳食结构和营养健康状况变化做了充分调查，依据营养科学原理和最新科学证据，形成《中国居民膳食指南研究报告》，并在此基础上顺利推进《中国居民膳食指南》修订。2022年4月26日，《中国居民膳食指南(2022)》正式发布，它由2岁以上大众膳食指南、特定人群膳食指南、平衡膳食模式和膳食指南编写说明三部分组成，包含2岁以上大众膳食指南以及九类特定人群指南。

2. 网络外卖的法律保护

(1)根据新修订《食品安全法》规定，消费者通过网络食品交易第三方平台购买食品，其合法利益受到损害时，可向入网的食品经营者要求赔偿。

(2)网络食品交易第三方平台不能如实提供入网经营者、真实名称、地址和有效联系方式的，由网络食品交易第三方平台提供赔偿。

(3)网络食品交易第三方平台做出更有利于消费者承诺的，应履行承诺。

(4)消费者可以通过直接要求入网食品经营者进行赔偿，也可以通过法律诉讼等渠道进行维权。

思考讨论

1. 请为自己制作一份一日三餐的营养健康食谱。
2. 大学生发生食物中毒事件后，如何进行维权？
3. 在日常挑选食品时，需要注意哪些方面？

第三节 交通安全

案例内容

2015年5月13日下午，某村路口，一名女子边走边接听手机。当她过马路时，出现在其右边的一辆白色货车将其撞倒在地，随即又遭迎面而来的一辆工程车碾轧，当场死亡。

【简析】

行人横穿马路时接听手机、不注意观察，机动车驾驶员车速过快而导致制动距离不足，从而酿成惨祸。“手机低头族”逐渐成为道路交通安全新隐患，所引发的交通事故也在增加。据一项研究指出，边走路边玩手机，平均速度会减慢16%～33%，而且大脑会减少接受周围环境的信息，使得事故发生的概率比正常情况高出好几倍。

【法律法规】

《中华人民共和国道路交通安全法》（下称《道路交通安全法》）第七十条规定，在道路上发生交通事故，车辆驾驶人应当立即停车，保护现场；造成人员伤亡的，车辆驾驶人应当立即抢救受伤人员，并迅速报告执勤的交通警察或者公安机关交通管理部门。

第七十六条规定，机动车发生交通事故造成人身伤亡、财产损失的，由保险公司在机动车第三者责任强制保险责任限额范围内予以赔偿；不足的部分，按照下列规定承担赔偿责任：（一）机动车之间发生交通事故的，由有过错的一方承担赔偿责任；双方都有过错的，按照各自过错的比例分担责任。（二）机动车与非机动车驾驶人、行人之间发生交通事故，非机动车驾驶人、行人没有过错的，由机动车一方承担赔偿责任；有证据证明非机动车驾驶人、行人有过错的，根据过错程度适当减轻机动车一方的赔偿责任；机动车一方没有过错的，承担不超过百分之十的赔偿责任。

交通事故的损失是由非机动车驾驶人、行人故意碰撞机动车造成的，机动车一方不承担赔偿责任。

一、交通安全及重要意义

（一）交通安全

交通安全是指人们在道路上，按照交通法规的规定，安全地行车、走路，避免发生人身伤亡或财物损失。交通安全不仅关系到自己的生命和安全，同时也是尊重他人生命的体现，是构建和谐社会的重要因素。

（二）交通安全的重要意义

发达的交通虽然给人们带来了便利，但同时也增加了许多安全隐患。有人曾称交通事故为“现代社会的交通战争”，交通事故像一个隐形杀手，潜伏在马路上等待着违章违规者出现。因此，人们应当学会保护自己，要养成文明行车、文明走路的习惯。维护交通安全是每个人应该具备的社会公德。“文明行走，构筑和谐”，这需要每个公民从自身做起，从小事做起，让“平安大道”更加畅通无阻！

交通安全从大的方面来讲，保护国家集体的财产安全，维护交通秩序，提高道路交通能力，也是经济建设的有力支持。从小的方面来讲，对于个人，适当缩小自己的权利，为的是保障自己以及更多人的生命安全，避免造成不必要的财产和经济损失。

二、交通事故及其原因

（一）交通事故的界定

1. 交通事故的认定

我国在处理各类道路交通事故中，对交通事故的认定是依据《道路交通安全法》第一百一十九条的规定，交通事故是指，车辆在道路上因过错或者意外造成的人身伤亡或者财产损失的事件。

2. 交通事故的构成要件

根据交通事故的认定，构成交通事故应具备以下四个要件。

一是车辆，指机动车与非机动车。主要包括机动车之间、非机动车之间、机动车与非机动车之间、机动车与行人之间、非机动车与行人之间5个方面。

二是指在道路上发生的交通事故。包括城乡公路、城市道路（含人行道）、单位、居民小区内部道路、广场、公共停车场等用于公众通行的场所。

三是指由行为人过错、过失或意外造成的，如果是因行为人故意造成的不适应本规定。

四是指造成人身伤亡或财产损失后果的。

（二）交通事故的分类

交通事故一般有以下分类：按事故损害后果分类、按事故原因分类、按事故性质分类、按车辆类型分类、按事故现象分类等。通常普遍使用的是按交通事故造成的损害后果进行分类，一般将交通事故分为轻微事故、一般事故、重大事故、特大事故共四类，其具体的认定标准如下。

（1）轻微交通事故：指一次造成1～2人轻伤或者财产损失在200元以下的事故。

（2）一般交通事故：指一次造成1～2人重伤或者轻伤3人以上，财产损失在3万元以下的事故。

（3）重大交通事故：指一次造成1～2人死亡或者重伤3～10人，财产损失3～6万元的事故。

（4）特大交通事故：指一次造成3人以上死亡，或者重伤11人以上；或者死亡1人，同时重伤8人以上；或者死亡2人，同时重伤5人以上，或者财产损失在6万元以上的事故。

（三）交通事故的主要原因

近年来，我国交通事故发生率呈逐年上升趋势，给人民群众的生命及财产安全带来了无法弥补的损失。据公安部交通管理局发布的数据，2022年1月1日至11月30日全国共发生交通事故212.3万起，其中死亡22.6万人，受伤38.7万人。发生交通事故的原因多种多样，既有驾驶人员违规和操作不当，又有道路状况差，行人及非机动车违规等多种原因。归纳起来，常见原因有以下三点。

1. 驾驶人员造成交通事故的原因

（1）超速驾驶。

一些机动车驾驶人员没有严格按照《道路交通安全法》的有关规定驾驶车辆，超速行驶、遇行人时未减速行驶、随意变道超车、闯红色信号灯、转弯不减速、行驶中没有保持足够的车距是发生交通事故的主要原因。

（2）酒后驾驶。

饮酒后，酒精会对人的中枢神经起麻醉抑制作用。实验证明，饮酒者每100毫升血液中含酒精50毫克时，反应能力即有所下降；达到100毫克时；下降约35%；达到150毫克时，下降50%，使人的动作失调、手脚失控。一些驾驶人员觉得自己能喝，抱着少喝一点没事的侥幸心理，往往酒后甚至醉酒状态开车，从而导致发生交通事故。据统计，饮酒后发生交通事故的概率要比没有饮酒时高16倍。

（3）遇突发情况处置不当。

近几年来，随着私家车进入千家万户，出现了驾驶人员新手多、驾驶技术差等情况，很多车主都是刚领到驾照就驾车上路了。由于驾驶技术不精、经验欠缺，遇突发情况时容易出现精神紧张，从而导致操作失误而发生交通事故。

（4）车辆带故障上路。

有些驾驶人员容易忽视对车辆的日常保养和检查，不熟悉车况，往往因车辆方向盘、制动等主要部件失灵而导致交通事故，甚至是重大交通事故。

（5）疲劳驾驶。

人在每天中午、晚饭后、午夜三个阶段的大脑神经容易疲劳，此时开车容易诱发交通事故。而有些驾驶人员，特别是长途车驾驶人员由于经常得不到正常休息或者长时间、远距离驾驶，因过度劳累导致反应迟钝而发生交通事故。

（6）精力不集中。

驾驶人员在驾驶车辆时与旁人说笑、聊天、接打电话，从而导致精力分散，遇到意外情况时，处置不正确，也是诱发交通事故的主要原因。

2. 行人造成交通事故的原因

（1）不走人行道。

行人在户外行走时，有时为图方便不走人行道，在机动车道上行走又不注意身后来车，从而造成交通事故的发生。

（2）与机动车抢行。

行人在横穿人行横道时，在车辆较多的路段等待横过马路时，往往缺乏耐心，不按“一看、二等、三通过”的方法行事，与机动车抢行，容易造成机动车驾驶员应急处置不及时而发生交通事故。

（3）翻越护栏，强行进入禁行区。

有些行人为了少走路，强行翻越交通护栏或进入禁止行人通行的路段。由于这些路段禁止行人通行，车速相对较快，且机动车驾驶员往往不太把注意力集中在行人身上，对突发的情况反应较慢。因此，极易造成交通事故。

（4）在公路上嬉闹玩耍。

年轻人活泼好动，喜欢在行走时蹦蹦跳跳、嬉戏打闹，甚至有时还在公路上进行球类活动或在机动车道上滑滑轮车，造成机动车驾驶员猝不及防而发生交通事故。

（5）乘坐交通工具时不遵守安全规定。

行人在乘坐交通工具时，车未停稳就匆忙上下车，车辆行驶中把肢体伸出窗外，这些都容易引发交通事故。

（6）走路时看手机、听音乐。

行人在道路上行走时，边走边看手机或边听音乐、聊天说话，导致精力不够集中，也容易发生交通事故。

（7）骑车不规范。

骑电动车自行车带人、高速骑行、骑车玩手机等行为也是诱发交通事故的原因。

3. 路况及交通设施造成交通事故的原因

（1）路况差。

有些道路损坏得不到维护，或因工程施工后未能及时恢复，导致路面高低不平，坑沟较多，增加了驾驶车辆的难度，容易诱发交通事故。

（2）交通配套设施不全。

在行人多的路段未科学设置信号灯、交通隔离护栏和施画人行横道线，造成交通秩序混乱，从而诱发交通事故。

（3）交通配套设施。

有些路段虽然设置了配套设施，但因人为损坏而没有及时进行更换维修。例如，井盖的破损、被盗，交通护栏损坏等都可能导致发生意外交通事故。

导致发生交通事故的原因有很多，以上列举的是主要原因。因此，防范交通事故的发生，必须从车辆驾驶人、行人以及交通基础设施几个环节抓起，从而确保人身安全，减少公私财产的损失。

（四）校园交通事故的主要特点

随着高校的快速发展和教育改革的不断深化，高校与社会的交流越来越频繁，校园内人流量、车流量急剧增加，而高校校园道路基础设施建设滞后于机动车的发展速度，一般校园道路均较狭窄，停车场地匮乏，加之校园人员居住密集，人流、车流集中，致使校园交通环境日趋复杂，交通事故发生率呈现大幅度增长的态势，其特点主要有以下六点。

1. 交通事故发生率快速上升

随着进入校园的各类机动车辆持续增加，校园交通环境日益严峻，交通违规现象增多，由此导致校园交通事故频频发生，重大交通事故增多对大学生的人身安全构成了严重威胁。

2. 超速行驶导致校园交通事故增多

一些社会车辆进入校园后，少数驾驶人员不顾校园限速行驶的管理规定，在校园内高速行驶，少数车主（包括大学生）驾驶无牌、无证大功率摩托车在校园内高速行驶甚至飙车，是导致校园交通事故增多的主要原因。

3. 驾龄在2年以内的人员肇事现象突出

随着机动车数量的增加，新驾驶人员所占的比例越来越大，而新驾驶人员由于驾驶技术不熟练、驾驶经验欠缺、遇突发情况时的应变能力差，因此发生交通事故的概率较大。

4. 小型车肇事所占比例大

在校园所发生的交通事故中，以私家车、摩托车为主，占90%以上，而摩托车肇事大多是由于无证驾驶或超速抢行造成的。

5. 教学区为校园交通事故多发区域

教学区是师生集中工作和学习的场所，人流量、车流量是校园中最密集的区域。人、车争道、抢行的现象屡见不鲜，因而成为校园交通事故的频发区域。

6. 校园交通事故多发时段

白天上、下班（课）时间，上午8:30—11:30，晚上18:00—21:00是校园交通事故的多发时段。

根据校园交通事故特点，大学生应加强自我保护防范意识，自觉遵守交通法规，自觉维护校园交通安全。

三、大学校园交通事故的预防及其处理

大学校园交通事故的预防及其处理，是指大学生在校园内行走或乘坐交通工具时，防范交通事故发生的正确方法和应采取的基本措施，是大学生应该具备的基本知识，这对确保大学生自身交通安全至关重要，也是非常必要的。

（一）大学生易发交通事故的主要原因

1. 安全意识淡薄

一些大学生特别是新生缺乏交通安全知识和应对复杂交通环境的经验，对交通安全的

重要性认识不足。有些学生总是认为校园的主体是学生，在校园道路上无论怎么走学生都应受到保护。因此，少数学生在道路上与机动车争道、抢行、逆行，尤其是夜间在机动车道上行走，与机动车发生碰撞的概率增大，发生交通事故也就在所难免。

2. 在校园道路上进行娱乐活动

体育是锻炼身体、增强体质的运动，但有少数学生不顾交通安全，在人来车往的道路上踢足球、玩篮球、打羽毛球、玩滑板等。由于精力全部集中在自身活动中，对身边发生的其他事物视而不见，遇到来车时往往因躲闪不及而发生交通事故。

3. 在道路上嬉戏

大学生活泼好动，在道路上结伴同行时，有时喜欢推推打打甚至相互追逐，一旦突然遇到来车会因反应不及时而发生交通事故。

4. 走路时戴耳机听音乐

有些大学生喜欢在行走时戴着耳机边走边听音乐（或学习），由于听力对外界的反应明显减弱，对身后来车无法察觉，加上精力全部集中在音乐上，极易引发交通事故。

5. 骑电动自行车车速过快

高校教育改革后，校园面积扩大，甚至跨区上课。为了学习方便，许多大学生购买了电动车、自行车，但有些学生喜欢骑快车、骑“飞车”，有时甚至与机动车比速度。骑车带人、骑车玩手机的现象也很常见。这些都是交通安全的严重隐患。在以往的校园交通事故中，此类事故最为常见。

6. 在干道上强行横穿

随着进入高校校园的机动车辆逐年增多，一些校园主、次干道的车流量越来越大，而校园的主教学楼、学生区一般都建在交通比较便利的主、次干道附近。遇上课、下课时容易形成人流、车流高峰，此时有些学生横过马路不是“一看、二等、三通过”，而是强行横穿马路，最终导致交通事故的发生。

7. 无证驾驶

为了方便学习和出校办事，少数学生违反交通法规和校园交通管理的有关规定，私自购买无牌照旧摩托车，且在未取得合法驾驶证的情况下，违法驾驶摩托车上路。由于此类摩托车均未经检验，安全性能差，加之无证驾驶，驾驶技术不过关，少数车主甚至还驾驶无牌照大功率摩托车在校园内飙车，其后果是不但造成对自己的伤害，而且严重威胁他人的人身安全。

以上七种情况是高校校园常见的交通事故发生的主要原因，大学生在校园日常学习和生活中，应针对上述情况举一反三，加强防范。

（二）大学生交通事故的预防

交通事故的发生，必然给大学生的生命财产带来无法弥补的损失。因此，如何避免和减少交通事故，对每一个大学生来说都具有十分重要的现实意义。

1. 提高交通安全意识

交通安全意识是支配人们日常交通行为的准则，直接决定着人的交通行为取向，而遵守交通法规是避免和减少交通事故发生的有效办法,也是每一个公民应该具备的基本常识。

因此，大学生应该具备较强的交通安全意识，掌握基本的交通安全知识，自觉做遵守交通法规的模范。只有这样，交通事故才会远离你，才能保证交通安全。

2. 自觉遵守行人通行规则

行人在道路上行走时，应走人行道，无人行道时应靠右边行走。步行时思想要集中，在车辆较多的路段，要尽可能做到“眼观六路，耳听八方”，尽量避开经过身边的各类车辆，更不能与机动车争道抢行。横过马路时，要尽量走人行横道线，无人行横道线的路段，要耐心等待最佳的穿越时机，千万不可突然横穿，更不可闯红灯或翻越交通护栏。只要认真遵守行人通行规则，做到人、车各行其道，个人的交通安全就会得到有效保障。

3. 骑车时的安全防范

近年来，大学生骑电动车、摩托车的人数逐年增多。电动车、摩托车的车速都比较快，车辆驾驶难度相对较大，要求驾车人应具备熟练的驾驶技巧。交通法规明确规定，驾驶摩托车上路必须取得合法驾驶证件。交通法规虽然没有明文对电动车驾驶人员进行规定，但很多地方性法规都明文禁止车速超过每小时22公里的电动车上路行驶。由此可见，无论是摩托车还是电动车，车速均较快，发生交通事故的概率相对较高。因此，驾驶上述两种车辆时，一是不要骑快车，尤其不要骑“飞车”“霸王车”，遇突发情况容易造成侧翻，对人身的伤害往往很大，严重的可能导致车毁人亡的后果；二是要戴好安全帽，以便发生意外时减轻对脑部的冲击；三是不要驾驶安全性能差的电动车或摩托车，更不要驾驶无牌照或大功率的摩托车上路行驶，以免造成对自己或对他人的伤害。四是骑电动车不要带人，因为电动车允许载重量为一人，如果骑车带人，对方向的操作和刹车的要求超过了电动车的设计要求，加大了骑车人对车的操作难度，十分容易造成交通意外事故；五是在道路上骑行时，要各行其道，靠右骑行，避免逆向行驶。

4. 乘坐公共交通工具遵守乘坐规定

乘坐公共汽车时要等车停稳后，依次上下车，车辆行驶时不得将肢体伸出窗外。探亲、旅游乘坐长途客车时，千万不要贪图便宜而乘坐车况不好的车，更不能乘坐无营运证的车辆，购买车票时要同时购买人身保险。乘坐火车、轮船、飞机时，一定要遵守车站、码头和机场的各项安全规定，不能携带各类违禁物品进站上车，如易燃、易爆或管制刀具等，以免发生意外事故。

5. 不要在机动车道上进行娱乐活动

在机动车道上玩球、玩滑板或打闹，增加了发生事故的可能性，容易造成机动车驾驶员慌张而导致操作失误，若遇驾驶经验不足的驾驶员时，发生交通事故在所难免。大学生应尽量避免在机动车道上进行各类娱乐活动及嬉笑打闹，以规避交通事故。

（三）交通事故发生后的应对与处理

交通事故发生后的应对与处理方法主要有以下四种。

1. 熟悉交通法规和交通安全知识

熟悉交通法规和交通安全知识是应对和处理交通事故的关键。常言道，“车祸猛如虎”，就是告诫人们充分认识车祸的危害性。大学生应加强学习交通法规和其他交通安全知识，增强自我防范意识，养成良好的交通行为和良好的交通习惯，这是避免和减少发生交通事故的基本方法，也是应对和处理交通事故的源头性工作。

2. 交通事故现场的处理

学生发生交通事故以后，应做好以下工作。

（1）如人身受到伤害，应迅速到就近医院抢救，无论何时何地，抢救人的生命永远都是第一位的。

（2）要保护好现场，因为交警对交通事故责任的认定，现场勘查结论是其重要依据之一，若事故现场被破坏，必然给交通事故最终定性带来困难，从而影响受害方的切身利益。

（3）要设法控制住肇事车辆，不让其逃离现场，若一时无法控制，应牢记肇事车牌及其车型特征，以便为公安交通管理部门追查肇事车辆提供证据。

（4）要及时报案，可以迅速拨打122报警电话，通知交警尽快赶到现场。交警到现场后会尽快展开现场勘查，可有效避免因时间过长等原因而对现场造成的破坏，同时可组织伤员抢救，并控制肇事者。除轻微交通事故外，一般应尽量避免与肇事者“私了”。

（5）如果学生驾车发生交通事故，要立即停车，千万不能逃离现场，应立即抢救受伤人员，待交警到达现场后积极协助调查处理。

（6）应及时向机动车投保的保险公司报案，以便于事故保险赔付，把事故的损失降到最低。

3. 交通事故的善后处理

在学生伤情基本痊愈，交通管理部门对事故责任基本认定以后，学校应协助受害学生或受害方家长参加由交通警察主持的事故损害赔偿调解。事故损害赔偿的内容包括人身损害的赔偿项目、医药费、护理费、营养费、误工费、住宿费、交通费、住院伙食补助费、财产直接损失费等。若造成残疾和死亡的，还应增加以下赔偿项目：残疾赔偿金、残疾辅助器具费、死亡赔偿金及被抚养人的生活费、丧葬费及办理丧葬事宜的费用。除此以外，受害方还可要求精神损害抚慰金，但此赔偿项目一般适合进入司法程序的案件。关于人身损害的赔偿标准，应按照《最高人民法院关于审理人身损害赔偿案件适用法律若干问题的解释》第十七条到三十五条中的有关规定执行，若受害方与肇事方最终无法就赔偿达成协议，则可起诉至人民法院，由人民法院审理后判决执行。

4. 对受害学生家庭成员进行安抚

学生发生交通事故后，必然对其家长及主要家庭成员的精神造成极大的伤害。因此，学校除积极协助做好受害学生的护理及追偿损害赔偿外，应对其家庭主要成员进行精神安抚，并提供人道帮助，让其真正感受到学校这个大家庭的温暖。

拓展学习

【警示案例】

校园“交通事故”该由谁承担

2004年5月9日，李某在某高校宿舍拐角处被一辆行驶的本田汽车撞倒。司机陈某随即将李某送往医院，李某经诊断为股骨骨折，花费医疗费、误工费等5万元。因当时未报警，交管部门未到现场勘验，未能确定事故成因及过错情况，双方对损害责任的承担产生分歧。李某遂诉至法院，要求陈某承担事故全部责任，赔偿其各项损失10万元。

【法律法规】

《道路交通安全法》第一百一十九条规定，本法中下列用语的含义：

（一）“道路”，是指公路、城市道路和虽在单位管辖范围但允许社会机动车通行的地方，包括广场、公共停车场等用于公众通行的场所。

（二）“车辆”，是指机动车和非机动车。

（三）“机动车”，是指以动力装置驱动或者牵引，上道路行驶的供人员乘用或者用于运送物品，以及进行工程专项作业的轮式车辆。

（四）“非机动车”，是指以人力或者畜力驱动，上道路行驶的交通工具，以及虽有动力装置驱动但设计最高时速、空车质量、外形尺寸符合有关国家标准的残疾人机动轮椅车、电动自行车等交通工具。

（五）“交通事故”，是指车辆在道路上因过错或者意外造成的人身伤亡或者财产损失的事件。

第七十七条规定，车辆在道路以外通行时发生的事故，公安机关交通管理部门接到报案的，参照本法有关规定办理。

【阅读知识】

1. 交通法律法规

《道路交通安全法》是为了维护道路交通秩序，预防和减少交通事故，保护人身安全，保护公民、法人和其他组织的财产安全及其他合法权益，提高通行效率而制定的。2003年

10月28日第十届全国人民代表大会常务委员会第五次会议通过。

2021年4月29日发布第81号主席令:《全国人民代表大会常务委员会关于修改〈中华人民共和国道路交通安全法〉等八部法律的决定》已由中华人民共和国第十三届全国人民代表大会常务委员会第二十八次会议于2021年4月29日通过，现予公布，自公布之日起施行。本法分总则、车辆和驾驶人、道路通行条件、道路通行规定、交通事故处理、执法监督、法律责任、附则共八章一百二十四条。

2. 校规

《黄淮学院校园道路交通安全管理办法》

第四章　车辆、行人及交通设施管理

第十一条:凡进入校园的各类车辆施行人车分离，必须严格遵守本规定，服从安保人员的指挥和管理。

第十二条:车辆进入校园行驶速度主要干道不得超过每小时30公里，次干道不得超过每小时10公里。

第十三条:机动车辆在校内必须限速靠右行驶，禁止鸣笛、急转弯和急刹车，严禁酒后驾车、无证驾车，禁止在校内练习驾驶机动车辆。

第十四条:建筑施工车辆由相关部门报经保卫部门同意后方可进入校园，按指定路线在校内安全行驶。

第十五条:各单位在校内组织各类活动（会议）有外来机动车辆进校的，需提前到保卫部门备案，并委派专人协助保卫部门负责交通疏导及车辆停放工作。

第十六条:禁止排量125CC及以上的摩托车，高噪音、无执照、无牌照、非法燃油助力车进入校园;骑摩托车必须按照交通法规佩戴安全头盔，禁止违法载人、高速行驶和急转猛拐。

第十七条:行人应靠右或走人行通道;不得在道路上使用旱冰鞋、滑板等滑行工具;不得踢球、打闹嬉戏、成群结队堵占道路或进行其他影响交通秩序的活动。

第十八条:校园内的自行车、电动自行车禁止超载，载物高度从地面起不得超过1.5米，宽度左右各不得超出车把0.15米，物体前端不得超出车轮，后端不得超出车身0.3米，载重不得超过骑行者的身体重量。

第十九条:在校内长期停放且无法正常使用的废旧非机动车辆，由保卫部门负责定期进行处理。

第二十条:禁止任何单位或个人随意移动校内道路上的交通安全设施、隔离带和交通标志，因工作确需临时移动的，须向保卫部门提出书面申请，经批准后方可移动。工作完毕后，当事人必须将交通安全设施和交通标志恢复原状。

第二十一条:校内道路上的宣传栏、宣传条幅和广告牌匾等均不得妨碍交通标志的辨认，交通标志出现倾斜、折断或其他妨碍交通安全的情况，有关部门必须及时将其恢复原状，确保校内道路的安全、畅通。

第二十二条:在校内施工的单位或个人需要挖掘、占用、封闭道路的，由主管部门向学校申报抢修，但必须在施工现场竖立安全警示牌和警示灯，经保卫部门验收后方可施工。

第二十三条：学校举行重大活动（会议）、新生入学报到等，根据需要，保卫部门可在校内道路实行临时交通管制措施，进入校内的车辆须严格按照现场人员的指挥或交通标示行驶和停放。

思考讨论

1. 如何使自己成为一个文明交通参与者？
2. 如何提高全校园交通文明的程度？

第四节 集体活动安全

高校的集体活动是以在校学生为主要对象，为了适应各种教育、教学、社交等活动的需要，学校经常组织丰富多彩的集会和文体活动，这些活动体现了大学深厚文化底蕴，而且增加了校园文化的积淀。学校集体活动主要包括运动会、开学（毕业）典礼、音乐会、论坛、社团活动等，举行这类活动通常在音乐厅、报告厅、体育馆、操场等场所，参加的人数众多、规模大，活动场所空间有限，人员高度集中。一旦发生意外，比如，突然发生地震等自然灾害、室内发生火灾、室外突遇暴风雨袭击等情况，现场秩序极易遭到破坏，人群出现混乱，互相拥挤、踩踏，极易产生群死群伤的灾难性后果。因此，必须高度重视大学生集体活动的安全问题。

一、集体活动安全事故的特征

集体活动安全事故具有爆发突然、起因复杂、进程迅速、危害严重、影响广泛的特点，一旦处置不当可能会产生连锁反应。事故一般有以下三个共同特征。

（一）突发性

突发集体活动安全事故是由一系列细小事故逐渐发展而来的，有一个量变到质变发展的轨迹。一旦爆发，其破坏性能量会被迅速释放，并呈快速蔓延之势，而且事故大多演变迅速，解决问题的机会稍纵即逝，如果不能及时采取应对措施，则会造成更大的危害和损失。

（二）不确定性

突发集体活动安全事故的原因、变化方向、影响因素、后果等各方面都无规律，变化无常，难以准确预测和把握。危机的不确定性使得人们在事故面前往往无所适从，增强了恐慌感和不安全感。

（三）危害性

突发集体活动安全事故使人们的生命受到严重威胁，经济遭受重大损失，生产和生活秩序遭到很大破坏，给人们的心理造成无法衡量的负面影响。在高校领域，任何一个突发集体活动安全事故，都有可能把潜在的各种社会矛盾引爆，造成社会局部动荡和混乱。

二、集体活动事故类别

（一）爆炸起火

如果有人携带易燃易爆物品，或者电源开关、插头、接头接触不良、电线老化易发生触电或火灾事故，甚至有人故意搞破坏，扰乱会场秩序。一旦出现爆炸或火灾，就会造成极大的人身和财产损失；现场秩序混乱，极易造成拥挤踩踏致人伤亡重大事故；如果建（构）筑物垮塌，极有可能导致人员伤亡的特大事故。

（二）结伙滋事

结伙斗殴、寻衅滋事、侮辱女生以及流氓滋扰行为，有些青年为舞伴争风吃醋、有的借酒生事、有的因一些小纠纷反目等，动辄舞刀弄棒，打架斗殴，甚至发生严重犯罪行为。

（三）喧哗起哄

大型集体活动场所，特别是文艺演出活动，素质较差的人往往大声喧哗，干扰他人，甚至有人故意吹口哨，起哄，吸引众人的注意力，扰乱会场秩序。这种行为容易引起拥挤，重者可能引起踩踏现象。

三、集体活动安全事故的防范

在校期间，大学生参加各种集体活动较多。例如，文娱活动参加人数众多，感情都较为投入，情绪也很高昂，特别是遇到比较兴奋的场合，若对现场气氛引导不利，容易造成现场秩序骚乱、人员拥挤等情况而发生意外事故，给学生带来生命安全威胁。因此，大学生要牢固树立安全意识，掌握必要的安全知识，以应对突发集体事故的危害。

（一）校内集体活动

（1）开展活动前利用班会、班级微信群、学院网站等下发通知，把活动的目的、意义、时间、内容及注意事项告知学生，并对学生进行必要的安全教育，增强安全防范意识。

（2）组织学生参加集体活动，必须有安全保障措施。在没有安全措施的情况下，无论是何单位组织的活动，学生都可以拒绝参加。必须树立“安全第一”的观念，克服麻痹、侥幸的思想，避免小问题酿成大事故。

（3）活动前应勘察活动地点、路线，熟悉环境，避开有危险的地段或不明情况的场所。

（4）集体活动场所和各项设施必须坚固安全，出入口畅通，场内消防设备齐全有效、放置得当。

（5）进入活动场所时，要听从工作人员的引导，观察引导指示标识，不要拥挤，按顺序进入，切勿靠近危险警示标识。

（6）进入活动场所后，注意观察安全出口和疏散通道的方向，就近找到它们的位置。一旦发生危险，可以迅速撤离。

（7）要做文明观众，遵守活动秩序。不要做嬉戏、打闹、追逐、起哄、怪叫等有意破坏活动秩序的行为；也不要与其他同学发生无谓的争执，要克制、礼让，有意见要通过正当途径解决。

（8）有看台的场所，看台上的人员不要集体跺脚，以免发生看台坍塌。不要倚靠、翻越看台护栏，避免发生意外。

（9）现场突发事故时，一定要保持冷静，不要惊慌失措，不要乱跑，要服从工作人员的指挥，有秩序地从现场迅速撤离，避免“一窝蜂”似的拥挤，以保护自己的人身安全。

（10）现场发生骚乱时，要远离混乱中心，千万不要在好奇心的驱使下去看热闹。

（11）如果身在骚乱人群中，设法靠近并抓住墙壁或其他固定物；若被拥挤得站立不稳时，应蹲在墙壁或固定物旁，用双手在颈后抱紧，双腿向胸部弯曲，使身体成球状，保护身体薄弱部位。

（12）在活动现场发生群体性起哄、斗殴，要协助老师平息事端，不得火上浇油、推波助澜、激化矛盾。

（13）夜间活动现场发生停电时，不要急于退场，要听从现场广播或工作人员的指挥，或者待应急照明设备开启时，按顺序迅速退离现场。

（14）现场秩序混乱、无人疏导时，不要急于从出口外出，应保持在原地不动或选择人少的地方等待。

（15）若出现拥挤踩踏的现象，应及时联系外援（如拨打报警或急救电话等），寻求帮助；若发生火灾，应弯腰捂鼻迅速逃生，再拨打119火警电话；若有人员受困受伤，要发扬团结友爱的精神，积极参与救援，立即拨打120急救电话或者把伤者送往医院救治。

（二）校外集体活动

（1）参加校外集体活动，时刻要牢记“安全”二字，要避开有危险的地方或情况不明的场所。

（2）活动中如需使用交通工具时，交通工具必须符合安全要求，不得超员运载。不得乘坐没有驾驶证人员驾驶的车辆，在交通工具上不能拥挤在一侧，不能在上面嬉戏打闹。

（3）不要远离队伍，有的同学觉得不够“刺激”，独自或少数几个人脱离队伍，这样极易发生危险，而且难以得到及时救援。

（4）遇有大风等恶劣天气时，要远离广告牌、宣传牌和悬挂物等临时设施，避免被大风刮倒的物体砸伤。

（5）遭遇狭窄的桥梁、涵洞、山路、水域时，不要强行争道，避免由于人员过多造成桥梁、涵洞坍塌、山石滚落、失足落水等危险情况发生。

（6）野外生火要注意安全，远离可燃物集中处，天气干燥时更要慎防引发火灾，野炊结束后要熄灭火后再离开。

拓展学习

【阅读知识】

学校集体活动突发事故处理标准

1. 发生事故后，保持镇静、沉着应对。决不能惊慌失措，手忙脚乱。

2. 在抢救和组织疏散过程中，必须本着学生优先的原则进行，尤其在危急情况下，组织抢救者必须首先保证学生的安全，即使有领导在内，也应如此。

3. 事故发生后，对于伤员来讲，时间就是生命。在事故现场，首先要做的就是组织人力对伤员进行初步抢救，如包扎止血、人工呼吸等。

4. 立即报警、紧急救援。事故一旦发生，要立即安排专人向公安、医疗等部门求救，争取使医疗和公安人员能在第一时间内赶到。同时，还要即刻向当地政府和上级教育行政部门报告和求援，以便他们能及时协调有关部门，争取更大的力量投入救治工作。

5. 维持秩序、迅速疏散。发生事故后，在救治伤员的同时，要安排专人做好维护现场秩序的工作，以便各种抢救措施的顺利实施。如果情况危急，活动难以继续，则要由跟班教师迅速组织其他同学有组织地撤离现场，转移到安全地带，并尽快带回学校。同时，要尽快通知受伤学生家长到医院陪护。

思考讨论

1. 大学生参加集体活动应注意哪些安全事项？
2. 活动场所发生火灾应采取哪些救护措施？

第五节　自然灾害安全

自然灾害是自然界中突发的、不可控制的异常现象，对人类社会破坏极大。科学认识自然灾害的发生、发展，掌握自然灾害存在的一般规律，做好必要的防范措施，尽可能减弱它们造成的危害，已经成为人类社会共同关注和研究的重大课题。作为大学生，要掌握必要的自然灾害防范措施，了解灾后如何自救互救，做到正确应对，把损失降到最低。作为高校，要切实提升师生风险意识和自救互救能力，在全校范围开展防灾减灾救灾宣传教育，深入浅出解读典型案例，拓展形式丰富的应急演练，推动防灾减灾救灾知识进校园，切实增强师生防范风险的能力。常见的自然灾害有暴雨、洪水、内涝、地震、台风、雷电、高温、冰雹等。

一、暴雨洪涝

暴雨洪涝一般发生在盛夏，也是我们常说的主汛期，暴雨可直接导致洪水泛滥，还会引起山崩、滑坡、泥石流以及城镇内涝等次生灾害。水灾的发生，都是灾害能量积累到一定程度的结果。当洪水来临时，一定要听从指挥，不可随意下水游动；无论遇到何种情形，都不要恐慌，要学会发出求救信号，如晃动衣服或树枝，大声呼救等。

（一）暴雨洪涝灾害

在各种自然灾害中，暴雨洪涝是最常见且危害最大的一种，它来势凶猛，破坏性极大。它冲毁农田，破坏学校、工厂、通信与交通设施，造成城市内涝、井水和自来水水源污染。洪涝退去后，使蚊蝇滋生，生活环境恶化，增加了发生传染病的可能性。我国历史上的洪涝灾害，几乎都是由暴雨引起的，如1975年河南大水、1991年江淮大水、1998年长江全流域特大洪涝、2021年河南遭遇历史罕见特大暴雨灾害等，都造成了严重的人员伤亡和经济损失。

1. 涝渍灾害

由于暴雨急而大，排水不畅易引起积水成涝。在农村，土壤孔隙被水充满，造成陆生植物根系缺氧，根系生理活动受到抑制，导致作物受害而减产。在城镇，当雨水过多而超过排水能力时，水就会在路面上流动，地势低的地方形成积水，造成城市内涝，对交通运输、工业生产、商业活动、市民日常生活等影响极大。

2. 洪水灾害

由暴雨引起的洪水淹没作物，淹水越深，淹没时间越长，对农业、林业和渔业等危害越严重。暴雨造成江河泛滥，还会引发山洪、滑坡、泥石流等地质灾害，不仅危害农作物，而且还冲毁村庄农舍和工农业设施、道路等，甚至造成人畜伤亡和严重经济损失。

（二）暴雨洪涝的防范措施

（1）汛期时关注天气预报，随时掌握天气变化。平时不要将垃圾、杂物等丢进下水道，以防堵塞排水系统。熟悉校园交通路况，掌握道路积水位置，以便雨中出行选择最佳路线。在下雨时避开积水和交通不畅的道路，不要靠近有漩涡的地方，防止跌入缺失井盖的窨井、地坑等危险区域。

（2）遇到大暴雨时，要及时撤离到楼内，不要在涵洞、低洼区、地下通道等地势较低的地方停留。暴雨期间尽量不要外出，如必须外出，要尽量避开灯杆、电线杆、变压器、电力线、铁栏杆、铁丝网等连电的物体，以防因为暴雨导致漏电之后触电。

（3）在洪水到来时，要及时切断屋内的电源与气源，以防电线浸水漏电、失火伤人。屋内积水持续加深时，不要在屋内停留，不要贪恋财物，尽快向地势高的地方暂避。如洪水持续上涨，暂避处已难自保，要利用救生器材逃生，如迅速找一些门板、桌椅、木床、大块的泡沫塑料等能漂浮的材料逃生。如已被洪水包围，一定要保持冷静，要设法尽快与学校或应急救援部门取得联系，报告自己的方位和险情，积极寻求帮助。如已被卷入洪水中，要迅速判断自己周边的环境，尽可能抓住固定或漂浮的物体，寻找机会逃生。

（4）遭遇山洪暴发时，注意观察山势和水势，尽快向山上或较高地方转移，切勿沿着洪道方向逃跑，要向两侧快速躲避。在任何情况下，不要轻易涉水过河。如一时躲避不了，应选择一个相对安全的地方避洪等待救援，并不断向外界发出求救信号。

（5）面临洪涝灾害时，不要惊恐和混乱，要保持镇定的情绪，不能为了转移贵重物品及其他原因而延误逃生时间，造成人财两失，保住生命是一切的根本。

二、地震

地震又称地动、地振动，是地壳快速释放能量过程中造成的振动，期间会产生地震波的一种自然现象。地震波主要包含纵波和横波，振动方向与传播方向一致的波为纵波（P波），它能引起地面上下颠簸振动；振动方向与传播方向垂直的波为横波（S波），它能引起地面的水平晃动，横波是地震时造成建筑物破坏的主要原因。引发地震的主要因素，是地球上板块与板块之间的相互挤压碰撞，造成板块边沿及板块内部产生错动和破裂。

（一）地震灾害

地震引起的灾害有直接灾害和次生灾害。直接灾害常常造成严重的人员伤亡，并能引起火灾、水灾、有毒气体泄漏、细菌及放射性物质扩散，还可能造成海啸、滑坡、崩塌、地裂缝等次生灾害。据统计，地球上每年约发生500多万次地震，每天要发生上万次的地震，大多数地震人们感觉不到。对我国影响最大的地震是1976年7月28日的唐山地震和2008年5月12日的汶川地震。唐山地震毁灭了一座城市，造成了24万人死亡；汶川地震造成69227人死亡，17923人失踪，直接经济损失8523.09亿元。2011年3月11日，在日本东北部海域发生9.1级强烈地震并引发特大海啸，导致福岛第一核电站发生最高等级放射性物质泄漏事故，最终导致日本13个县城被毁，22118人死亡。

1. 直接灾害

由于地震的直接作用，如地震波产生的强烈震动、地震断层错动和地面变形，引起房屋破坏、工程设施损毁、物品损坏等，以及由此造成的人员压埋和伤害，属于地震直接灾害，主要包括以下五点。

（1）房屋破坏。地震最直接的破坏对象就是房屋。房屋修建在地面之上，量大面广，房屋受损或者倒塌不仅会造成巨大的建筑财产损失，而且还会因砸压造成人员伤亡和器物财产损失。

（2）基础设施破坏。人工建造的基础设施，如交通、电力、通信、供水、排水、燃气、输油、供暖等生命线系统，大坝、灌渠等水利工程，都是地震破坏的对象。这些设施被破坏的后果，既包括本身的经济价值丧失，也包括功能丧失带来的损失，加剧了地震灾害。

（3）工业能力破坏。工业设施、生产设备、装置的破坏，不仅造成了直接物质财产的损失，而且还将影响震后的恢复重建、物资供应和经济发展。

（4）财产破坏。牲畜、车辆等室外财产也会遭到地震的伤害和破坏。

（5）环境破坏。地震还会引起山体滑坡、崩塌、砂土液化等地质灾害，破坏自然环境，并造成基础设施、林地和农田的损毁。

2. 次生灾害

地震发生会进一步引发一连串的其他灾害，这些灾害成为次生灾害。如因房屋倒塌使火炉翻倒、燃气泄漏、电器短路等引起的火灾；因地震导致的水库垮坝或堰塞湖决口引起的水灾；因仓库、储罐、容器破坏受损引起的有毒、有害气体泄漏和扩散；因工厂房屋和设备破坏造成非正常工作状态导致的爆炸；因设施破坏、环境恶劣、水源污染造成的瘟疫流行；因破坏严重、救灾不力、供应中断或地震谣言引起的社会骚乱；因海底地震引发的海啸；因核设施损坏造成的放射性核泄漏等灾害，统称为地震次生灾害。

（二）地震防范措施

（1）在校期间，多了解一些地震和防震、避震知识，参加有关防灾减灾安全知识培训及紧急疏散演练，熟悉校园内避难场所。

（2）在寝室里突然发生地震，要迅速躲到床下、桌下，同时用被褥、枕头、脸盆等物护住头部，绝不能在楼道内乱跑或跳楼，等地震间隙再尽快离开房间，转移到安全的地方。地震时如果房屋倒塌，应待在床下或桌下千万不要移动，要等到地震停止再迅速跑出室外或等待救援。注意，千万不要去阳台和窗下躲避。

（3）在上课时发生地震，不要惊慌失措，更不能在教室内乱跑或争抢外出，要在老师的指挥下，靠近门的同学可以迅速跑到门外，靠墙的同学要紧靠墙根，双手护住头部，中间及后排的同学可以迅速抱头、闭眼躲到课桌下，用书包护住头部。震后，听从老师的指挥有秩序地撤离。

（4）已经离开房间，不要地震一停就立即回屋取东西。因为第一次地震后，接着会发生余震，余震对人的威胁会更大。

（5）在高层楼房内发生地震，不要惊慌乱跑，更不要乘坐电梯逃生。如果正在电梯内，则应迅速停下撤离，及时躲进跨度小的空间。不要站在窗外，不要到阳台上去，不要跳楼。

（6）在街上行走发生地震，绝对不能跑进建筑物中避险。建筑物的玻璃碎片和外侧墙砖、广告牌、霓虹灯架等，可能会掉下伤人。最好将身边的皮包或柔软的物品顶在头上，无物品时也可用手护住头部，尽可能做好自我防御的准备。要远离桥头、电线杆、围墙、施工围挡等危险地方，跑向比较开阔的场所躲避。

（7）如果地震后被埋在建筑物中，则应先设法清除压在腹部以上的物体；用毛巾、衣服捂住口鼻，防止烟尘窒息；要注意保存体力、设法找到食品和水，创造生存条件，等待救援。

三、台风

台风，亦称飓风，是形成于热带或副热带、海面温度在26℃以上的广阔海面上的热带气旋。按世界气象组织定义：热带气旋中心持续风速在12～13级（即每秒32.7米至41.4米）称为台风或飓风。

（一）台风灾害

台风是一种破坏力很强的灾害性天气系统，但有时也能起到消除干旱的有益作用。其危害性主要有以下三个方面。

（1）大风。台风及其引起的海浪可以把万吨巨轮抛向半空拦腰折断，也可把巨轮推入内陆；足以损坏甚至摧毁陆地上的建筑、桥梁、车辆等。特别是在建筑物没有被加固的地区，造成的破坏会更大。

（2）暴雨。在台风经过的地区，可能产生150～300毫米降雨，少数台风能直接或间接产生1000毫米以上的特大暴雨。台风暴雨造成的洪涝灾害，来势凶猛，破坏性极大，是最具危险性的灾害之一。

（3）风暴潮。当台风移向陆地时，由于台风的强风和低气压的作用，常常带来狂风暴雨天气，引起海面巨浪，严重威胁航海安全。台风登陆后带来的风暴增水可能会摧毁庄稼、各种建筑设施，极易诱发城市内涝、山洪、泥石流等次生灾害，造成人民群众生命、财产的巨大损失。

（二）台风的防范措施

台风来临前，气象台会发布台风消息或台风警报，大家一定要提早做好自我防范和保护，避免人身伤害，做到安全第一，主要做好以下三个方面。

（1）准备必要的食物、饮用水、药品和日用品，以及蜡烛、应急灯、手电筒等应急用具。

（2）关紧门窗，将阳台、窗台等处的衣服、杂物等易被大风刮落的物品，及时搬移到室内。

（3）取消外出计划，如果你在外面，不要在危险的地方停留（如简易房，电线杆、围挡周围，树木下，建筑工地等），尽快转移到安全地方。

四、雷电

雷电是伴有闪电和雷鸣的一种强烈放电现象，电压高达1亿至10亿伏特，电流达几万安培，同时还放出大量热能，瞬间温度可达1万摄氏度以上，其能量可摧毁高楼大厦，能劈开大树，击伤人畜。雷电一般产生于对流发展旺盛的积雨云中，因此常伴有强烈的阵风和暴雨，有时还伴有冰雹和龙卷风。

（一）雷电灾害

在放电过程中，雷电会击中人员、建筑物和各种设施，常会造成人员伤亡和经济损失。当人遭受电击的一瞬间，电流迅速通过人体，重者可导致心跳、呼吸停止，脑组织缺氧而死亡。另外，电击时产生的火花，也会造成不同程度的皮肤烧灼伤。雷电击伤，亦可使人体出现树枝状雷击纹，表皮剥脱，皮内出血，也能造成耳鼓膜或内脏破裂等。雷击导致人员伤亡，主要在以下两种环境下发生。

（1）雷电直接击中建筑物时，导致建筑物内人员伤亡。

（2）人们置身于建筑物以外，雷电直接或间接击中人体而导致人员伤亡。

（二）雷电的防范措施

（1）雷雨天气尽量避免户外活动，应留在室内，关闭门窗、停止使用电器、拔掉电源插头。

（2）户外人员尽快远离山丘、河边、池塘边、铁围栏、高压线、树木、旗杆、烟囱和没有防雷装置的孤立建筑物，不要在树下、电线杆下、塔吊下避雨，应躲进有防雷装置的建筑物或汽车内。

（3）不要骑自行车或摩托车外出，不要打带金属杆的雨伞，不要把铁锹、锄头等金属类物品扛在肩上。

（4）不要接触室外的天线、潮湿的墙壁和建筑物外墙，不要靠近室内的金属水管、暖气片、金属门窗，远离电线等带电设备和其他类似金属装置，不要停留在高楼平台上，不要拨打电话和手机。

五、高温

（一）高温灾害

气象学上，气温等于或大于35℃时可称为高温天气，如果连续几天的最高气温都超过35℃时，即可称作高温热浪天气。我国除青藏高原等部分地区以外，绝大多数地方都出现过高温天气。高温天气对人体健康的主要影响：产生中暑及诱发心脑血管疾病，导致死亡。

（二）高温的防范措施

（1）选择适宜时段外出，应尽量减少午后高温时段的户外活动或作业，更要避免长时间在高温、高湿度、气流静止的环境或烈日下活动和行走。

（2）要穿宽松、透气性能良好、色浅的衣服，同时采取必要的防暑降温措施，携带必要的遮阳工具，避免阳光直接照射。保证充足的睡眠，一旦感到不适就应及时休息。

（3）千万不要到不熟悉的水域游泳，不到无安全设施、无救护人员、无安全保障的水域游泳。

（4）出汗过多时，可适当饮用淡盐水或绿豆汤，同时，应随身携带一些仁丹、风油精、清凉油、藿香正气水等常规的防暑药物。

（5）出汗后，应用温水冲洗，洗净擦干后，在局部易出痱子的地方适当扑些痱子粉，以保持皮肤干燥。

（6）大量出汗后不宜大口饮水，以避免心脏负荷过重。更重要的是，切忌在大量出汗后近距离对着空调取凉，因为这样容易造成脑部血管破裂等后果严重的意外情况。

（7）一旦发现中暑，应立即停止作业，尽快转移到阴凉通风处，用冷水浸湿衣服，裹住身体，并保持潮湿；或者不停地扇风散热并用冷毛巾擦拭身体，直到体温低于38℃；可用冷水毛巾敷于头部，饮用冷盐开水，口服十滴水5毫升，太阳穴涂清凉油。

六、冰雹

冰雹形成于对流云中，当水汽随气流上升遇冷会凝结成小水滴，随着上升高度增加温度继续降低，水滴就像“滚雪球”一样越来越大，当上升气流再也托不住不断增大的冰粒时，便降落到地面，形成了冰雹。冰雹从发展强盛的积雨云中降落，直径一般为5～50毫米、大的可达30厘米以上的固态降水物，有球状、锥状和不规则形状等。

（一）冰雹灾害

冰雹的危害主要表现在冰雹从高空急速落下，发展和移动速度较快，冲击力大，再加上猛烈的暴风雨，使其摧毁力得到加强，经常让人们猝不及防，直接威胁人畜的生命安全。直径较大的冰雹会对正在开花结果的果树、粮食、蔬菜等农作物造成毁灭性破坏，造成粮田颗粒无收，直接影响到对城市的季节供应，使丰收在望的农作物在顷刻之间化为乌有，同时还可毁坏居民房屋及工农业设施，造成巨大经济损失。

（二）冰雹的防范措施

（1）得知有关冰雹的天气预报，应将人畜及室外的物品都转移到安全地带。

（2）冰雹来时尽量不要外出，不得已要出门时，应注意保护头部、面部。

（3）若冰雹来临时正在室外，应马上寻找可以躲避的地方，最好是坚固的建筑物内。

（4）若正在驾驶汽车，或在车内，应立即将车停在可以躲避的地方，切不可贸然前行以免受到不必要的伤害。

（5）有时冰雹会伴有狂风暴雨，需特别注意预防及躲避。

思考讨论

1. 常见的自然灾害有哪些？
2. 大学生应该如何防范自然灾害？
3. 谈一谈生活中经历或身边发生的自然灾害属于哪一种，应该如何采取自救。

参 考 文 献

[1] 山东省学校安全教育培训基地理论组.《大学生安全教育》[M].上海：上海交通大学出版社，2019.

[2] 李峥嵘.《大学生安全教育》[M].西安：西安交通大学出版社，2011.

[3] 许玲，崔春红，余发有.《防范与对策——大学生安全教育》[M].北京：中共中央党校出版社，2021.

[4] 马先进，李崇银.《大学生安全教育》[M].湖南：国防科技大学出版社，2014.

[5] 艾楚君，张祎.《大学生安全教育教程》[M].北京：北京理工大学出版社，2019.

[6] 辛崇胜.《大学生安全知识》（第 3 版）[M].北京：机械工业出版社，2011.

[7] 山西省教育厅，山西省高教保卫学会.《大学生安全知识》[M].山西：山西人民出版社，2007.

反侵权盗版声明

电子工业出版社依法对本作品享有专有出版权。任何未经权利人书面许可，复制、销售或通过信息网络传播本作品的行为；歪曲、篡改、剽窃本作品的行为，均违反《中华人民共和国著作权法》，其行为人应承担相应的民事责任和行政责任，构成犯罪的，将被依法追究刑事责任。

为了维护市场秩序，保护权利人的合法权益，我社将依法查处和打击侵权盗版的单位和个人。欢迎社会各界人士积极举报侵权盗版行为，本社将奖励举报有功人员，并保证举报人的信息不被泄露。

举报电话：（010）88254396；（010）88258888

传　　真：（010）88254397

E-mail：　dbqq@phei.com.cn

通信地址：北京市万寿路南口金家村288号华信大厦

电子工业出版社总编办公室

邮　　编：100036